国外
马克思主义
研究
文库

黑龙江大学出版社
HEILONGJIANG UNIVERSITY PRESS

本丛书获得以下基金项目资助：

国家出版基金项目
国家哲学社会科学基金重点项目《东欧新马克思主义理论研究》，10AKS005
黑龙江省社科重大委托项目《东欧新马克思主义研究》，08A-002

本书还获得以下基金项目资助：

教育部人文社会科学研究青年基金项目《布达佩斯学派文化批判理论研究》，14YJC720004

国家出版基金项目
NATIONAL PUBLICATION FOUNDATION

新马克思主义理论研究
东欧

衣俊卿◆主编

多元文化阐释与文化现代性批判

——布达佩斯学派文化理论研究

The Interpretation of Pluralistic Culture and the Critique of Cultural Modernity
—The Cultural Theory of Budapest School

杜红艳◇著

黑龍江大學出版社
HEILONGJIANG UNIVERSITY PRESS

图书在版编目(CIP)数据

多元文化阐释与文化现代性批判：布达佩斯学派文
化理论研究／杜红艳著． -- 哈尔滨：黑龙江大学出版
社，2016.5 （2021.7重印）

（东欧新马克思主义理论研究／衣俊卿主编）

ISBN 978 - 7 - 81129 - 864 - 2

Ⅰ．①多… Ⅱ．①杜… Ⅲ．①新马克思主义 - 学派 -
研究 - 匈牙利 Ⅳ．①D089

中国版本图书馆 CIP 数据核字(2015)第 013749 号

多元文化阐释与文化现代性批判——布达佩斯学派文化理论研究
DUOYUAN WENHUA CHANSHI YU WENHUA XIANDAIXING PIPAN——BUDAPEISI
XUEPAI WENHUA LILUN YANJIU

杜红艳　著

责任编辑　戚增媚　梁　秋
出版发行　黑龙江大学出版社
地　　址　哈尔滨市南岗区学府三道街36号
印　　刷　三河市春园印刷有限公司
开　　本　720毫米×1000毫米　1/16
印　　张　17.25
字　　数　255千
版　　次　2016年5月第1版
印　　次　2021年7月第2次印刷
书　　号　ISBN 978 - 7 - 81129 - 864 - 2
定　　价　48.00 元

目　录

全面开启国外马克思主义研究的一个新领域

衣俊卿

经过较长时间的准备,黑龙江大学出版社从 2010 年起陆续推出"东欧新马克思主义译丛"和"东欧新马克思主义理论研究"丛书。作为主编,我从一开始就赋予这两套丛书以重要的学术使命:在我国学术界全面开启国外马克思主义研究的一个新领域,即东欧新马克思主义研究。

我自知,由于自身学术水平和研究能力的限制,以及所组织的翻译队伍和研究队伍等方面的原因,我们对这两套丛书不能抱过高的学术期待。实际上,我对这两套丛书的定位不是"结果"而是"开端":自觉地、系统地"开启"对东欧新马克思主义的全面研究。

策划这两部关于东欧新马克思主义的大部头丛书,并非我一时心血来潮。可以说,系统地研究东欧新马克思主义是我过去二十多年一直无法释怀的,甚至是最大的学术夙愿。这里还要说的一点是,之所以如此强调开展东欧新马克思主义研究的重要性,并非我个人的某种学术偏好,而是东欧新马克思主义自身的理论地位使然。在某种意义上可以说,全面系统地开展东欧新马克思主义研究,应当是新世纪中国学术界不容忽视的重大学术任务。基于此,我想为这两套丛书写一个较长的总序,为的是给读者和研究者提供某些参考。

一、丛书的由来

我对东欧新马克思主义的兴趣和研究始于20世纪80年代初，也即在北京大学哲学系就读期间。那时的我虽对南斯拉夫实践派产生了很大的兴趣，但苦于语言与资料的障碍，无法深入探讨。之后，适逢有机会去南斯拉夫贝尔格莱德大学哲学系进修并攻读博士学位，这样就为了却自己的这桩心愿创造了条件。1984年至1986年间，在导师穆尼什奇（Zdravko Munišić）教授的指导下，我直接接触了十几位实践派代表人物以及其他哲学家，从第一手资料到观点方面得到了他们热情而真挚的帮助和指导，用塞尔维亚文完成了博士论文《第二次世界大战后南斯拉夫哲学家建立人道主义马克思主义的尝试》。在此期间，我同时开始了对东欧新马克思主义其他代表人物的初步研究。回国后，我又断断续续地进行东欧新马克思主义研究，并有幸同移居纽约的赫勒教授建立了通信关系，在她真诚的帮助与指导下，翻译出版了她的《日常生活》一书。此外，我还陆续发表了一些关于东欧新马克思主义的研究成果，但主要是进行初步评介的工作。[①]

纵观国内学界，特别是国外马克思主义研究界，虽然除了本人以外，还有一些学者较早地涉及东欧新马克思主义的某几个代表人物，发表了一些研究成果，并把东欧新马克思主义一些代表人物

[①] 如衣俊卿：《实践派的探索与实践哲学的述评》，（台湾）森大图书有限公司1990年版；衣俊卿：《东欧的新马克思主义》，（台湾）唐山出版社1993年版；衣俊卿：《人道主义批判理论——东欧新马克思主义述评》，中国人民大学出版社2005年版；衣俊卿、陈树林主编：《当代学者视野中的马克思主义哲学·东欧和苏联学者卷》（上、下），北京师范大学出版社2008年版，以及关于科西克、赫勒、南斯拉夫实践派等的系列论文。

的部分著作陆续翻译成中文①，但是，总体上看，这些研究成果只涉及几位东欧新马克思主义代表人物，并没有建构起一个相对独立的研究领域，人们常常把关于赫勒、科西克等人的研究作为关于某一理论家的个案研究，并没有把他们置于东欧新马克思主义的历史背景和理论视野中加以把握。可以说，东欧新马克思主义研究在我国尚处于起步阶段和自发研究阶段。

我认为，目前我国的东欧新马克思主义研究状况与东欧新马克思主义在20世纪哲学社会科学，特别是在马克思主义发展中所具有的重要地位和影响力是不相称的；同时，关于东欧新马克思主义研究的缺位对于我们在全球化背景下发展具有中国特色和世界眼光的马克思主义的理论战略，也是不利的。应当说，过去30年，特别是新世纪开始的头十年，国外马克思主义研究在我国学术界已经成为最重要、最受关注的研究领域之一，不仅这一领域本身的学科建设和理论建设取得了长足的进步，而且在一定程度上还引起了哲学社会科学研究范式的改变。正是由于国外马克思主义的研究进展，使得哲学的不同分支学科之间、社会科学的不同学科之间，乃至世界问题和中国问题、世界视野和中国视野之间，开始出现相互融合和相互渗透的趋势。但是，我们必须看到，国外马克思主义研究还处于初始阶段，无论在广度上还是深度上都有很大的拓展空间。

我一直认为，在20世纪世界马克思主义研究的总体格局中，从对马克思思想的当代阐发和对当代社会的全方位批判两个方面衡量，真正能够称之为"新马克思主义"的主要有三个领域：一是我

---

① 例如，沙夫：《人的哲学》，林波等译，三联书店1963年版；沙夫：《论共产主义运动的若干问题》，奚戚等译，人民出版社1983年版；赫勒：《日常生活》，衣俊卿译，重庆出版社1990年版；赫勒：《现代性理论》，李瑞华译，商务印书馆2005年版；马尔科维奇、彼德洛维奇编：《南斯拉夫"实践派"的历史和理论》，郑一明、曲跃厚译，重庆出版社1994年版；柯拉柯夫斯基：《形而上学的恐怖》，唐少杰等译，三联书店1999年版；柯拉柯夫斯基：《宗教：如果没有上帝……》，杨德友译，三联书店1997年版等，以及黄继锋：《东欧新马克思主义》，中央编译出版社2002年版；张一兵、刘怀玉、傅其林、潘宇鹏等关于科西克、赫勒等人的研究文章。

们通常所说的西方马克思主义,主要包括以卢卡奇、科尔施、葛兰西、布洛赫为代表的早期西方马克思主义,以霍克海默、阿多诺、马尔库塞、弗洛姆、哈贝马斯等为代表的法兰克福学派,以及萨特的存在主义马克思主义、阿尔都塞的结构主义马克思主义等;二是20世纪70年代之后的新马克思主义流派,主要包括分析的马克思主义、生态学马克思主义、女权主义马克思主义、文化的马克思主义、发展理论的马克思主义、后马克思主义等;三是以南斯拉夫实践派、匈牙利布达佩斯学派、波兰和捷克斯洛伐克等国的新马克思主义者为代表的东欧新马克思主义。就这一基本格局而言,由于学术视野和其他因素的局限,我国的国外马克思主义研究呈现出发展不平衡的状态:大多数研究集中于对卢卡奇、科尔施和葛兰西等人开创的西方马克思主义流派和以生态学马克思主义、女权主义马克思主义等为代表的20世纪70、80年代之后的欧美新马克思主义流派的研究,而对于同样具有重要地位的东欧新马克思主义以及其他一些国外新马克思主义流派则较少关注。由此,东欧新马克思主义研究已经成为我国学术界关于世界马克思主义研究中的一个比较严重的"短板"。有鉴于此,我以黑龙江大学文化哲学研究中心、马克思主义哲学专业和国外马克思主义研究专业的研究人员为主,广泛吸纳国内相关领域的专家学者,组织了一个翻译、研究东欧新马克思主义的学术团队,以期在东欧新马克思主义的译介、研究方面做一些开创性的工作,填补国内学界的这一空白。2010—2015年,"译丛"预计出版40种,"理论研究"丛书预计出版20种,整个翻译和研究工程将历时多年。

以下,我根据多年来的学习、研究,就东欧新马克思主义的界定、历史沿革、理论建树、学术影响等作一简单介绍,以便丛书读者能对东欧新马克思主义有一个整体的了解。

二、东欧新马克思主义的界定

对东欧新马克思主义的范围和主要代表人物作一个基本划

界,并非轻而易举的事情。与其他一些在某一国度形成的具体的哲学社会科学理论流派相比,东欧新马克思主义要显得更为复杂,范围更为广泛。西方学术界的一些研究者或理论家从 20 世纪 60 年代后期就已经开始关注东欧新马克思主义的一些流派或理论家,并陆续对"实践派"、"布达佩斯学派",以及其他东欧新马克思主义代表人物作了不同的研究,分别出版了其中的某一流派、某一理论家的论文集或对他们进行专题研究。但是,在对东欧新马克思主义的总体梳理和划界上,西方学术界也没有形成公认的观点,而且在对东欧新马克思主义及其代表人物的界定上存在不少差异,在称谓上也各有不同,例如,"东欧的新马克思主义"、"人道主义马克思主义"、"改革主义者"、"异端理论家"、"左翼理论家"等。

近年来,我在使用"东欧新马克思主义"范畴时,特别强调其特定的内涵和规定性。我认为,不能用"东欧新马克思主义"来泛指第二次世界大战后东欧的各种马克思主义研究,我们在划定东欧新马克思主义的范围时,必须严格选取那些从基本理论取向到具体学术活动都基本符合 20 世纪"新马克思主义"范畴的流派和理论家。具体说来,我认为,最具代表性的东欧新马克思主义理论家应当是:南斯拉夫实践派的彼得洛维奇(Gajo Petrović, 1927—1993)、马尔科维奇(Mihailo Marković, 1923—2010)、弗兰尼茨基(Predrag Vranickić, 1922—2002)、坎格尔加(Milan Kangrga, 1923—2008)和斯托扬诺维奇(Svetozar Stojanović, 1931—2010)等;匈牙利布达佩斯学派的赫勒(Agnes Heller, 1929—)、费赫尔(Ferenc Feher, 1933—1994)、马尔库什(György Markus, 1934—)和瓦伊达(Mihaly Vajda, 1935—)等;波兰的新马克思主义代表人物沙夫(Adam Schaff, 1913—2006)、科拉科夫斯基(Leszak Kolakowski, 1927—2009)等;捷克斯洛伐克的科西克(Karel Kosik, 1926—2003)、斯维塔克(Ivan Svitak, 1925—1994)等。应当说,我们可以通过上述理论家的主要理论建树,大体上建立起东欧新马克思主义的研究领域。

除了上述十几位理论家构成了东欧新马克思主义的中坚力量外,还有许多理论家也为东欧新马克思主义的发展作出了重要贡献。例如,南斯拉夫实践派的考拉奇(Veljko Korać,1914—1991)、日沃基奇(Miladin Životić,1930—1997)、哥鲁波维奇(Zagorka Golubović,1930—　)、达迪奇(Ljubomir Tadić,1925—2013)、波什尼雅克(Branko Bošnjak,1923—1996)、苏佩克(Rudi Supek,1913—1993)、格尔里奇(Danko Grlić,1923—1984)、苏特里奇(Vanja Sutlić,1925—1989)、达米尼扬诺维奇(Milan Damnjanović,1924—1994)等,匈牙利布达佩斯学派的女社会学家马尔库什(Maria Markus,1936—　)、赫格居什(András Hegedüs,1922—1999)、吉什(Janos Kis,1943—　)、塞勒尼(Ivan Szelenyi,1938—　)、康拉德(Ceorg Konrad,1933—　)、作家哈拉兹蒂(Miklós Haraszti,1945—　)等,以及捷克斯洛伐克的人道主义马克思主义理论家马霍韦茨(Milan Machovec,1925—2003)等。考虑到其理论活跃度、国际学术影响力和参与度等因素,也考虑到目前关于东欧新马克思主义研究力量的限度,我们一般没有把他们列入东欧新马克思主义的主要研究对象。

这些哲学家分属不同的国度,各有不同的研究领域,但是,共同的历史背景、共同的理论渊源、共同的文化境遇以及共同的学术活动形成了他们共同的学术追求和理论定位,使他们形成了一个以人道主义批判理论为基本特征的新马克思主义学术群体。

首先,东欧新马克思主义产生于第二次世界大战后东欧各国的社会主义改革进程中,他们在某种意义上都是改革的理论家和积极支持者。众所周知,第二次世界大战后,东欧各国普遍经历了"斯大林化"进程,普遍确立了以高度的计划经济和中央集权体制为特征的苏联社会主义模式或斯大林的社会主义模式,而20世纪五六十年代东欧一些国家的社会主义改革从根本上都是要冲破苏联社会主义模式的束缚,强调社会主义的人道主义和民主的特征,以及工人自治的要求。在这种意义上,东欧新马克思主义主要产生于南斯拉夫、匈牙利、波兰和捷克斯洛伐克四国,就不是偶然的事情了。因为,1948年至1968年的20年间,标志着东欧社会主义改革艰巨历程的苏南冲突、波兹南事件、匈牙利事件、"布拉格之春"几个重大的世界性历史事件刚好在这四个国家中发生,上述东欧新马克思主义者都是这一改革进程中的重要理论家,他们从青年马克思的人道主义实践哲学立场出发,反思和批判苏联高度集权的社会主义模式,强调社会主义改革的必要性。

其次,东欧新马克思主义都具有比较深厚的马克思思想理论传统和开阔的现时代的批判视野。通常我们在使用"东欧新马克思主义"的范畴时是有严格限定条件的,只有那些既具有马克思的思想理论传统,在新的历史条件下对马克思关于人和世界的理论进行新的解释和拓展,同时又具有马克思理论的实践本性和批判维度,对当代社会进程进行深刻反思和批判的理论流派或学说,才能冠之以"新马克思主义"。可以肯定地说,我们上述开列的南斯拉夫、匈牙利、波兰和捷克斯洛伐克四国的十几位著名理论家符合这两个方面的要件。一方面,这些理论家都具有深厚的马克思主义思想传统,特别是青年马克思的实践哲学或者批判的人本主义思想对他们影响很大,例如,实践派的兴起与马克思《1844年经济学哲学手稿》的塞尔维亚文版1953年在南斯拉夫出版有直接的关系。另一方面,绝大多数东欧新马克思主义理论家都直接或间接地受卢卡奇、布洛赫、列菲伏尔、马尔库塞、弗洛姆、哥德曼等人带有人道主义特征的马克思主义理解的影响,其中,布达佩斯学派的主要成员就是由卢卡奇的学生组成的。东欧新马克思主义代表人物像西方马克思主义代表人物一样,高度关注技术理性批判、意识形态批判、大众文化批判、现代性批判等当代重大理论问题和实践问题。

再次,东欧新马克思主义主要代表人物曾经组织了一系列国际性学术活动,这些由东欧新马克思主义代表人物、西方马克思主义代表人物,以及其他一些马克思主义者参加的活动进一步形成了东欧新马克思主义的共同的人道主义理论定向,提升了他们的国际影响力。上述我们划定的十几位理论家分属四个国度,而且所面临的具体处境和社会问题也不尽相同,但是,他们并非彼此孤立、各自独立活动的专家学者。实际上,他们不仅具有相同的或相近的理论立场,而且在相当一段时间内或者在很多场合内共同发起、组织和参与了20世纪六七十年代一些重要的世界性马克思主义研究活动。这里特别要提到的是南斯拉夫实践派在组织东欧新马克思主义和西方马克思主义交流和对话中的独特作用。从20世纪60年代中期到70年代中期,南斯拉夫实践派哲学家创办了著名的《实践》杂志(PRAXIS,1964—1974)和科尔丘拉夏令学园(Korčulavska ljetnja Škola,1963—1973)。10年间他们举办了10次国际讨论会,围绕着国家、政党、官僚制、分工、商品生产、技术理性、文化、当代世界的异化、社会主义的民主与自治等一系列重大的现实问题进行深入探讨,百余名东欧新马克思主义者、西方马克思主义理论家和其他东西方马克思主义研究者参加了讨论。特别要提到的是,布洛赫、列菲伏尔、马尔库塞、弗洛姆、哥德曼、马勒、哈贝马斯等西方著名马克思主义者和赫勒、马尔库什、科拉科夫斯基、科西克、实践派哲学家以及其他东欧新马克思主义者成为《实践》杂志国际编委会成员和科尔丘拉夏令学园的国际学术讨论会的积极参加者。卢卡奇未能参加讨论会,但他生前也曾担任《实践》杂志国际编委会成员。20世纪后期,由于各种原因东欧新马克思主义的主要代表人物或是直接移居西方或是辗转进入国际学术或教学领域,即使在这种情况下,东欧新马克思主义主要流派依旧进行许多合作性的学术活动或学术研究。例如,在《实践》杂志被迫停刊的情况下,以马尔科维奇为代表的一部分实践派代表人物于1981年在英国牛津创办了《实践(国际)》(PRAXIS INTERNATIONAL)杂志,布达佩斯学派的主要成员则多次合作推出一些共同的研究成果。① 相近的理论立场和共同活动的开展,使东欧新马克思主义成为一种有机的、类型化的新马克思主义。

三、东欧新马克思主义的历史沿革

我们可以粗略地以 20 世纪 70 年代中期为时间点,将东欧新马克思主义的发展历程划分为两大阶段:第一个阶段是东欧新马克思主义主要流派和主要代表人物在东欧各国从事理论活动的时期,第二个阶段是许多东欧新马克思主义者在西欧和英美直接参加国际学术活动的时期。具体情况如下:

20 世纪 50 年代到 70 年代中期,是东欧新马克思主义主要流派和主要代表人物在东欧各国从事理论活动的时期,也是他们比较集中、比较自觉地建构人道主义的马克思主义的时期。可以说,这一时期的成果相应地构成了东欧新马克思主义的典型的或代表性的理论观点。这一时期的突出特点是东欧新马克思主义主要代表人物的理论活动直接同东欧的社会主义实践交织在一起。他们批判自然辩证法、反映论和经济决定论等观点,打破在社会主义国家中占统治地位的斯大林主义的理论模式,同时,也批判现存的官僚社会主义或国家社会主义关系,以及封闭的和落后的文化,力图在现存社会主义条件下,努力发展自由的创造性的个体,建立民主的、人道的、自治的社会主义。以此为基础,东欧新马克思主义积极发展和弘扬革命的和批判的人道主义马克思主义,他们一方面以独特的方式确立了人本主义马克思主义的立场,如实践派的"实践哲学"或"革命思想"、科西克的"具体的辩证法"、布达佩斯学派

---

① 例如,Agnes Heller, *Lukács Revalued*, Oxford:Basil Blackwell Publisher, 1983;Ferenc Feher, Agnes Heller and György Markus, *Dictatorship over Needs*, New York:St. Martin's Press, 1983;Agnes Heller and Ferenc Feher, *Reconstructing Aesthetics – Writings of the Budapest School*, New York:Blackwell, 1986;J. Grumley, P. Crittenden and P Johnson eds., *Culture and Enlightenment:Essays for György Markus*, Hampshire:Ashgate Publishing Limited,2002 等。

的需要革命理论等等;另一方面以异化理论为依据,密切关注人类的普遍困境,像西方人本主义思想家一样,对于官僚政治、意识形态、技术理性、大众文化等异化的社会力量进行了深刻的批判。这一时期,东欧新马克思主义代表人物展示出比较强的理论创造力,推出了一批有影响的理论著作,例如,科西克的《具体的辩证法》、沙夫的《人的哲学》和《马克思主义与人类个体》、科拉科夫斯基的《走向马克思主义的人道主义》、赫勒的《日常生活》和《马克思的需要理论》、马尔库什的《马克思主义与人类学》、彼得洛维奇的《哲学与马克思主义》和《哲学与革命》、马尔科维奇的《人道主义和辩证法》、弗兰尼茨基的《马克思主义和社会主义》等。

20 世纪 70 年代中后期以来,东欧新马克思主义的基本特点是不再作为自觉的学术流派围绕共同的话题而开展学术研究,而是逐步超出东欧的范围,通过移民或学术交流的方式分散在英美、澳大利亚、德国等地,汇入到西方各种新马克思主义流派或左翼激进主义思潮之中,他们作为个体,在不同的国家和地区分别参与国际范围内的学术研究和社会批判,并直接以英文、德文、法文等发表学术著作。大体说来,这一时期,东欧新马克思主义的主要代表人物的理论热点,主要体现在两个大的方面:从一个方面来看,马克思主义和社会主义依旧是东欧新马克思主义理论家关注的重要主题之一。他们在新的语境中继续研究和反思传统马克思主义和苏联模式的社会主义实践,并且陆续出版了一些有影响的学术著作,例如,科拉科夫斯基的三卷本《马克思主义的主要流派》、沙夫的《处在十字路口的共产主义运动》①、斯托扬诺维奇的《南斯拉夫的垮台:为什么共产主义会失败》、马尔科维奇的《民主社会主义:理论与实践》、瓦伊达的《国家和社会主义:政治学论文集》、马尔库什的《困难的过渡:中欧和东欧的社会民主》、费赫尔的《东欧的危机

---

① 参见该书的中文译本——沙夫:《论共产主义运动的若干问题》,奚戚等译,人民出版社 1983 年版。

和改革》等。但是，从另一方面看，东欧新马克思主义理论家，特别是以赫勒为代表的布达佩斯学派成员，以及沙夫和科拉科夫斯基等人，把主要注意力越来越多地投向20世纪70年代以来西方其他新马克思主义流派和左翼激进思想家所关注的文化批判和社会批判主题，特别是政治哲学的主题，例如，启蒙与现代性批判、后现代政治状况、生态问题、文化批判、激进哲学等。他们的一些著作具有重要的学术影响，例如，沙夫作为罗马俱乐部成员同他人一起主编的《微电子学与社会》和《全球人道主义》、科拉科夫斯基的《经受无穷拷问的现代性》等。这里特别要突出强调的是布达佩斯学派的主要成员，他们的研究已经构成了过去几十年西方左翼激进主义批判理论思潮的重要组成部分，例如，赫勒独自撰写或与他人合写的《现代性理论》、《激进哲学》、《后现代政治状况》、《现代性能够幸存吗?》等，费赫尔主编或撰写的《法国大革命与现代性的诞生》、《生态政治学:公共政策和社会福利》等，马尔库什的《语言与生产:范式批判》等。

四、东欧新马克思主义的理论建树

通过上述历史沿革的描述，我们可以发现一个很有趣的现象：东欧新马克思主义发展的第一个阶段大体上是与典型的西方马克思主义处在同一个时期；而第二个阶段又是与20世纪70年代以后的各种新马克思主义相互交织的时期。这样，东欧新马克思主义就同另外两种主要的新马克思主义构成奇特的交互关系，形成了相互影响的关系。关于东欧新马克思主义的学术建树和理论贡献，不同的研究者有不同的评价，其中有些偶尔从某一个侧面涉猎东欧新马克思主义的研究者，由于无法了解东欧新马克思主义的全貌和理论独特性，片面地断言:东欧新马克思主义不过是以卢卡奇等人为代表的西方马克思主义的一个简单的附属物、衍生产品或边缘性、枝节性的延伸，没有什么独特的理论创造和理论地位。

这显然是一种表面化的理论误解，需要加以澄清。

在这里，我想把东欧新马克思主义置于20世纪的新马克思主义的大格局中加以比较研究，主要是将其与西方马克思主义和20世纪70年代之后的新马克思主义流派加以比较，以把握其独特的理论贡献和理论特色。从总体上看，东欧新马克思主义的理论旨趣和实践关怀与其他新马克思主义在基本方向上大体一致，然而，东欧新马克思主义具有东欧社会主义进程和世界历史进程的双重背景，这种历史体验的独特性使他们在理论层面上既有比较坚实的马克思思想传统，又有对当今世界和人的生存的现实思考，在实践层面上，既有对社会主义建立及其改革进程的亲历，又有对现代性语境中的社会文化问题的批判分析。基于这种定位，我认为，研究东欧新马克思主义，在总体上要特别关注其三个理论特色。

其一，对马克思思想独特的、深刻的阐述。虽然所有新马克思主义都不可否认具有马克思的思想传统，但是，如果我们细分析，就会发现，除了卢卡奇的主客体统一的辩证法、葛兰西的实践哲学等，大多数西方马克思主义者并没有对马克思的思想、更不要说20世纪70年代以后的新马克思主义流派作出集中的、系统的和独特的阐述。他们的主要兴奋点是结合当今世界的问题和人的生存困境去补充、修正或重新解释马克思的某些论点。相比之下，东欧新马克思主义理论家对马克思思想的阐述最为系统和集中，这一方面得益于这些理论家的马克思主义理论基础，包括早期的传统马克思主义的知识积累和20世纪50年代之后对青年马克思思想的系统研究，另一方面得益于东欧理论家和思想家特有的理论思维能力和悟性。关于东欧新马克思主义理论家在马克思思想及马克思主义理论方面的功底和功力，我们可以提及两套尽管引起很大争议，但是产生了很大影响的研究马克思主义历史的著作，一是弗兰尼茨基的三卷本《马克思主义史》①，二是科拉科夫斯基的三卷本《马克思主义的主要流派》②。甚至当科拉科夫斯基在晚年宣布"放弃了马克思"后，我们依旧不难在他的理论中看到马克思思想的深刻影响。

在这一点上，可以说，差不多大多数东欧新马克思主义理论家都曾集中精力对马克思的思想作系统的研究和新的阐释。其中特别要提到的应当是如下几种关于马克思思想的独特阐述：一是科西克在《具体的辩证法》中对马克思实践哲学的独特解读和理论建构，其理论深度和哲学视野在 20 世纪关于实践哲学的各种理论建构中毫无疑问应当占有重要的地位；二是沙夫在《人的哲学》、《马克思主义与人类个体》和《作为社会现象的异化》几部著作中通过对异化、物化和对象化问题的细致分析，建立起一种以人的问题为核心的人道主义马克思主义理解；三是南斯拉夫实践派关于马克思实践哲学的阐述，尤其是彼得洛维奇的《哲学与马克思主义》、《哲学与革命》和《革命思想》，马尔科维奇的《人道主义和辩证法》，坎格尔加的《卡尔·马克思著作中的伦理学问题》等著作从不同侧面提供了当代关于马克思实践哲学最为系统的建构与表述；四是赫勒的《马克思的需要理论》、《日常生活》和马尔库什的《马克思主义与人类学》在宏观视角与微观视角相结合的视阈中，围绕着人类学生存结构、需要的革命和日常生活的人道化，对马克思关于人的问题作了深刻而独特的阐述，并探讨了关于人的解放的独特思路。正如赫勒所言："社会变革无法仅仅在宏观尺度上得以实现，进而，人的态度上的改变无论好坏都是所有变革的内在组成部

① Predrag Vranicki, *Historija Marksizma*, Ⅰ,Ⅱ,Ⅲ, Zagreb：Naprijed，1978. 参见普雷德腊格·弗兰尼茨基：《马克思主义史》(Ⅰ、Ⅱ、Ⅲ)，李嘉恩等译，人民出版社 1986、1988、1992 年版。

② Leszek Kolakowski, *Main Currents of Marxism*, 3 vols.，Oxford：Oxford University Press，1978.

分。"①

其二,对社会主义理论和实践、历史和命运的反思,特别是对社会主义改革的理论设计。社会主义理论与实践是所有新马克思主义以不同方式共同关注的课题,因为它代表了马克思思想的最重要的实践维度。但坦率地讲,西方马克思主义理论家和20世纪70年代之后的新马克思主义流派在社会主义问题上并不具有最有说服力的发言权,他们对以苏联为代表的现存社会主义体制的批判往往表现为外在的观照和反思,而他们所设想的民主社会主义、生态社会主义等模式,也主要局限于西方发达社会中的某些社会历史现象。毫无疑问,探讨社会主义的理论和实践问题,如果不把几乎贯穿于整个20世纪的社会主义实践纳入视野,加以深刻分析,是很难形成有说服力的见解的。在这方面,东欧新马克思主义理论家具有独特的优势,他们大多是苏南冲突、波兹南事件、匈牙利事件、"布拉格之春"这些重大历史事件的亲历者,也是社会主义自治实践、"具有人道特征的社会主义"等改革实践的直接参与者,甚至在某种意义上是理论设计者。东欧新马克思主义理论家对社会主义的理论探讨是多方面的,首先值得特别关注的是他们结合社会主义的改革实践,对社会主义的本质特征的阐述。从总体上看,他们大多致力于批判当时东欧国家的官僚社会主义或国家社会主义,以及封闭的和落后的文化,力图在当时的社会主义条件下,努力发展自由的创造性的个体,建立民主的、人道的、自治的社会主义。在这方面,弗兰尼茨基的理论建树最具影响力,在《马克思主义和社会主义》和《作为不断革命的自治》两部代表作中,他从一般到个别、从理论到实践,深刻地批判了国家社会主义模式,表述了社会主义异化论思想,揭示了社会主义的人道主义性质。他认为,以生产者自治为特征的社会主义"本质上是一种历史的、新

① Agnes Heller, *Everyday Life*, London and New York: Routledge and Kegan Paul, 1984, p. x.

型民主的发展和加深"①。此外,从 20 世纪 80 年代起,特别是在 20 世纪 90 年代后,很多东欧新马克思主义理论家对苏联解体和东欧剧变作了多视角的、近距离的反思,例如,沙夫的《处在十字路口的共产主义运动》,费赫尔的《戈尔巴乔夫时期苏联体制的危机和危机的解决》,马尔库什的《困难的过渡:中欧和东欧的社会民主》,斯托扬诺维奇的《南斯拉夫的垮台:为什么共产主义会失败》、《塞尔维亚:民主的革命》等。

其三,对于现代性的独特的理论反思。如前所述,20 世纪 80 年代以来,东欧新马克思主义理论家把主要注意力越来越多地投向 20 世纪 70 年代以来西方其他新马克思主义流派和左翼激进思想家所关注的文化批判和社会批判主题。在这一研究领域中,东欧新马克思主义理论家的独特性在于,他们在阐释马克思思想时所形成的理论视野,以及对社会主义历史命运和发达工业社会进行综合思考时所形成的社会批判视野,构成了特有的深刻的理论内涵。例如,赫勒在《激进哲学》,以及她与费赫尔、马尔库什等合写的《对需要的专政》等著作中,用他们对马克思的需要理论的理解为背景,以需要结构贯穿对发达工业社会和现存社会主义社会的分析,形成了以激进需要为核心的政治哲学视野。赫勒在《历史理论》、《现代性理论》、《现代性能够幸存吗?》以及她与费赫尔合著的《后现代政治状况》等著作中,建立了一种独特的现代性理论。同一般的后现代理论的现代性批判相比,这一现代性理论具有比较厚重的理论内涵,用赫勒的话来说,它既包含对各种关于现代性的理论的反思维度,也包括作者个人以及其他现代人关于"大屠杀"、"极权主义独裁"等事件的体验和其他"现代性经验"②,在我看来,其理论厚度和深刻性只有像哈贝马斯这样的少数理论家才

---

① Predrag Vranicki, Socijalistička revolucija——Oěemu je riječ? *Kulturni radnik*, No. 1, 1987, p. 19.

② 参见阿格尼丝·赫勒:《现代性理论》,李瑞华译,商务印书馆 2005 年版,第 1、3、4 页。

能达到。

从上述理论特色的分析可以看出，无论从对马克思思想的当代阐发、对社会主义改革的理论探索，还是对当代社会的全方位批判等方面来看，东欧新马克思主义都是 20 世纪一种典型意义上的新马克思主义，在某种意义上可以断言，它是西方马克思主义之外一种最有影响力的新马克思主义类型。相比之下，20 世纪许多与马克思思想或马克思主义有某种关联的理论流派或实践方案都不具备像东欧新马克思主义这样的学术地位和理论影响力，它们甚至构不成一种典型的"新马克思主义"。例如，欧洲共产主义等社会主义探索，它们主要涉及实践层面的具体操作，而缺少比较系统的马克思主义理论传统；再如，一些偶尔涉猎马克思思想或对马克思表达敬意的理论家，他们只是把马克思思想作为自己的某一方面的理论资源，而不是马克思理论的传人；甚至包括日本、美国等一些国家的学院派学者，他们对马克思的文本进行了细微的解读，虽然人们也常常在宽泛的意义上称他们为"新马克思主义者"，但是，同具有理论和实践双重维度的马克思主义传统的理论流派相比，他们还不能称做严格意义上的"新马克思主义者"。

五、东欧新马克思主义的学术影响

在分析了东欧新马克思主义的理论建树和理论特色之后，我们还可以从一些重要思想家对东欧新马克思主义的关注和评价的视角把握它的学术影响力。在这里，我们不准备作有关东欧新马克思主义研究的详细文献分析，而只是简要地提及一下弗洛姆、哈贝马斯等重要思想家对东欧新马克思主义的重视。

应该说，大约在 20 世纪 60 年代中期，即东欧新马克思主义形成并产生影响的时期，其理论已经开始受到国际学术界的关注。20 世纪 70 年代之前东欧新马克思主义者主要在本国从事学术研究，他们深受卢卡奇、布洛赫、马尔库塞、弗洛姆、哥德曼等西方马克思主义者的影响。然而,即使在这一时期,东欧新马克思主义同西方马克思主义,特别是同法兰克福学派的关系也带有明显的交互性。如上所述,从 20 世纪 60 年代中期到 70 年代中期,由《实践》杂志和科尔丘拉夏令学园所搭建的学术论坛是当时世界上最大的、最有影响力的东欧新马克思主义和西方马克思主义的学术活动平台。这个平台改变了东欧新马克思主义者单纯受西方人本主义马克思主义者影响的局面,推动了东欧新马克思主义和西方马克思主义者的相互影响与合作。布洛赫、列菲伏尔、马尔库塞、弗洛姆、哥德曼等一些著名西方马克思主义者不仅参加了实践派所组织的重要学术活动,而且开始高度重视实践派等东欧新马克思主义理论家。这里特别要提到的是弗洛姆,他对东欧新马克思主义给予高度重视和评价。1965 年弗洛姆主编出版了哲学论文集《社会主义的人道主义》,在所收录的包括布洛赫、马尔库塞、弗洛姆、哥德曼、德拉·沃尔佩等著名西方马克思主义代表人物文章在内的共 35 篇论文中,东欧新马克思主义理论家的文章就占了 10 篇——包括波兰的沙夫,捷克斯洛伐克的科西克、斯维塔克、普鲁查,南斯拉夫的考拉奇、马尔科维奇、别约维奇、彼得洛维奇、苏佩克和弗兰尼茨基等哲学家的论文。① 1970 年,弗洛姆为沙夫的《马克思主义与人类个体》作序,他指出,沙夫在这本书中,探讨了人、个体主义、生存的意义、生活规范等被传统马克思主义忽略的问题,因此,这本书的问世无论对于波兰还是对于西方学术界正确理解马克思的思想,都是"一件重大的事情"②。1974 年,弗洛姆为马尔科维奇关于哲学和社会批判的论文集写了序言,他特别肯定和赞扬了马尔科维奇和南斯拉夫实践派其他成员在反对教条主义、"回到真正的马克思"方面所作的努力和贡献。弗洛姆强调,在南

① Erich Fromm, ed., *Socialist Humanism: An International Symposium*, New York: Doubleday, 1965.

② Adam Schaff, *Marxism and the Human Individual*, New York: McGraw - Hill Book Company, 1970, p. ix.

斯拉夫、波兰、匈牙利和捷克斯洛伐克都有一些人道主义马克思主义理论家,而南斯拉夫的突出特点在于:"对真正的马克思主义的重建和发展不只是个别的哲学家的关注点,而且已经成为由南斯拉夫不同大学的教授所形成的一个比较大的学术团体的关切和一生的工作。"①

　　20 世纪 70 年代后期以来,汇入国际学术研究之中的东欧新马克思主义代表人物(包括继续留在本国的科西克和一部分实践派哲学家),在国际学术领域,特别国际马克思主义研究中,具有越来越大的影响,占据独特的地位。他们于 20 世纪 60 年代至 70 年代创作的一些重要著作陆续翻译成西方文字出版,有些著作,如科西克的《具体的辩证法》等,甚至被翻译成十几国语言。一些研究者还通过编撰论文集等方式集中推介东欧新马克思主义的研究成果。例如,美国学者谢尔 1978 年翻译和编辑出版了《马克思主义人道主义和实践》,这是精选的南斯拉夫实践派哲学家的论文集,收录了彼得洛维奇、马尔科维奇、弗兰尼茨基、斯托扬诺维奇、达迪奇、苏佩克、格尔里奇、坎格尔加、日沃基奇、哥鲁波维奇等 10 名实践派代表人物的论文。② 英国著名马克思主义社会学家波塔默 1988 年主编了《对马克思的解释》一书,其中收录了卢卡奇、葛兰西、阿尔都塞、哥德曼、哈贝马斯等西方马克思主义著名代表人物的论文,同时收录了彼得洛维奇、斯托扬诺维奇、赫勒、赫格居什、科拉科夫斯基等 5 位东欧新马克思主义著名代表人物的论文。③此外,一些专门研究东欧新马克思主义某一代表人物的专著也陆

　　① Mihailo Marković, *From Affluence to Praxis*: *Philosophy and Social Criticism*, The University of Michigan Press, 1974, p. vi.

　　② Gerson S. Sher, ed., *Marxist Humanism and Praxis*, New York: Prometheus Books, 1978.

　　③ Tom Bottomore, ed., *Interpretations of Marx*, Oxford UK, New York USA: Basil Blackwell, 1988.

续出版。① 同时,东欧新马克思主义代表人物陆续发表了许多在国际学术领域产生重大影响的学术著作,例如,科拉科夫斯基的三卷本《马克思主义的主要流派》②于 20 世纪 70 年代末在英国发表后,很快就被翻译成多种语言,在国际学术界产生很大反响,迅速成为最有影响的马克思主义哲学史研究成果之一。布达佩斯学派的赫勒、费赫尔、马尔库什和瓦伊达,实践派的马尔科维奇、斯托扬诺维奇等人,都与科拉科夫斯基、沙夫等人一样,是 20 世纪 80 年代以后国际学术界十分有影响的新马克思主义理论家,而且一直活跃到目前。③ 其中,赫勒尤其活跃,20 世纪 80 年代后陆续发表了关于历史哲学、道德哲学、审美哲学、政治哲学、现代性和后现代性问题等方面的著作十余部,于 1981 年在联邦德国获莱辛奖,1995 年在不莱梅获汉娜·阿伦特政治哲学奖(Hannah Arendt Prize for Political Philosophy),2006 年在丹麦哥本哈根大学获松宁奖(Sonning Prize)。

应当说,过去 30 多年,一些东欧新马克思主义主要代表人物已经得到国际学术界的广泛承认。限于篇幅,我们在这里无法一一梳理关于东欧新马克思主义的研究状况,可以举一个例子加以说明:从 20 世纪 60 年代末起,哈贝马斯就在自己的多部著作中引用东欧新马克思主义理论家的观点,例如,他在《认识与兴趣》中提到了科西克、彼得洛维奇等人所代表的东欧社会主义国家中的"马克思主义的现象学"倾向④,在《交往行动理论》中引用了赫勒和马

---

① 例如,John Burnheim, *The Social Philosophy of Agnes Heller*, Amsterdam-Atlanta: Rodopi B. V. , 1994; John Grumley, *Agnes Heller: A Moralist in the Vortex of History*, London: Pluto Press, 2005,等等。

② Leszek Kolakowski, *Main Currents of Marxism*, 3 vols. , Oxford: Clarendon Press, 1978.

③ 其中,沙夫于 2006 年去世,坎格尔加于 2008 年去世,科拉科夫斯基于 2009 年去世,马尔科维奇和斯托扬诺维奇于 2010 年去世。

④ 参见哈贝马斯:《认识与兴趣》,郭官义、李黎译,学林出版社 1999 年版,第 24、59 页。

尔库什的观点①,在《现代性的哲学话语》中讨论了赫勒的日常生活批判思想和马尔库什关于人的对象世界的论述②,在《后形而上学思想》中提到了科拉科夫斯基关于哲学的理解③,等等。这些都说明东欧新马克思主义的理论建树已经真正进入到20世纪(包括新世纪)国际学术研究和学术交流领域。

六、东欧新马克思主义研究的思路

通过上述关于东欧新马克思主义的多维度分析,不难看出,在我国学术界全面开启东欧新马克思主义研究领域的意义已经不言自明了。应当看到,在全球一体化的进程中,中国的综合实力和国际地位不断提升,但所面临的发展压力和困难也越来越大。在此背景下,中国的马克思主义理论研究者进一步丰富和发展马克思主义的任务越来越重,情况也越来越复杂。无论是发展中国特色、中国风格、中国气派的马克思主义,还是"大力推进马克思主义中国化、时代化、大众化",都不能停留于中国的语境中,不能停留于一般地坚持马克思主义立场,而必须学会在纷繁复杂的国际形势中,在应对人类所面临的日益复杂的理论问题和实践问题中,坚持和发展具有世界眼光和时代特色的马克思主义,以争得理论和学术上的制高点和话语权。

在丰富和发展马克思主义的过程中,世界眼光和时代特色的形成不仅需要我们对人类所面临的各种重大问题进行深刻分析,还需要我们自觉地、勇敢地、主动地同国际上各种有影响的学术观

---

① 参见哈贝马斯:《交往行动理论》第2卷,洪佩郁、蔺青译,重庆出版社1994年版,第545、552页,即"人名索引"中的信息,其中马尔库什被译作"马尔库斯"(按照匈牙利语的发音,译作"马尔库什"更为准确)。

② 参见哈贝马斯:《现代性的哲学话语》,曹卫东等译,译林出版社2004年版,第88、90~95页,这里马尔库什同样被译作"马尔库斯"。

③ 参见哈贝马斯:《后形而上学思想》,曹卫东、付德根译,译林出版社2001年版,第36~37页。

点和理论思想展开积极的对话、交流和交锋。这其中，要特别重视各种新马克思主义流派所提供的重要的理论资源和思想资源。我们知道，马克思主义诞生后的一百多年来，人类社会经历了两次世界大战的浩劫，经历了资本主义和社会主义跌宕起伏的发展历程，经历了科学技术日新月异的进步。但是，无论人类历史经历了怎样的变化，马克思主义始终是世界思想界难以回避的强大"磁场"。当代各种新马克思主义流派的不断涌现，从一个重要的方面证明了马克思主义的生命力和创造力。尽管这些新马克思主义的理论存在很多局限性，甚至存在着偏离马克思主义的失误和错误，需要我们去认真甄别和批判，但是，同其他各种哲学社会科学思潮相比，各种新马克思主义对发达资本主义的批判，对当代人类的生存困境和发展难题的揭示最为深刻、最为全面、最为彻底，这些理论资源和思想资源对于我们的借鉴意义和价值也最大。其中，我们应该特别关注东欧新马克思主义。众所周知，中国曾照搬苏联的社会主义模式，接受苏联哲学教科书的马克思主义理论体系；在社会主义的改革实践中，也曾经与东欧各国有着共同的或者相关的经历，因此，从东欧新马克思主义的理论探索中我们可以吸收的理论资源、可以借鉴的经验教训会更多。

鉴于我们所推出的"东欧新马克思主义译丛"和"东欧新马克思主义理论研究"丛书尚属于这一研究领域的基础性工作，因此，我们的基本研究思路，或者说，我们坚持的研究原则主要有两点。一是坚持全面准确地了解的原则，即是说，通过这两套丛书，要尽可能准确地展示东欧新马克思主义的全貌。具体说来，由于东欧新马克思主义理论家人数众多，著述十分丰富，"译丛"不可能全部翻译，只能集中于上述所划定的十几位主要代表人物的代表作。在这里，要确保东欧新马克思主义主要代表人物最有影响的著作不被遗漏，不仅要包括与我们的观点接近的著作，也要包括那些与我们的观点相左的著作。以科拉科夫斯基《马克思主义的主要流派》为例，他在这部著作中对不同阶段的马克思主义发展进行了很多批评和批判,其中有一些观点是我们所不能接受的,必须加以分析批判。尽管如此,它是东欧新马克思主义影响最为广泛的著作之一,如果不把这样的著作纳入"译丛"之中,如果不直接同这样有影响的理论成果进行对话和交锋,那么我们对东欧新马克思主义的理解将会有很大的片面性。二是坚持分析、批判、借鉴的原则,即是说,要把东欧新马克思主义的理论观点置于马克思主义的理论发展进程中,置于社会主义实践探索中,置于20世纪人类所面临的重大问题中,置于同其他新马克思主义和其他哲学社会科学理论的比较中,加以理解、把握、分析、批判和借鉴。因此,我们将在每一本译著的译序中尽量引入理论分析的视野,而在"理论研究"中,更要引入批判性分析的视野。只有这种积极对话的态度,才能使我们对东欧新马克思主义的研究不是为了研究而研究、为了翻译而翻译,而是真正成为我国在新世纪实施的马克思主义理论研究和建设工程的有机组成部分。

在结束这篇略显冗长的"总序"时,我非但没有一种释然和轻松,反而平添了更多的沉重和压力。开辟东欧新马克思主义研究这样一个全新的学术领域,对我本人有限的能力和精力来说是一个前所未有的考验,而我组织的翻译队伍和研究队伍,虽然包括一些有经验的翻译人才,但主要是依托黑龙江大学文化哲学研究中心、马克思主义哲学专业和国外马克思主义研究专业博士学位点等学术平台而形成的一支年轻的队伍,带领这样一支队伍去打一场学术研究和理论探索的硬仗,我感到一种悲壮和痛苦。我深知,随着这两套丛书的陆续问世,我们将面对的不会是掌声,可能是批评和质疑,因为,无论是"译丛"还是"理论研究"丛书,错误和局限都在所难免。好在我从一开始就把对这两套丛书的学术期待定位于一种"开端"(开始)而不是"结果"(结束)——我始终相信,一旦东欧新马克思主义研究领域被自觉地开启,肯定会有更多更具才华更有实力的研究者进入这个领域;好在我一直坚信,哲学总在途中,是一条永走不尽的生存之路,哲学之路是一条充盈着生命冲动的创新之路,也是一条上下求索的艰辛之路,踏上哲学之路的人们不仅要挑战智慧的极限,而且要有执著的、痛苦的生命意识,要有对生命的挚爱和勇于奉献的热忱。因此,既然选择了理论,选择了精神,无论是万水千山,还是千难万险,在哲学之路上我们都将义无反顾地跋涉……

导　论

一、20 世纪的文化自觉与文化争论

文化一词是 20 世纪最为广博的概念,似乎一切都可以囊括于文化之中。《哲学人类学》的作者蓝德曼这样说道:"文化创造比我们迄今所相信的有更加广阔和更加深刻的内涵。人类生活的基础不是自然的安排,而是文化形成的形式和习惯。正如我们历史地所探究的,没有自然的人,甚至最早的人也是生存于文化之中。"①对于文化的界定多种多样,文化类型更是纷繁复杂,自文化哲学兴起以来,对文化是什么这一问题的研究更是吸引了众多学者的目光。A. L. 克鲁伯和克赖德·克拉克洪在《文化——关于概念和定义的评论》中总结了 161 种关于文化的定义。"什么是文化?"这是一个极为复杂的问题,单从词义上理解,就可以把文化当作名词,称之为时代凝结成的精神本质;可以把它当作动词,用来指称"人文化成"、"教化"之义;也可以将之作为形容词,赋予其受教化程度的意义。出于不同的视角、观点、方法、目的、兴趣以及知识构成,人们会得出不同的文化定义。这里我们的目的不是要去对文化的定义做价值判断,而是要揭示出文化哲学是一种不同于意识哲学的研究范式。因为无论怎样去界定文化,文化与人的存在都是密切相关的,每一个人都生活在文化之中,或许很多人对我们身处其中的文化视而不见,但我们甚至一时一刻也离不开我们所创造的

---

① [德]蓝德曼:《哲学人类学》,彭富春译,北京:工人出版社,1988 年版,第260—261 页。

文化而生存，即使我们的举手投足也能反映出我们所植根的本土文化的内在精神。文化就是"历史地凝结成的稳定的生存方式和活动方式"，它无时无刻不影响着人类的生存，制约着人类生活的各个层面。现代，文化已经渗透进社会生活的各个层面，包括政治经济层面，成为人的存在方式和社会运行的内在机理和图式。在这种意义上，文化可以作为理解个人和社会生活的最深刻的方式和角度，这种文化就是作为哲学范式的文化。哲学研究透过文化理解当下的方式就是文化哲学范式。衣俊卿教授总结道："文化哲学不是关于某一种或总体的文化现象的特殊的部门哲学，而是人的生存和社会历史运行的一种新的哲学范式。"①在哲学史上，文化哲学范式是不同于意识哲学范式的另一种哲学范式，与意识哲学范式寻求普遍性的知识不同，文化哲学范式从文化层面展示了人和社会的存在，使人可以透过文化的反思理解人的生存和社会发展的现状；文化通常能帮人形成一个坐标、一个问题框架，使人能够把某个事件放到坐标中、问题框架中去理解，赋予事件以文化背景，形成一种深刻的总体性理解。

早在 19 世纪下半叶和 20 世纪初，文化人类学、文化形态史研究以及各种各样的文化哲学理论就开始兴起，文化学家和人类学家开始通过田野考察和实证研究的方式对文化现象进行阐释，进而透过文化现象把握人的存在方式，这推动了文化研究从自在逐渐走向自觉的历史进程。这些早期的文化研究除了对文化共时性的阐述外（如文化普遍论与文化特殊论），也把文化研究引向了历时性的维度（如文化进化论与文化退化论）。最初，博厄斯、克鲁伯等人以文化相对论反对当时欧洲盛行的泰勒、摩尔根等人主张的文化普遍论。泰勒在《原始文化》中把文化定义为复杂的总体，包括知识、信仰、艺术、道德、法律、风俗以及人类在社会里所得到的一切能力与习惯。文化普遍论主张从精神文化层面看待各种社会现象，注重对人类普遍的文化历史的研究；而文化相对论则批判文化普遍化所导致的欧洲中心的"普世价值"，反对以欧洲的文化标准去评判其他文化，认为每种文化都有其存在的价值。博厄斯提

---

① 衣俊卿：《现代性的维度》，哈尔滨：黑龙江大学出版社，北京：中央编译出版社，2011 年版，第 33 页。

出，"因此，对普遍化社会形态的科学研究要求调查者从建立于自身文化之上的种种价值标准中解脱出来。只有在每种文化自身的基础上深入每种文化，深入每个民族的思想，并把在人类各个部分发现的文化价值列入我们总的客观研究的范围，客观的、严格科学的研究才有可能"①。文化相对论思想对哲学人类学产生了巨大的影响，本尼迪克特、米德等人都受益于文化相对论，这两个人都是博厄斯的弟子，继承并发展了文化相对论。本尼迪克特提出了文化模式理论，米德研究了心理因素和文化因素对人格的形成所起的决定性作用。然而，即使这样文化相对论和文化普遍论还是都属于共时态的文化研究。文化形态史研究在此基础上前进了一步，进入了历时态的领域，对文化的历史进化问题进行了研究。文化普遍论除了坚持普遍的文化外，还提倡文化的进化论；而文化相对论除了坚持文化的特殊性外，也强调历史的特殊论。以斯宾格勒、汤因比为代表的文化形态史观不仅坚持文化的特殊性立场，还专门对文化的演进机制进行了探讨，对文化进化论提出了异议，如斯宾格勒提出文化有机体有自己的生命周期，在《西方的没落》中他就探讨了西方文化的周期；汤因比的《历史研究》讲述了世界20多个主要民族文明兴起与衰落的内在机制；雅斯贝斯提出了历史的"轴心期"思想。这些共时态和历时态的文化研究，透过文化现象对人的存在方式的探索，以及对人类社会和人类历史演进的研究，都是文化研究的重要成果，推动了文化研究从"自在"走向"自觉"。然而这些文化研究只是对文化进行实证研究、对文化模式的演进进行探讨，还只是对现象的说明，依旧没有达到对文化的深层反思和批判。

把文化哲学作为一种研究范式是新康德主义的贡献，新康德主义提出文化哲学是不同于意识哲学的一种范式，提倡哲学研究范式应该从意识哲学领域转向文化哲学领域，这开启了文化哲学研究的新篇章。哲学研究向文化哲学领域的回归，使人生存的意义与价值在被意识哲学所遮蔽后再次凸显出来，这也是哲学向生活世界的回归。然而，新康德主义也只是揭示了这种转向，如对文

① ［美］弗朗兹·博厄斯：《人类学与现代生活》，刘莎等译，北京：华夏出版社，1999年版，第131页。

化科学与自然科学进行区分,把哲学的领域定位为价值领域等,还未对文化哲学的范式进行深入的探讨。20世纪人们在面对现代性问题时也开始从文化这一框架出发,对现代性问题进行深入的研究,文化批判逐渐成为一种自觉形态,文化哲学范式成为人们自觉地审视和反思自己生存状态的一种视角和维度。现代许多思想家都对现代性文化危机进行了思索,尽管他们之间也存在着争论与分歧,然而无疑都是自觉性的文化反思。现代性文化对理性的过度高扬孕育了现代性的深刻危机:世界性的灾难、道德规范的失效、人类精神家园的缺失、异化的产生、人与人之间关系的疏离等一系列问题随之出现,现代性的列车并未驶入幸福的终点站,反而几次停靠在了奥斯维辛、古拉格群岛这样的车站。现代西方哲学最开始意识到了现代性的危机以及人存在的危机,并从不同层面揭示了这种危机的存在。现代西方哲学的主题就是对传统哲学进行批判,批判传统哲学对理性的过分强调使人的其他面——非理性、经验等——被遮盖了。尼采宣称了"上帝之死",提倡重估一切价值,其目的就在于揭露理性的发展所导致的人存在的意义和价值的丧失。在这种情况下,兴起了权力意志说、弗洛伊德主义、存在主义等揭示人存在的危机的学术流派,这些流派试图以各种方法克服人存在的危机。然而,这些思潮依旧是以理论解释理论,以理论解决现实问题,尚未找到克服危机的途径。正如马克思所说:"哲学家们只是用不同的方式解释世界,问题在于改变世界。"

马克思将人存在的这种危机定义为"异化",他找寻到的扬弃异化的方法是通过对现存社会的深刻批判使理论与实践相结合,进而实现宏观层面的政治、经济革命,从而达到人的自由自觉的存在。然而,马克思主义发展到第二国际时期的理论形态却将马克思主义当作适合于任何时间、任何地点、任何情况的普遍适用的真理,片面地将宏观层面的政治、经济看作是社会发展的决定性力量,导致了马克思主义的教条化倾向。正是在这种情况下,20世纪的西方马克思主义异军突起,他们从马克思早期思想中寻找理论根据,结合他们所处年代的具体问题展开了一种文化批判,批判将马克思主义理解为经济决定论的教条主义倾向,批判发达工业社会的文化危机,并在马克思的思想中找寻克服当代社会文化危机的途径。20世纪的西方马克思主义是文化革命的倡导者和先锋,他们看到了在社会生活中起决定作用的不是宏观层面的政治经济权力,而是微观层面的文化领导权,因此开始了全方位的文化批判,提倡社会变革的主题应该从宏观层面的政治、经济革命转向微观层面的文化革命。最初,卢卡奇除了对资本主义社会的政治经济体制的批判外,还就发达工业社会技术理性对人的统治、人的物化等问题进行了批判;葛兰西对文化革命的论述最有助于理解这种文化转向,他区分了上层建筑领域的政治社会和市民社会,认为在现代西方社会已经形成了独立的市民社会,市民社会在人们的生活中发挥着重要的作用,"一方面,经济领域的要求和必然性对国家和政府的决定与制约作用不再是直接的,而是通过市民社会的中介活动而更多地采取合理化的方式和契约的、民主的程序;另一方面,国家所代表的政治领域对社会的经济生活和其他生活的安排也不再是外在的和强制性的,而是通过市民社会在文化、伦理和意识形态上的领导功能来体现的。因此,在市民社会取得相对发达形式的社会里,政治的强制性开始弱化,文化的和意识形态的领导权开始突出,传统国家的性质与功能也开始发生某种变化"[1]。市民社会即是文化意识形态领域,由于市民社会在现代社会的重要作用,所以现代社会革命必须从文化出发。其实在马克思关于理论一经掌握群众就会变成改变现实的物质力量的论述中,就已经暗含了对意识形态力量的强调。后来法兰克福学派在早期西方马克思主义的基础上,对发达工业社会所进行的技术理性批判、大众文化批判、意识形态批判以及性格心理机制批判等都是在文化层面上对现实社会进行的批判。然而西方马克思主义的这些批判都属于现代主义的研究,还是根据启蒙时代的范畴所进行的探索,还未完全走出启蒙以来哲学的体系化、同一化的理论倾向。

这时后现代也逐渐步入了历史舞台,德里达的解构主义最先表达了后现代的倾向,接着是利奥塔的后现代状态与元叙事的终结,鲍德里亚的超仿真社会,詹姆逊的晚期资本主义的文化逻辑,德勒兹与伽塔利的反俄狄浦斯、反自我,福柯以全景监狱等揭示出的微观权力,罗蒂的后哲学文化,吉登斯的现代性的后果,伽达默

---

① 衣俊卿等:《20世纪的新马克思主义》,哈尔滨:黑龙江教育出版社,2007年版,第87页。

尔的视域融合,等等。这些后现代思想家反对连贯性、权威性和确定性,提倡无中心意识和多元性价值取向,然而后现代主义在强调多元性的同时也不可避免地走向了极端相对主义和价值虚无主义。

在20世纪的文化自觉与文化论争中,布达佩斯学派逐渐凸显了出来。他们继承并发展了西方马克思主义的文化革命理论,同时与后现代主义理论融合,提出了避免极端相对主义和价值虚无主义的多元文化理论。布达佩斯学派把文化理解为一种哲学的范式,并且把现代性看作一种渗透于社会生活之中的文化模式,以此出发展开了文化层面的现代性批判。事实上,基于哲学范式的文化批判有据可循,因为人类是一个整体,而构成人类整体的恰恰是文化,人的历史就是文化的历史,文化是人的存在方式。这里文化不是指狭义上的文化精神,而是在文化哲学的意义上内在于人的存在和社会生活之中的机理性的存在,其实这就自觉不自觉地进入了文化哲学的研究视域。文化哲学恰恰是通过文化的反思,开启了一种理解人的生存和人类社会发展的视角和方法。布达佩斯学派揭示出文化是一种渗透于一切社会生活层面的内在机理性的制约体系,文化是社会运行内在机制的体现,现代社会的精神气质通过文化反映在社会生活之中,从文化入手更能全面地、本真地反映社会的全貌。布达佩斯学派最初以文化为哲学的范式,从深层次的文化层面出发看待社会问题,从各个角度对现代社会的文化危机进行了批判,而后又进一步将自己对于文化的一般理解运用于现代性的分析上,得出现代性文化模式是现代社会文化危机的根源。

布达佩斯学派继承了卢卡奇所开创的西方马克思主义的文化批判理论,并融合了自己国家社会主义的特殊历史境遇,在融入国际舞台后更是吸收了各种现代理论思潮,形成了独具特色的文化理论。在布达佩斯学派的文化理论中,既有以文化作为理论研究范式对现时代文化危机的多维度批判,又有关于文化的一般理解,而且他们还将自己关于文化的理解运用于对现代性的分析上。布达佩斯学派的文化理论蕴含于对日常生活、需要、道德、伦理、政治、历史、美学等具体问题的阐释中,同时又结合在现代性批判之内。通过对文化作为一种活动方式已经渗透于现代社会生活的各个领域发挥作用的阐释,揭示出现代性已经成为一种无所不包的文化模式,而这恰恰是现代文化危机的根源。布达佩斯学派得出现代社会最深刻的危机恰恰表现在文化上,所以他们既把文化作为一种范式,同时又运用自己对文化的一般理解分析了现代性的文化危机,并试图找出克服这种危机的道路。

二、布达佩斯学派现代性批判视域下的文化理论

东欧的许多国家二战后在苏联的帮助下走上了社会主义的道路,南斯拉夫、匈牙利、捷克斯洛伐克、波兰等国除了在政治制度上加入了以苏联为核心的社会主义阵营外,在意识形态上也奉行斯大林的教条主义的马克思主义,走上了苏联模式社会主义的发展道路。在苏联模式社会主义体制下,东欧国家实际上处于理论和实践的双重控制之下。在理论上,马克思主义本身是充满批判精神的革命理论,指导了社会主义革命的胜利,但是在长期实践过程中被歪曲成为一种经济决定论,到了斯大林时期演化成为一种极端的教条主义,不但不再是促进社会主义发展的思想力量,反而成为苏联控制东欧国家的意识形态工具。在实践上,东欧各国在斯大林化过程中形成了苏联模式的高度集中的计划经济体制和国家社会主义的政治管理模式,个体的自由和全面发展往往被忽视或者压抑。在这种情况下,20 世纪 50、60 年代东欧各国出现了一股批判斯大林主义的思潮,这些"持不同政见者"在早期西方人本主义的马克思主义的影响下提出要重新思考马克思主义的本质,他们认为马克思主义在本质上是人道主义的,是以扬弃异化、实现人的自由和解放为目的的,而不是对人的自由本质的压抑。这一在东欧国家内部掀起的,以批判斯大林主义、恢复马克思主义的人道主义本质为宗旨的理论思潮就是"东欧新马克思主义","东欧新马克思主义"的理论探索是东欧各国社会主义改革的重要理论组成部分。

布达佩斯学派就是在匈牙利兴起的这一社会批判力量,由围绕在卢卡奇身边的一些学生和志同道合者组成。卢卡奇可以说是该学派的理论来源和先导,他最早对西方发达国家和东欧社会主义国家人的生存状态进行了反思,在卢卡奇的引导下,他周围一些学生阿格妮丝·赫勒(Agnes Heller)、费伦茨·费赫尔(Ferenc

Fehér)、乔治·马尔库什(György Markus)、米哈伊·瓦伊达(Mihály Vajda)、女社会学家玛丽亚·马尔库什(Maria Markus)等人,以及安德拉斯·赫格居什(Andras Hegedüs)、山多尔·拉德落蒂(Sandnor Radnoti)、伊万·塞勒尼(Ivan Szelenyi)、格奥尔格·康拉德(Ceorg Konrad)、米克洛什·哈拉兹蒂(Miklos Haraszti)等理论家组成了一个批判的团体,即"布达佩斯小组",也就是布达佩斯学派。本书的研究立足于布达佩斯学派的四位主要代表人物——赫勒、费赫尔、乔治·马尔库什和瓦伊达,以他们的思想为基点对布达佩斯学派思想进行论述,所以在本书中"布达佩斯学派"指代的是赫勒、费赫尔、乔治·马尔库什和瓦伊达四人。布达佩斯学派结合匈牙利的社会实际情况,对斯大林教条主义的马克思主义和苏联模式社会主义进行了批判,致力于重建人道主义的马克思主义和民主的社会主义。康马斯(Anthony Kammas)总结了布达佩斯学派的理论宗旨:"作为前东欧的持不同政见者,赫勒与其布达佩斯学派的同伴们打造了一个关于多元化诺言和政治的愿景,在保持对西方自由主义的一个批判的张力的同时,为国家社会主义提供一种民主的替代选择。"①

　　虽然对于是否存在着布达佩斯学派,这些人组成的理论团体能不能被称为一个学派,卢卡奇是否属于该学派等问题在理论界尚存在着很多争论,意见不一,但是从卢卡奇和布达佩斯学派对社会问题的思索中很明显会发现他们之间存在着一致性,并具有明显的传承关系。卢卡奇1971年3月15日曾给《时代文学补充》写信,说明自己关注"一小群匈牙利马克思主义哲学家的成就,他们是自己的弟子,就是自己称之为的'布达佩斯学派'"②。可见,卢卡奇已经承认了这一学派的存在,并暗示了自己与这一学派的关联,赫勒多次在访谈中称布达佩斯学派是卢卡奇的最后一个学派。而且,赫勒认为卢卡奇对于她来说不仅是导师,还是他们中的一员。赫勒说:"我不仅将卢卡奇看作一个导师,而且我也将其看作

　　① Anthony Kammas,Reconciling Radical Philosophy and Democratic Politics:The Work of Agnes Heller and the Budapest School,In *Critique*,Vol. 35,August 2007,pp. 249 – 274.

　　② Barbara J. Falk,*The Dilemmas of Dissidence in East – Central Europe:Citizen Intellectuals and Philosopher Kings*,Budapest:Central European University Press,2003,p. 122. 转引自傅其林:《布达佩斯学派的后马克思主义之路》,载《中外文化与文论》2009年第2期。

是我周围一群年轻的哲学家朋友们的一员。"①同时由于布达佩斯学派各成员所持有的相同的马克思主义的观点、共同的对社会现实的批判的立场以及这些人持续地合作与创作，加之即使学派已经解体，其成员间仍然保持着思想的对话等因素，把这些人归结为一个学派还是存在着合理性的。但这些都不是关键，本书不想去讨论"布达佩斯学派"存在的合法性，而是在将该学派作为新马克思主义继承者的意义上进行研究，去探寻布达佩斯学派是如何结合了自身的历史和现实状况对现代社会的文化危机进行批判的，这种文化反思和文化批判如何表达了布达佩斯学派的理论宗旨。

布达佩斯学派是 20 世纪文化批判理论的一支，但是本书把布达佩斯学派的理论界定为一种文化理论而非文化哲学或文化观主要是基于这样的考虑：布达佩斯学派的文化理论既不像文化哲学那样具有一种理论的体系性和规范性，也不像各种具体文化观那样局限于具体的描述性研究，这种文化理论把文化作为一种研究范式，在多种具体的文化批判中得出了对文化的一般理解，并且以文化透视现代性危机，是典型的文化批判理论。布达佩斯学派的文化理论本身不仅包含着文化批判，而且文化批判恰恰是布达佩斯学派文化理论的深刻内涵。本书把布达佩斯学派的文化理论作为一个主题进行探讨，并非把这一理论界定为一种同质的、整体的理论，而是强调布达佩斯学派的文化理论既有以文化为研究范式对文化危机的特殊批判，也有在此基础上得出的对文化的一般理解，并且布达佩斯学派直接运用自己对文化的一般理解阐释并分析了当代社会的焦点性问题——现代性问题。所以，只有从文化出发，把布达佩斯学派的理论放到文化的框架中才能从整体上理解布达佩斯学派的思想及其在整个 20 世纪文化思想史中的位置。

文化理论作为布达佩斯学派的一种理论研究范式和历史解释模式，是与其对现代性问题的思索紧密相连的。布达佩斯学派成立之初，为了促进社会主义的人道化，从马克思早期思想中汲取理论资源，对异化和人的本质问题作出了探讨，这在实质上就是从马克思早期思想范畴出发对当时东欧国家盛行的苏联模式社会主义

---

① Agnes Heller, *A Reply to My Critics*, In John Burnheim eds. , *The Social Philosophy of Agnes Heller*, Amsterdam – Atlanta, GA, 1994, p. 311.

的批判,批判苏联模式社会主义运用同一化的模式来统一人的生产生活、统一意识形态,即批判苏联模式社会主义采取的计划经济体制和国家社会主义政治管理模式对人的自由和全面发展的制约和压抑。苏联模式社会主义正是现代性在政治、经济领域中的极端体现,所以这种批判在根本上就是对现代性所作的文化批判。在对苏联模式社会主义的批判和反思中,布达佩斯学派逐渐认识到仅从宏观层面上对苏联模式社会主义的政治、经济批判不能促使社会主义走向人道化,当时经过政治经济体制变革后的东欧社会主义也并未实现社会主义的许诺,所以,他们开始逐渐从微观层面探寻人道化的途径,对日常生活、需要理论等微观层面的问题进行探索。赫勒在谈到布达佩斯学派的产生与发展时说:"生活本身需要被超越,那是最重要的事情。我们不需要'掌握权力'或者进行无产阶级革命,因为那都是垃圾。我们需要改变我们的生活。"①布达佩斯学派在这种探索中确立了自己的理论研究方向,即透过社会的微观文化层面理解各种社会问题。通过对社会微观文化层面的研究,布达佩斯学派得出现代社会文化已经深入到社会的各个层面发挥着对个人和社会的规范、影响和制约作用,这种微观的文化力量已经逐渐取代政治、经济的宏观力量演变为现代社会的决定性力量。在布达佩斯学派融入世界历史潮流后,他们把对微观文化力量的探索与现代性批判更直接、更深入地结合了起来,得出在现代社会生活中起着巨大作用的微观文化力量就是现代性。

可以这样总结布达佩斯学派的文化理论:一方面,他们从自己的理论框架出发以文化作为研究范式,对时代的文化危机进行了多维度的批判,如赫勒从日常生活、需要理论、道德理论、正义理论、现代性理论等层面所作的思索;马尔库什对文化现代性进行的研究;费赫尔从历史解释模式、政治民主等层面展开的现代性研究;瓦伊达从社会政治层面对极权主义进行的解读。这些都是以文化作为研究范式对 20 世纪的文化危机进行的研究。另一方面,在对时代文化危机的思索和批判中,得出了对文化的一般理解,即对文化概念、文化的悖论性存在、解决文化危机的途径等问题进行

---

① Agnes Heller and Simon Tormey, Early Development and the Origins of the Budapest School, In "Simon Tormey Interviews with Agnes Heller (1998)" 1 February 2004. 2 December 2005, http://homepage. ntlworld. com/simon. tormey/articles/hellerinterview. html.

了探索。这些都是对 20 世纪文化景观的一种折射。同时,布达佩斯学派将自己关于文化的理解在现代性问题上进行了集中的展示与应用,对现代性文化模式展开了深刻的批判。赫勒在价值层面把文化看作抵御现代性危机的原则,文化是现代同一性、量化、工具主义这些现代性问题的解药;费赫尔从历史出发,批判了现代性宏大叙事的历史模式,阐发了一种后历史解释模式;马尔库什在文化层面专门对文化在现代社会的悖论性存在进行了深入的研究;瓦伊达在政治层面批判现代性产生的极权主义国家的工具性职能,强调政治的民主、自由和平等。从这些研究中可以看出,布达佩斯学派的文化理论研究是在现代性批判的视域下进行的。

总之,布达佩斯学派的文化理论伴随着现代性问题研究而来,是对卢卡奇文化理论的批判性继承,从微观的视角探寻了文化的影响、规范和制约力量,以多元、宽容为主题步入了后现代的理论视野。这种文化理论要探寻人存在的意义和价值,探寻如何去改变人类现存的生存方式,既是对传统意识哲学的批判、对一元论的批判,又是对宏大叙事的批判。本书通过对布达佩斯学派文化理论的研究,揭示其以文化作为研究范式,多层面、多视角、多维度地对现代性进行的反思和批判。

三、国内外研究现状

本书所研究的布达佩斯学派主要由卢卡奇的学生赫勒、费赫尔、马尔库什、瓦伊达四人组成。赫勒作为布达佩斯学派最主要的代表人物,是该学派理论的主导和先锋,费赫尔、马尔库什、瓦伊达等人是这一理论阵地的主要代表人物。布达佩斯学派主要代表人物除了费赫尔已经去世之外,其他人依旧活跃在理论舞台上,所以在介绍国内外布达佩斯学派研究现状之前,我们有必要对这一学派的研究成果进行简要的梳理,从而展现出布达佩斯学派思想的发展轨迹及其现实存在状态。

(一)布达佩斯学派理论成果概述

20 世纪 60 年代,布达佩斯学派主要的理论阵地在匈牙利。最初,布达佩斯学派继承了卢卡奇的"马克思主义的复兴"的理论宗旨,发展了卢卡奇的社会批判理论,拓宽了卢卡奇推崇的"马克思主义的人道主义"的领域,从政治经济学、社会学、哲学等角度运用马克思主义的方法批判地分析了当时东欧的苏联模式社会主义，形成了"布达佩斯小组"，研究异化和人道主义问题。赫勒出版了《文艺复兴的人》、《日常生活》，马尔库什出版了《马克思主义与人类学》等理论专著。这一时期布达佩斯学派刚刚形成，理论处于起步期，尚未形成系统的理论框架，依然在卢卡奇的指导和影响下从事理论研究，因此研究成果较少。

20世纪70、80年代是布达佩斯学派思想比较活跃的时期，然而由于政治环境的影响，布达佩斯学派思想尚处于一种冲突状态，思想逐渐开始凝聚。1971年，卢卡奇的逝世对布达佩斯学派产生了巨大的触动，加之20世纪70年代后期，匈牙利内部政治形势严峻，布达佩斯学派成员遭到迫害，在这种情况下布达佩斯学派成员开始分散各地，一部分人继续留在国内，但言论受到限制，瓦伊达就留在了匈牙利；另一批成员转移到国外开始新的学术生活，赫勒夫妇、马尔库什夫妇移居澳大利亚，乔治·马尔库什和玛丽亚·马尔库什到悉尼大学教授哲学，赫勒和费赫尔去了墨尔本，这样形成了布达佩斯学派在匈牙利和澳大利亚的两个主要学术阵营。这一时期，布达佩斯学派的成员们虽然在不同的学科领域从事理论研究，但是他们仍旧持有一些相似的文化观点，主要集中在对东欧现存社会主义进行批判性反思、对社会主义的民主政治进行重新探讨、对卢卡奇思想进行重新评价等问题上。也正是在这个时期，赫勒的思想与西方思潮发生了碰撞，相互交融，视野不断开阔，思想得到了进一步的升华。在这一时期形成的文化批判理论具有一种反思性，逐渐脱离了早期的改良主义思路。赫勒单独出版了《马克思的需要理论》、《情感理论》、《激进哲学》、《人的本能》、《历史理论》，马尔库什出版了《语言与生产》，瓦伊达出版了《作为群众运动的法西斯主义》和《国家与社会主义：政治论文集》，赫勒与赫格居什、玛丽亚·马尔库什、瓦伊达合作出版了《社会主义的人道主义：布达佩斯学派论文集》，赫勒、费赫尔、乔治·马尔库什、拉德洛蒂出版了《心灵与形式：青年卢卡奇研究》，赫勒、费赫尔与乔治·马尔库什共同写作了《对需要的专政》，在匈牙利"纪念乔治·卢卡奇100周年提纲"的契机下，布达佩斯学派成员合著了《卢卡奇再评价》一书，赫勒与费赫尔编辑出版了《美学的重建》。除了著作之外，布达佩斯学派的成员也发表了关于马克思的意识形态理论、情感理论、文化理论、艺术、道德、民主和现代性等方面的文章。有代表性的如,赫勒的《走向日常生活知识的社会学?》、《走向情感人类学》、《历史性和自觉性》、《理性和民主》、《生产范式:工作范式》、《羞愧的力量:文化形式能够比较吗?》、《道德哲学的基本问题》,赫勒与费赫尔的《马克思和人类解放》、《马克思和现代性》,费赫尔的《艺术之上是什么?》、《理性化音乐及其兴衰》,马尔库什的《马克思的意识概念》,瓦伊达的《事实还是真理?》,等等。① 这一时期,布达佩斯学派的文章多数发表在《哲学社会评论》、《论提纲十一条》、《辩证人类学》等杂志上,形成以这些杂志为核心的理论阵地。从这些文章研究的主题中可以看出,布达佩斯学派由于进入了一个全新的生存环境,对东欧社会问题由外向内观之,理性地反思马克思主义、东欧的苏联模式社会主义和卢卡奇的理论,并从各自的理论兴趣出发进行新的探索。

20 世纪 80 年代末,赫勒与费赫尔移民纽约。其实从布达佩斯学派成员流亡国外开始,严格意义上的布达佩斯学派作为一个实体已经解体,其成员间的思想甚至出现了分歧。但是这些人在匈牙利、澳大利亚和美国三地依然保持着思想上的联系和对话,随着国内形势的好转,布达佩斯学派在国外的成员也频繁回到国内从事学术交流,赫勒每年一半的时间在匈牙利科学院从事研究工作,将其在国际文化视野下形成的文化思想重新融入国内学术研究之中,费赫尔在人生的最后阶段也在纽约和匈牙利两地行走,最后在匈牙利去世。这一时期,赫勒出版了《超越正义》、《一般伦理学》、《道德哲学》、《现代性能够幸存吗?》、《碎片化的历史哲学》、《个性

---

① 这些文章指 Towards a Sociology of Knowledge of Everyday Life? In *Philosophy Social Criticism*, 1975 3:7; Towards an Anthropology of Feeling, In *Dialetical Anthropology*, 4 (1979) 1 - 20; Historicity and Consciousness, In *Philosophy Social Criticism*, 1980 7:1; Ratinality and Democracy, In *Philosophy Social Criticism*, 1981 8:244; Paradigm of Production: Paradigm of Work, In *Dialectical Anthropology*, 6 (1981) 71 - 79; The Power of Shame: Can Cultural Patterns be Compared? In *Dialectical Anthropology*, 8 (1984); The Basic Question of Moral Philosophy, In *Philosophy Social Criticism*, 1985, 11:35; Marx and the "Liberation of Humankind", In *Philosophy Social Criticism*, 1982 9:355; Marx and Modernity, In *Thesis Eleven*, 1984 8:44; What Is Beyond Art? In *Thesis Eleven*, 1982 5 - 6:5; Rationalized Music and Its Vicissitudes, In *Philosophy Social Criticism*, 1982 9:42; The Marxian Concept of Consciousness, In *Philosophy Social Criticism*, 1975 3:19; Truth or Truths?, In *Philosophy Social Criticism*, 1975 3:29;等等。

伦理学》、《现代性理论》、《礼崩乐坏的时代：作为历史哲学家的莎士比亚》①、《永恒的喜剧：艺术、文学和生活中的喜剧现象》②、《当代历史小说》；费赫尔出版了《被冻结的革命》、《法国大革命与现代性的诞生》、《东欧的危机和改革》；瓦伊达出版了《日益变化的迹象：走向后现代之路》；马尔库什出版了《文化与现代性》、《"文化"的悖论》、《形而上学的终结》、《当代欧洲的整合与瓦解》③、《文化、科学、社会：文化现代性的构成》④；等等。在《文化与启蒙：关于马尔库什的论文集》中，布达佩斯学派其他成员与马尔库什的思想进行了探讨；赫勒与费赫尔合作论文集《后现代政治状况》、《激进普遍主义的辉煌与衰落》；费赫尔、赫勒、托马斯、瓦伊达共同写作出版了《形式的辩证法：布达佩斯学派著述》，还共同编辑出版了《激进美学：布达佩斯学派论文集》。从这些著作中可以明显地看出布达佩斯学派思想的转变，他们不再单纯依靠马克思主义进行理论探讨，而是形成了自己的理论框架，着重对现代性问题进行思索，与后现代主义理论交融，其理论中明显带有了后现代多元、宽容的特征。这一时期布达佩斯学派发表的文章也都契合了这个时期的主题，着重探索伦理道德、正义、文化、美学、政治、民主、现代性等问题。具有代表性的有，赫勒的《共产主义体制能够被变革吗？》、《因果惩罚正义》、《是真理的历史吗？》、《现代伦理实践中解释的作用》、《现代性的钟摆》、《我们的家园在哪？》、《复杂的正义——21世纪的挑战》、《现代性的三种逻辑和现代想象的双重束缚》等，费赫尔的《贱民和公民》、《后现代的状态》、《自由和"社会问题"》、《在相对主义和功能主义之间：作为欧洲主流政治和道德传统的解释学》等，马尔库什的《马克思主义和文化理论》、《批判的意识形态批判》、《文化的矛盾统一体》、《阿多诺和大众文化：反对文化工业的自发艺术》等，瓦伊达的《"现实的社会主义"是对什么的回

① *The Time is out of Joint：Shakespeare as Philosopher of History*，Blackwell Publishers，Cambridge MA，2000.

② *Immortal Comedy：The Comic Phenomenon in Art，Literature，and Life*，Rowman and Littlefield Publishers Inc，November 2005.

③ *Integration and Distegration in Contemporary Europe*，Budapest：Inst. for Political Sciences of Hungarian Aca of Science，1995.

④ *Culture，Science，Society：The Constitution of Cultural Modernity*，Leiden，The Netherland；Boston；Brill，2011.

应?》、《道德哲学可能吗?》一系列文章。① 从这个时期的专著和文章中可以看到,布达佩斯学派这一时期的理论更趋多元化,涉及美学、政治、正义、现代性等各方面的问题。在这些理论成果中,现代性问题、民主政治问题和文化问题是理论的焦点,这也是布达佩斯学派融入国际性视野对现代社会文化危机进行的文化反思。

从这些著作和文章中,我们可以看到,布达佩斯学派的思想主题随着时代的变化而变化,在60年代面临经济上的计划经济体制和政治上的国家社会主义政治管理模式的现状,特别是马克思主义被教条化的历史现实,布达佩斯学派在卢卡奇的引导下以"马克思主义的复兴"为理论宗旨,对异化和人道主义问题进行研究,形成了道德层面的文化批判理论。在70年代后期进入国际舞台之后,由于与西方文化进行了交流,开始立足于新的理论视野重新思考东欧社会问题,得出了结构性的文化批判理论。80年代末期开始的理论研究又步入了后现代的理论视域,产生了后现代主义的文化批判理论。从布达佩斯学派的整个发展来看,文化作为一种研究范式内在于布达佩斯学派整个理论中,随着现代化的历史进程而得到日益凸显。文化问题始终是该学派的关注点,其思想本身就是一种文化批判理论,各种具体的文化批判即是对文化理论的特殊阐释,布达佩斯学派在这些具体的文化批判中又得出了一

---

① 这些文章指 Can Communist Regimes be Reformed? In *Society* 9 May / June 1988; On Retributive Justice, In *Dialectical Anthropology*, 12:205 – 215 (1988); Is Truth Historical?, In *Thesis Eleven*, 1991 29:14; The Role of Interpretation in Modern Ethical Practice, In *Philosophy Social Criticism*, 1991 17:83; Modernity's Pendulum, In *Thesis Eleven*, 1992 31:1; Where are We at Home? In *Thesis Eleven*, 1995 41:1; The Complexity of Justice — A Challenge to the 21st Century, In *Ethical Theory and Moral Practice*, 3:2491 Theory a; The Three Logics of Modernity and the Double Bind of the Modern Imagination, In *Thesis Eleven*, Number 81, May 2005:63 –79; The Pariah and the Citizen, In *Thesis Eleven*, 1986 15:15; The Status of Postmodernity, In *Philosophy Social Criticism*, 1987 13:195; Freedom and the "Social Question", In *Philosophy Social Criticism*, 1987 12:1; Between Relativism and Functionalism: Hermeneutics as Europe's Mainstream Political and Moral Tradition, In *Philosophy Social Criticism*, 1991 17:121; Marxism and Theories of Culture, In *Thesis Eleven*, 1990 25:91; On Ideology – Critique Critically, In *Thesis Eleven*, 1995 43:66; The Paradoxical Unity of Culture : The Arts and the Sciences, In *Thesis Eleven*, 2003 75:7; Adorno and Mass Culture: Autonomous Art Against the Culture Industry, In *Thesis Eleven*, 2006 86:67; What is "Real Socialims" a Reaction to?, In *Thesis Eleven*, 1985 12:156; Is Moral Philosophy Possible at All? In *Thesis Eleven*, 1999; 59; 73。

般的文化结论。布达佩斯学派的文化理论可以说是在整个思想发展的过程中形成的,渗透于其思想的每一个环节中。

目前,布达佩斯学派作为一个具有国际影响力的学术团体,为20世纪新马克思主义文化批判理论的发展作出了重要的贡献,在当代社会批判理论中占有重要的位置,尤其是赫勒的思想已经登上了世界历史舞台,在很多国家中产生了许多对其理论感兴趣的研究者。

(二)布达佩斯学派国外研究现状

布达佩斯学派在哲学、社会学、伦理学、政治学、美学、现代性、文化理论等方面发表了大量的著作和文章,引起了国外学术界日益广泛的关注。

首先是卢卡奇对布达佩斯学派的阐述。卢卡奇可以说是布达佩斯学派的精神导师和理论先导者,虽然他未在正式场合承认过属于该学派,但该学派的思想均来源于卢卡奇是个不争的事实。卢卡奇晚年在《布达佩斯学派的发展》①中,承认布达佩斯学派同他的思想具有内在一致性,并对赫勒、费赫尔、马尔库什、瓦伊达的著述进行了描述。

从70年代开始,布达佩斯学派赫勒的一些思想得到了国外学者的研究,如查理斯·安德拉斯(Charles Andras)在《匈牙利新左派吸引了西方马克思主义者的目光》②中评论了赫勒关于日常生活革命的观点。这一时期科拉科夫斯基所著的具有权威性的《马克思主义主要流派》(*Main Currents of Maxism*)中也单独提到了布达佩斯学派。

80年代开始,赫勒的美学、需要理论、日常生活思想及布达佩斯学派的部分论述逐渐引起人们的关注,约翰逊(Pauline Johnson)的《马克思主义美学》、伯海格则(Claus Pregizer)的《规划与需要》、利希滕贝格(Perter Lichtenberg)的《日常生活社会学之路:关于阿格妮丝·赫勒"日常生活"与阿尔弗雷德·许茨"日常生活世界"概

① George Lukacs,The Development of the Budapest School,In *The Times Literary Supplement*,No. 3615(June 11,1971).

② New Left in Hungary Attracts Attention of Western Marxists,In *RAD Background Report/*91,(East – West),23 April 1976.

多元文化阐释与文化现代性批判——布达佩斯学派文化理论研究

16

念的研究》都涉及了赫勒的思想。1988 年丹·布朗(Douglas M. Brown)出版了《走向激进的民主:布达佩斯学派政治经济学研究》(*Towards A Radical Democracy*),在这本书中从政治经济学的角度对布达佩斯学派的社会批判理论进行了研究,其中从整体上整理分析了布达佩斯学派成员的思想。1981 年,密欧那(Andrew Milner)和哈雷维(Joseph Halevi)写了《对费赫尔和赫勒的回应:关于欧洲共产主义》[①],与赫勒和费赫尔针对欧洲共产主义的问题展开了探讨。

到了 90 年代,布达佩斯学派的思想在世界范围内开始产生影响,涌现了大量的研究型著作,但都主要集中在对赫勒的研究上,对其他成员的研究还未展开:1991 年阿巴尼兹(Alfonso Ibáñez I.)出版了《阿格妮丝·赫勒:激进需要的满足》;1994 年,伯恩海姆(John Burnheim)主编了一本介绍赫勒思想的著作《阿格妮丝·赫勒的社会哲学》(*The Social Philosophy of Agnes Heller*),书中收录了其翻译的 15 篇赫勒研究者对赫勒思想的理解和评论及 1 篇赫勒对这些批评的回应的文章,包括瓦伊达、马尔库什、墨菲(Peter Murphy)等人对赫勒的实践哲学、历史理论、日常生活、政治哲学、现代性、道德哲学、现代性等思想的介绍和研究;1997 年保罗(García Polo)与杰苏斯(María Jesús)撰写了《赫勒对日常生活社会学的贡献》;2000 年,伽丁纳(Michael E. Gardiner)出版了《日常生活的批判》(*Critiques of Everyday Life*),其中有一章专门论述了赫勒的日常生活批判理论,把赫勒的日常生活批判理论与伦理学、合理性和乌托邦思想联系起来进行研究;2001 年西门·托梅(Simon Tormey)出版了专著《阿格妮丝·赫勒:社会主义、自律与后现代》(*Agnes Heller:Socialism,Autonomy and the Postmodern*),对赫勒的政治思想进行了历史性描述,介绍和评价了赫勒从 1968 年《日常生活》到1999 年《现代性理论》的政治思想,该书将赫勒的思想定位为一种政治学思想,认为赫勒不同时期思想是其政治思想的不同体现;2002 年卡巴尼埃(János Kóbányai)编辑出版了关于赫勒自传的著作《阿格妮丝·赫勒》;2002 年,由格鲁姆雷(John Grumley)、克瑞汀娜(Paul Crittenden)、约翰逊(Pauline Johnson)主编的《文化和启

---

① Replies to Feher and Heller:On Eurocommunism,In *Thesis Eleven*, 1981 3:150.

蒙》(*Culture and Enlightenment*),收录了布达佩斯学派对马尔库什思想的评论,其中也涉及了其对文化等问题的理解;2005年格鲁姆雷出版了专著《阿格妮丝·赫勒:历史漩涡中的道德家》(*Agnes Heller: A Moralist in the Vortex of History*),在这本书中,格鲁姆雷梳理了赫勒从马克思主义的复兴时期到朝向后马克思激进主义,再到对后现代主义的反思整个理论生涯的发展历程,全方位地解读了赫勒的思想;西门·托梅和汤恩申德(Jules Townshend)在2006年出版了《从批判理论到后马克思主义的主要思想家》(*Key Thinkers from Critical Theory to Post – Marxism*),有一章探讨了赫勒从激进人道主义到后马克思主义的思想发展历程。除此之外布达佩斯学派还有许多作品,由于资料和篇幅的限制不能一一叙述。

除了大部头的著作外,国外还有很多对布达佩斯学派思想进行研究的文章:

在1985年的《苏联思想研究》上发表的《东中欧的新马克思主义》[1]一文介绍了匈牙利的布达佩斯学派及其思想主旨。在1987年《理论和社会》上发表了沃林(Richard Wolin)的《赫勒日常生活思想》[2]一文,全面分析了赫勒的日常生活批判理论及其与实践哲学、现象学等当代哲学的关系等问题。该期还发表了阿拉图(Andrew Arato)的《布达佩斯学派和现存社会主义》[3],探讨了布达佩斯学派成员的需要理论。丹·布朗于1987年在《经济问题杂志》上发表文章《一个匈牙利的关联:波兰尼对布达佩斯学派的影响》[4],分析了布达佩斯学派除卢卡奇之外的另外一个理论来源,即波兰尼的思想,认为布达佩斯学派的整体理论在很多方面来自波兰尼。1991年,格鲁姆雷写了《马克思和主体哲学:马尔库什与哈贝马斯的比较研究》[5],探讨了马尔库什与哈贝马斯哲学观点的区别。

① Neo – Marxism in Eastern Central Europe, In *Studies in Soviet Thought* 30 (1985), 379 – 385. 0039 – 3797/85.10.

② Agnes Heller on Everyday Life, In *Theory and Society*, 16:295 and(1987).

③ The Budapest School and Actually Existing Socialism, In *Theory and Society*, 16: 593 – 619 (1987).

④ A Hungarian Connection: Karl Polanyi's Influence on the Budapest School, In *Journal of Economic Issues*, 21:1 (1987:Mar.) p.339.

⑤ Marx and the Philosophy of the Subject: Markus Contra Habermas, In *Thesis Eleven*, 1991 28: 52.

1994 年费赫尔去世,很多研究者包括布达佩斯学派的很多成员都发表了纪念费赫尔的文章,对费赫尔的思想进行了全面介绍:1994年,SAGE Publications 上发表了《费伦茨·费赫尔 1933—1994:勇敢的一生》①;乔治·马尔库什于 1995 年发表了纪念性的文章《费伦茨·费赫尔 1933—1994》;瓦伊达写了《生活在超凡的无家可归的世界中的男人:纪念费伦茨·费赫尔》②;罗伯特(David Roberts)写了《民主和文化:费赫尔美学著作中的后现代的雅努斯的面孔》③一文,介绍了费赫尔美学文章中所蕴含的后现代思想;克罗泽(Michael Crozier)发表了《费伦茨·费赫尔和欧洲解释学:对法国大革命的反思》④,认为费赫尔对法国大革命的思考属于解释学的范畴;贝尔哈兹(Peter Beilharz)发表了《费伦茨·费赫尔和政治理论:一个传记笔记》⑤一文,介绍费赫尔的政治思想;阿纳森(Johann P. Arnason)在《从未有过的体系:对费赫尔共产主义分析的反思》⑥中探讨了费赫尔对共产主义的分析。1996 年,格鲁姆雷发表《现代世界的"世俗":赫勒与阿伦特》⑦,探讨了赫勒思想中世界性和思想之间的矛盾和张力,并衡量了赫勒意义上多元、民主的现代性是符合其实践目标的。1999 年,格鲁姆雷在《一个乌托邦的需要辩证法?——赫勒的激进需要理论》⑧一文中,描述了激进的需要在赫勒思想中的形成过程,并讨论了激进需要的失败。1999 年,里韦罗(Ángel Rivero)写了《赫勒:政治和哲学》⑨,文章追寻赫勒从匈牙利

① Ferenc Fehér 1933 – 1994 : A Courageous Life, In *Thesis Eleven*, 1994 39: iii.

② Man in Transcendental Homelessness: In Memory of Ferenc Feher, In *Thesis Eleven*, 1995 42: 32.

③ Democracy and Culture: the Janus Face of the Postmodern in Ferenc Feher's Writings on Aesthetics, In *Thesis Eleven*, 1995 42: 41.

④ Ferenc Feher and the European Hermeneutic: Reflections on the Frozen Revolution, In *Thesis Eleven*, 1995 42: 10.

⑤ Ferenc Feher and Political Theory: Notes for a Biographer, In *Thesis Eleven*, 1995 42: 1.

⑥ The System That Never Was: Reflections on Ferenc Feher's Analysis of Communism, In *Thesis Eleven*, 1995 42: 19.

⑦ 'Worldliness' in the Modern World: Heller and Arendt, In *Thesis Eleven*, 1996 47: 73.

⑧ A Utopian Dialectic of Needs? Heller's Theory of Radical Needs, In *Thesis Eleven*, 1999; 59; 53.

⑨ Agnes Heller: Politics and Philosophy, In *Thesis Eleven*, 1999 59: 17.

时期到与西方文化交融时期的政治学发展轨迹。1999年,康斯汀诺(Marios Constantinou)发表《赫勒的荆棘的冠冕》①,探讨了赫勒道德人类学的当代视野,明确赫勒道德人类学的任务是要探寻非破坏性的现代性,融合现存的古代智慧和现代价值来对抗后现代的挑战。1999年罗伯特(David Roberts)发表了《在家与世界之间:赫勒的美的概念》②,探讨了赫勒的美的概念,即在现代社会美变得无家可归了。2000年,朗德尔(John Rundell)发表《后现代伦理条件——与赫勒的对话》③,就后现代条件下赫勒的伦理思想进行了探讨。2000年,格鲁姆雷发表《调节"双重束缚":赫勒的现代性理论》④,文中探讨了赫勒从20世纪70年代就开始的现代性问题的研究,认为直到1999年的《现代性理论》才使这一理论系统化,论述了赫勒关于现代性的逻辑、动力和社会组织等问题。2001年,格鲁姆雷发表《从广场到咖啡屋:赫勒的哲学激进主义探寻》⑤,文中从赫勒的激进的哲学和后现代主义理论出发,分析了她正在试图建立后马克思主义的激进哲学。2002年,克里斯汀(Clifford G. Christians)写了《赫勒的社会伦理学》⑥,论述了赫勒的社会伦理学集中于健康的日常生活方式而非对人性的建构,并阐释了社会伦理学的三个维度。2002年,宾客利(Sam Binkley)和斯拉特(Don Slater)在《存有历史想象的存在主义:赫勒和伯曼的圆桌讨论》⑦一文中,整理了赫勒与伯曼在消费、伦理等方面所进行的探讨。2003年,格鲁姆雷发表《在无人的陆地上的选择:赫勒与马尔库什关于

① Agnes Heller's Ecce Homo: A Neomodern Vision of Moral Anthropology, In *Thesis Eleven*, 1999 59:29.

② Between Home and World: Agnes Heller's the Concept of the Beautiful, In *Thesis Eleven*, 1999; 59; 95.

③ The Postmodern Ethical Condition —A conversation with Agnes Heller, In *Critical Horizons*, 1:1 February 2000.

④ Negotiating the 'Double Bind': Heller's Theory of Modernity, In *European Journal of Social Theory*, 2000 3: 429.

⑤ From the Agora to the Coffee – house: Heller's Quest for Philosophical Radicalism, In *Critical Horizons*, 2:2(2001).

⑥ The Social Ethics of Agnes Heller, In *Qualitative Inquiry*, 2002 8: 411.

⑦ Existentialism with an historical imagination: A round – table discussion with Agnes Heller and Marshall Berman, In *Journal of Consumer Culture*, 2002; 2; 119.

现代文化悖论的思想》①,比较了赫勒与马尔库什对现代文化悖论的分析。2003 年,贝尔哈兹(Peter Beilharz)在《布达佩斯学派的核心:赫勒的现代性理论》②中提出现代性问题是赫勒著作的一个重要主题,赫勒现代性问题的核心是偶然性,坚持多元性存在的必要性。2006 年,伽丁纳(Michael E. Gardiner)在《马克思主义和乌托邦及日常生活的聚集》③一文中,探讨了从马克思到赫勒日常生活和乌托邦现象的整个发展历程。2007 年,康马斯(Anthony Kammas)发表《调节激进哲学和民主政治》④。2007 年,托梅发表《消费、抵抗和日常生活:断裂和统一》⑤,把赫勒的理论看作对抗日常生活的三种途径之一进行论述。2007 年格鲁姆雷写了一些关于赫勒人道主义思想的文章《赫勒和人道主义问题》⑥,文章从赫勒与人道主义的关系角度入手,分析了赫勒在卢卡奇影响下所形成的独特理论,概括了赫勒"马克思主义的复兴"的人道主义本质,并在更深层次上分析了现存人类的生存条件下更应该努力去开创人道主义的问题。为了纪念赫勒诞辰 75 周年,玛丽亚·马尔库什(Maria R. Márkus)写了《寻求家园——纪念赫勒 75 岁诞辰》⑦发表在《批判的视野》上,论述了赫勒为现代人寻找家园的思想,探讨了赫勒的现代人类条件思想的多维本性,并探讨了赫勒关于现代性、文化和政治的观点。

除了研究性文章外,还有许多对布达佩斯学派思想感兴趣的学者对赫勒作了访谈:如,1997 年,博罗尼(Csaba Polony)对赫勒的

① Exploring the Options in No – Man's Land : Heller and Markus on the Antinomies of Modern Culture,In *Thesis Eleven*, 2003 75 : 25.

② Budapest Central:Agnes Heller's Theory of Moderning,In *Thesis Eleven*, 2003;75; 108.

③ Marxism and the Convergence of Utopia and the Everyday,In *History of the Human Sciences*, 2006 19 : 1.

④ Reconciling Radical Philosophy and Democratic Politics:The Work of Agnes Heller and the Budapest School,In *Critique*:*Journal of Socialist Theory*, 2007, Vol. 35 Issue 2, p249, 26.

⑤ Consumption, Resistance and Everyday Life:Ruptures and Continuities,In *Consum Policy*,(2007) 30:263 – 280.

⑥ Agnes Heller and the Question of Humanism,In *European Journal of Political Theory*, 2007 6:125.

⑦ In Search of a Home in Honour of Agnes Heller on Her 75th Birthday,In *Critical Horizons*, 5, no. 1 (2004): 391 – 400.

采访《本质是善的但是所有的现象都是恶的》①，与赫勒探讨了其人生的主要经历及思想。托梅在 1998 年曾多次就布达佩斯学派、马克思主义、现代哲学的发展等问题对赫勒进行采访：1.《布达佩斯学派的早期发展和起源》2.《马克思主义的命运》3.《近期知识分子的发展》4.《当代问题》5.《传记笔记》(1998)。② 1999 年托梅又针对赫勒的后期思想与赫勒进行了专门的探讨，形成《后马克思主义和现代伦理》③。2002 年，康提(Terezakis Katie)对赫勒作了采访《断裂的时间：赫勒访谈》④。2006 年奥尔(Stefan Auer)与赫勒作了一则访谈《采访赫勒》⑤于 2009 年发表在《论提纲十一条》上，主要是关于赫勒在现代晚期如何进行革命的问题。2008 年，傅其林对赫勒作了关于布达佩斯学派的美学问题的专访《布达佩斯学派美学思想》⑥，在这篇文章中，作者与赫勒就布达佩斯学派的美学理论进行了探讨。威斯特如奇(Andrea Vestrucci)2008 年就道德问题对赫勒进行了专访《关于个性伦理学》⑦。

从以上材料中，我们可以看到，一方面近年来国外对布达佩斯学派的研究主要集中在赫勒的思想上，而对于布达佩斯学派的其他成员及整体思想的研究还未展开，对布达佩斯学派的研究还处于介绍性阶段，且这种介绍都是对赫勒思想的阐释的附加品。另一方面，虽然对赫勒思想研究得比较深入，在研究领域上，涉及了政治学、伦理学、需要理论、日常生活批判理论、现代性理论和美学理论等。在横向上已经由对赫勒 60 年代思想的研究扩展到对当

① The Essence is Good but All the Appearace is Evil, In *Left Curve*, USA, Núm. 22 (1997).

② 这个访谈包括 5 个部分，1. Early Development and the Origins of the Budapest School, 2. The Fate of Marxim, 3. Recent Intellectual Development, 4. Contemporary Issues, 5. Notes for a Biographer 。见"Simon Tormey Interviews with Agnes Heller (1998)"1 February 2004. 2 December 2005, http://homepage. ntlworld. com/simon. tormey/articles/hellerinterview. html。

③ Post – Marxism and The Ethics of Modernity, In *Radical Philosophy*, Reino Unido, Núm. 94 (1999).

④ Time out of joint: An Interview with Agnes Heller, In *Radical Society*, Oct 2002.

⑤ An Interview With Agnes Heller, In *Thesis Eleven*, Number 97, May 2009: 99 – 105.

⑥ On Budapest School Aesthetics: An Interview with Agnes Heller, In *Thesis Eleven*, 2008 94: 106.

⑦ On Ethics of Personality, In *Secretum*, 16 – 2008.

下思想的研究;在纵向上已经从解释、介绍步入到了分析、批判的层次,但是这些研究很少涉及文化问题。布达佩斯学派的文化理论无疑是该学派对社会问题进行的文化批判,既包括对现代文化危机的多维度批判,又包括对多元文化的一般阐释,是布达佩斯学派全部思想的核心。然而由于在布达佩斯学派的思想中,研究问题的视角和问题涉猎范围较广,理论比较分散,较少直接对文化进行系统的阐述,在这些理论中文化主要是作为理论研究范式出场的,因而难以系统地把握,在布达佩斯学派思想还没有被充分挖掘的背景下,文化理论往往被忽略。但布达佩斯学派的文化理论可以说贯穿其整个思想体系,对这一问题的把握恰恰是把握布达佩斯学派思想的重要切入点。所以,虽然布达佩斯学派的思想还未处于全面研究中,在这一背景下从文化这一视角切入,对于从整体上理解布达佩斯学派的思想具有重要价值。

（三）国内研究现状

目前,虽然布达佩斯学派的思想,特别是赫勒的思想在国内已经产生了一定的影响,也出现了许多的研究者,但是对布达佩斯学派其他人员思想的研究可以说是微乎其微了,从整体上可以说布达佩斯学派的理论还未引起足够的重视:

首先,最初的理论介绍并未引起国人的重视。1979年《世界哲学》第一期发表的日本国立大学岩渊庆一翻译的《东欧的新马克思主义》是我国理论界最早对东欧新马克思主义进行的介绍。隔年,《社会科学》刊登了《东欧"新马克思主义"》,其中对匈牙利聚集在卢卡奇周围的"布达佩斯学派"进行了非常简单的介绍,但这些并没有引起国内理论界的注意。

其次,布达佩斯学派的著作被翻译成中文的很有限。到目前为止仅有赫勒的《人的本能》(1988)、《日常生活》(1990)、《现代性理论》(2005)、《激进哲学》(2011)、《超越正义》(2011)、《后现代政治状况》(2011)、《现代性能够幸存吗?》(2012),马尔库什的《马克思主义与人类学》(2011)、《语言与生产》(2011)被译成中文,虽然国内有出版社已经组织人有计划地对其著作进行翻译出版,但依然只是布达佩斯学派的部分作品。除了著作之外,赫勒的几篇文章也被翻译成中文,80年代赫勒的《马克思主义伦理学和东欧的未来》、《形式民主》以及《历史哲学的特殊性》、《编史学和历史哲学》、《史学的理论与方法》三篇取自赫勒《历史理论》中的部分篇章被译成中文。1988 年,勒德雷尔的《人的需要》一书被译成中文,其中收录了赫勒的一篇文章,即《能假设"真实的"和"虚假的"需要吗?》,首次向国人介绍了赫勒的需要理论。1989 年在《马列主义研究资料 1989 年·第 3 辑》①中收录了瓦伊达的《卢卡奇和胡塞尔》一文,瓦伊达作为卢卡奇思想的研究者首次出现。1990 年,赫勒的两篇文章《卢卡奇的晚期哲学》和《日常生活是否会受到危害?》被译成中文分别刊登在《哲学丛书》和《国外社会科学》上。赫勒 2007 年在西南民族大学的演讲《情感在艺术接受中的地位》在《中外文艺与文论》2009 年第 2 期上发表。马尔库什的《马克思主义与文化理论》直到 2010 年才被译成中文在《世界哲学》上发表。赫勒的《马克思与"人类解放"》的译文 2012 年在《马克思主义与现实》上刊发。国内这些零星的翻译还并不足以使布达佩斯学派引起学界关注。

再次,国内布达佩斯学派思想的研究者也很有限,虽然有些人已经看到了其思想的时代性,并且对布达佩斯学派的研究在国内也开始逐渐升温,但是布达佩斯学派思想中还存在许多我们尚未探索的理论空白。

1. 黑龙江大学的东欧新马克思主义研究在这方面作出了重要贡献。衣俊卿教授多年来一直致力于对东欧新马克思主义的研究,对布达佩斯学派需要理论及日常生活批判理论的研究是其研究的重要部分。在《东欧的新马克思主义》(1993)、《回归生活世界的文化哲学》(2000)、《20 世纪的新马克思主义》(2001)、《人道主义批判理论:东欧新马克思主义述评》(2005)、《现代化与日常生活批判:人自身现代化的文化透视》(2005)、《现代化与文化阻滞力》(2005),以及多篇论述布达佩斯学派的文章(《人的需要及其革命——布达佩斯学派的"人类需要论"述评》、《论东欧新马克思主义的理论定位》等)中对布达佩斯学派进行了介绍。衣俊卿教授对布达佩斯学派的日常生活批判理论在中国的传播作出了重要贡献,他在赫勒的日常生活批判理论的基础上,把日常生活批判应用

---

① 中共中央马克思恩格斯列宁斯大林著作编译局《马列主义研究资料》编辑部编:《马列主义研究资料 1989 年·第 3 辑》,北京:人民出版社,1989 年版。

到中国的现代化建设上来,形成了自己的理论体系。他把日常生活批判与人的生存方式相联系,与中国的现代化的历史任务相联系,在自己的理论体系内吸收和扬弃西方学者的日常生活批判理论,把日常生活的批判与重建看作是中国现代化建设迫切的历史任务,旨在在理论上为中国实现现代化提供一个全新的视角。近年来,衣俊卿教授开始探寻布达佩斯学派各个方面的学术资源,组织大量学者翻译包括布达佩斯学派在内的东欧新马克思主义的理论著作,其中对布达佩斯学派成员著作的翻译占很大的部分。

2. 国内布达佩斯学派思想的另一位研究专家是四川大学的傅其林。傅其林老师从做博士论文《阿格妮丝·赫勒审美现代性思想研究》时期开始研究赫勒及以其为核心的布达佩斯学派的美学思想,发表过多篇对布达佩斯学派的美学思想进行专门性研究的论文,如《论布达佩斯学派的重构美学思想》(《外国文学研究》2004年第2期)、《论布达佩斯学派对艺术制度理论的批判》(《中南大学学报》2005年6月)、《阿格妮丝·赫勒的美学现代性思想》(《中国图书评论》2007年第3期)、《艺术概念的重构及其对后现代艺术现象的阐释——阿格妮丝·赫勒的后马克思主义美学思想》(《现代哲学》2008年第4期)、《论阿格妮丝·赫勒的现代性想象制度理论》(《淮阴师范学院学报》2008年第4期)、《布达佩斯学派的后马克思主义之路》(《中外文化与文论》2009年第2期)、《赫勒论文艺复兴时期审美自律的呈现》(《廊坊师范学院学报(社会科学版)》2010年4月)、《布达佩斯学派对历史哲学范式的批判》(《求是学刊》2010年第5期)等。在这些研究中,他集中对布达佩斯学派的美学现代性思想进行了研究,从美学角度探讨了布达佩斯学派对现代美学的解构与重构。傅其林认为,布达佩斯学派通过从古代、文艺复兴时期、现代到后现代的一系列研究,揭示了包括审美在内的现代性的形成机制、特征以及不可克服的悖论,但是布达佩斯学派并不认为现代性已经终结,而是认识到它还具有尚未充分实现的潜在可能性,因而要对现代性与美学进行重构。2007年,赫勒在访问中国时,傅其林就是当时的翻译,并对赫勒作过专访《布达佩斯学派美学——阿格妮丝·赫勒访谈录》(《东方丛刊》2007年第4期),本文还以英文的形式在《论提纲十一条》(*Thesis Eleven*)上发表,可见其对赫勒美学思想的研究已经步入了国际化的轨道。

3. 从 2007 年开始，复旦大学推出的《国外马克思主义研究报告》把中东欧作为一个部分进行探讨，其中涉及了布达佩斯学派的思想，主要涉及赫勒的后期思想，将其放在整个国外马克思主义理论的大环境中进行探讨，追踪其理论研究的现状。

4. 2011 年，黑龙江大学出版社推出了《东欧新马克思主义理论研究》丛书，包含了多本研究布达佩斯学派的理论专著：如傅其林：《宏大叙事批判与多元美学建构——布达佩斯学派重构美学思想研究》、李晓晴：《激进需要与理性乌托邦——赫勒激进需要革命论研究》、王秀敏：《个性道德与理性秩序——赫勒道德理论研究》、孙建茵：《文化悖论与现代性批判——马尔库什文化批判理论研究》，主要是对布达佩斯学派的美学，赫勒的道德理论、需要理论，马尔库什的文化批判理论进行的研究。这套丛书还有许多著作尚未出版，其中包含了许多本对布达佩斯学派思想进行研究的作品。

5. 国内目前已经有一些人开始以布达佩斯学派的思想为主题做博士论文及硕士论文。2003 年，复旦大学许大平的博士论文《日常生活批判及其当代意义》中，专门有一章论述赫勒的日常生活批判理论，将其看作是日常生活批判的理论深化和系统化；2007 年，北京大学肖虹以赫勒的需要理论为主题完成了硕士论文《激进需要及基本需要的革命》，从赫勒《马克思的需要理论》一书出发，探讨了赫勒对人类需要结构的论述，分析了需要的异化及激进需要的形成；2009 年，黑龙江大学贺苗的博士论文《日常思维生成机制研究》，对赫勒提出的阻碍现代化进程的日常思维进行了研究和探讨；2011 年，黑龙江大学王静的博士论文《作为文化批判的审美——赫勒美学思想研究》，对赫勒的美学思想进行了哲学研究；等等。

6. 除了集中研究外，也有提到关于布达佩斯学派及其成员思想的零星的论文如下：

颜岩发表了《探寻日常生活人道化的途径》(《中外文化与文论》2009 年第 2 期)、《激进需要与激进乌托邦——赫勒人类需要理论评析》(《哲学动态》2009 年第 9 期)、《阶级解放真能导致人类解放吗？——评阿格尼丝·赫勒的后马克思主义人类解放论》(《山东社会科学》2010 年第 2 期)、《走出历史哲学的幻象——阿格尼丝·赫勒后马克思主义思想评析》(《马克思主义研究》2009年第 11 期)、《赫勒在何种意义上误读了马克思的现代性理论》(《求是学刊》2011 年第 7 期),《"激进"与"民主"的联姻意味着什么?——布达佩斯学派激进民主理论评析》(《马克思主义与现实》2011 年第 6 期)等文章,围绕着赫勒的日常生活、需要理论、历史哲学及现代性思想进行了研究。从日常生活、激进需要理论出发对赫勒的历史哲学等思想进行了研读,特别关注赫勒的后期思想。

李伟在《阿格尼斯·赫勒的理论追求》(《国外理论动态》2007年第 8 期)、《赫勒历史哲学思想的发展历程》(《北京政法职业学院学报》2009 年第 1 期)、《黑格尔体系化哲学对赫勒历史叙事的影响》(《北京政法职业学院学报》2010 年第 2 期)等文章中,对赫勒的思想进行了总体性介绍,从赫勒思想的时间跨度和领域跨度对赫勒各个思想进行了介绍,论述了赫勒历史哲学发展的三个阶段。

王秀敏的理论兴趣主要集中于赫勒的道德理论,她的《阿格妮丝·赫勒的道德理论诉求》(《道德与文明》2009 年第 5 期)、《赫勒关于理性化进程中道德规则重建的思考》(《求是学刊》2010 年第 1期)、《阿格妮丝·赫勒的生存选择理论及当代意义》(《世界哲学》2010 年第 2 期)、《阿格妮丝·赫勒的"个性道德"内涵解析》(《国外社会科学》2011 年第 5 期)等文章阐述了赫勒立足于后现代,对现代道德所采取的态度,认为赫勒的道德理论最终诉诸现代社会中个性道德的生成。

赵司空则从现代性视角出发,探索布达佩斯学派及赫勒的后马克思主义理论,发表《论布达佩斯学派的"需要"理论及其困境》(《当代国外马克思主义评论》2008 年 00 期)、《离开终极目标我们将走向何处?——论布达佩斯学派的批判及批判的终结》(《哲学动态》2008 年第 10 期)、《阿格妮丝·赫勒的后现代的乌托邦》(《中外文化与文论》2009 年第 2 期)、《论阿格妮丝·赫勒后马克思主义的内在逻辑》(《马克思主义与现实》2010 年第 4 期)等文章,主要对赫勒的后马克思主义时期的思想进行了研究。

王民康的《日常生活和个人——赫勒"日常生活"哲学评述》(《毛泽东思想研究》1998 年增刊)一文,论述了赫勒研究日常生活的一般方法和基本结构,对个人性质的理解和规定。

张政文、杜桂萍在《艺术日常与非日常的对话——A.赫勒的日常生活艺术哲学》中,认为赫勒的日常生活艺术理论旨在从日常生活的视界与框架中发现和理解艺术。

闫方洁、宋德孝的《关于日常生活的知识及其人道化目标——赫勒日常生活理论的哲学研究》(《柳州师专学报》2008 年第 1 期),着重从日常生活的界定、日常生活的基本图式到日常生活人道化对日常生活批判理论的内容进行了介绍。

周宪的《日常生活批判的两种路径》(《社会科学战线》2005 年第 1 期)把列菲伏尔和赫勒的日常生活批判区分为两种路径,认为列菲伏尔的日常生活批判是感性的游戏,赫勒的日常生活批判是理性的解放,并在此基础上进行论证。

王静在《赫勒的个体解放理论及其启示》(《求是学刊》2011 年第 4 期)中对赫勒的个体解放理论进行了研究,认为个体解放是人类解放的途径。

朱周斌的《赫勒的日常生活基本观及其启示》(《三峡论坛》2011 年第 2 期),介绍了赫勒对特性与个性的人的论述。

孙建茵主要对马尔库什的思想进行了研究,发表了《阐释与修正:对意识形态批判之批判——论马尔库什的意识形态批判理论》(《求是学刊》2010 年第 10 期)、《现代性文化悖论的价值选择——论马尔库什的文化批判理论》(《文艺评论》2010 年第 3 期)等文章。

从以上国内关于布达佩斯学派及其主要代表人物赫勒思想研究状况来看,国内对于布达佩斯学派理论的研究还处于起步阶段,除了译介材料外的深度挖掘很少。而且,对布达佩斯学派的研究主要集中在赫勒的思想上,对其他人物的探讨除了马尔库什近年来的零星研究之外几乎没有,对费赫尔和瓦伊达的研究只是在介绍布达佩斯学派时提及,没有形成专门性的研究。对赫勒思想的研究也仅限于其思想的某一方面,缺乏整体性的把握。从整体上看,对布达佩斯学派文化问题的研究涉及得更少,虽然都承认布达佩斯学派的理论属于一种文化批判理论,但对于这种文化理论的研究以及深入挖掘不够,没能找到布达佩斯学派文化哲学转向的内在机理,从而不能深入地理解布达佩斯学派的整体思想及其从文化层面对现代性的反思。

四、本书的研究思路和框架

(一)本书的思路

本书通过对 20 世纪的文化自觉和文化论争的梳理,凸显出布达佩斯学派文化理论的独特性。布达佩斯学派的文化理论是在 20 世纪的整个理论视野中将文化作为一种研究范式,在文化层面上对现代文化危机进行的批判。布达佩斯学派的文化理论既有共时态的文化研究,又有历时态的文化理解;既有对文化危机的特殊批判,又有在此基础上得出的对文化的一般理解;既有精神文化层面的文化阐释,又有社会政治层面的文化批判;既有实践层面的文化反思,又有理论层面的现代性批判。这种文化理论是独具特色的,在现代性的视域中揭示出文化已经渗透到社会生活各个层面发挥作用,同时这种理论也涉及了后现代主义多元、宽容的主题。

布达佩斯学派的文化理论的先导思想是卢卡奇的文化理论,布达佩斯学派在对卢卡奇文化思想的阐释中得出了自己对文化的理解,卢卡奇向往古希腊完整的文化,强调以文化来统合心灵与生活的分离、以历史和阶级意识统合个体与类的分裂,从而向完整的文化回归。从卢卡奇对文化的同一性、完整性、总体性的追求中,可以看出其文化一元论的理论倾向。布达佩斯学派在卢卡奇基础上发展了文化理论,提出人类文明既已迈出来了,人类历史就不可能再向古希腊回归,向完整的文化回归也必须是一个考虑到历史发展的现代的回归。这样布达佩斯学派把文化引入历史,与现代性问题结合起来进行研究。在现代,不能逃避文化的分裂与悖论,文化本身就是多元的,文化已经弥散化,进入到社会生活的各个层面,不要试图使文化成为一个统一体,而要尊重文化的弥散化、分散化的存在状态。这种弥散化、分散化正是现代性的特征,现代性的重建只能在此基础上进行。所以本书在分析了卢卡奇的文化理论之后,对布达佩斯学派的文化理论进行了探究。

布达佩斯学派的文化理论主要包含两个部分:一部分是多元的文化理论。一方面,布达佩斯学派以文化作为研究范式对现代的文化危机进行了多维度的批判,揭示了文化的多元化趋势;另一方面,揭示出现代社会文化作为一种多样化、弥散化的力量已经渗透进社会生活的各个领域。另一部分是布达佩斯学派现代性的文化反思。布达佩斯学派在多维度的文化批判和反思中得出了对文化的一般理解,并将对文化的一般理解运用于对现代社会的焦点性问题——现代性的分析上,找到了现代社会文化危机的根源——现代性文化模式。虽然在这种阐述中,由于理论兴趣点的不同、阐述方式的不同和对具体问题态度的不同,布达佩斯学派各成员之间以及前后期的思想之间会有所差异,但是其基本的理论宗旨,即以文化作为研究范式对现代文化危机进行批判是一致的。因而这种争论可以看作是家族内部的争论。在对现代性文化危机的思索与反抗中,布达佩斯学派的思想有一个发展过程,并未直接就达到了对现代性本身进行批判的层次,布达佩斯学派对现代性的批判最初是从实践上对极权主义的批判开始的,在对各种现代社会问题进行探讨之后,才找到了现代性这一现代社会的文化模式,将自己关于文化的一般理解实际运用到现代社会的焦点性问题上,对现代性文化模式进行了系统的解读。本书通过对布达佩斯学派多维度文化批判思想的阐释,揭示出布达佩斯学派文化理论的多元化内涵;又通过对布达佩斯学派文化批判与现代性反思的研究,挖掘出布达佩斯学派对现代性危机的态度。最后本书对布达佩斯学派的文化理论进行了反思,揭示出其与马克思的社会历史理论的联系,并叙述了其作为不同于意识哲学范式的文化哲学范式对宏大叙事的批判及微观政治哲学转向,彰显了布达佩斯学派文化理论后现代的理论视域。

(二)理论框架

本书分为导论,第一、二、三、四、五章,结语七个部分。

"导论"部分,讲述了20世纪文化哲学的发展中充斥的各种文化争论与文化反思,引出了布达佩斯学派文化理论在20世纪文化争论中所处的位置,说明了布达佩斯学派文化理论的特殊性在于其是一种现代性视域中的文化批判。这种文化批判既是以文化作为研究范式和理论模式对社会各领域文化危机进行的批判,同时又是把自己关于文化的一般理解聚焦于现代性文化模式批判的理论。从总体上看,布达佩斯学派的文化理论推动了20世纪文化理论的自觉进程。

"第一章布达佩斯学派的缘起与理论诉求",对布达佩斯学派产生和发展的现实背景与理论缘由进行了介绍,并详细论述了布达佩斯学派思想发展所经历的三个阶段和思想主旨从道德层面的文化批判到结构性的文化批判再到后现代主义的文化批判的变迁过程，通过这种阐述说明布达佩斯学派整个思想发展过程中的文化诉求，说明文化在布达佩斯学派思想中占有重要的位置。

"第二章卢卡奇的文化理论：布达佩斯学派文化理论的先导"，阐释了作为布达佩斯学派文化理论先导的卢卡奇的文化理论。卢卡奇的思想是布达佩斯学派思想的来源，卢卡奇直接影响了布达佩斯学派的产生与发展，其中文化思想是布达佩斯学派最重视的部分。卢卡奇一生的理论都围绕着文化问题展开，完整的文化在卢卡奇思想中起到一种精神家园的作用，是卢卡奇思想追求的最终目标。这种对文化的追求与守望对布达佩斯学派产生了巨大的影响。然而纵观卢卡奇一生对文化的解读，这种文化理论还只是对整体性、总体性和同一性的追求，可以概括为理性一元主义文化观。卢卡奇的这种文化理解已经不能贴切地解释现代社会了，因为现代社会的文化已经演变为一种多元的、微观的、弥散的力量渗透于社会生活的各个领域，这是一个价值多元化的社会，故而文化也自然是多元化的。布达佩斯学派正是看到了这一点，在对卢卡奇的批判性继承的基础上，拓宽了理解文化的视野，将文化引入历史，对文化问题进行全新的解读，得出文化多元化的结论。

"第三章布达佩斯学派多元文化理论"，主要是对布达佩斯学派多元文化理论的介绍。布达佩斯学派的多元文化理论是多维度的文化批判，在多层面、多领域的文化批判中得出了文化多元化的结论。这种文化的多元化也体现在布达佩斯学派各成员思想之间以及前后期思想之间的差异上。文化的多元性与微观性是布达佩斯学派文化理论的范式特征，多元性与微观性的结合构筑了布达佩斯学派的多元文化理论。这种多元性不仅局限于共时态的多维度的文化批判上，还通过微观性历时态地渗透进社会生活的各个领域，尤其是日常生活这一基础领域，在这种意义上布达佩斯学派的多元文化理论已经与微观政治哲学合流了。

"第四章布达佩斯学派对现代性的文化反思"，主要说明了布达佩斯学派将在对多元文化进行的多维度的批判中得出的一般的文化理解运用于现实社会的焦点性问题，即现代性问题上来，对现代性的文化模式进行了深层的反思。布达佩斯学派的文化概念是现代性的典型表现,在文化层面上深刻地揭示了现代性,通过揭示文化悖论是现代性的基本存在方式,布达佩斯学派追求克服文化危机的途径,并以此为基础深入地探索了现代性问题。布达佩斯学派的赫勒和马尔库什都对文化进行了一般性的解读,得出了对于文化的基本理解,然而两人在解决现代性文化危机的思路上存在着差异,本章在对布达佩斯学派的文化现代性理论的阐释中也揭示了这种差异性。同时,布达佩斯学派还阐释了现代性的文化危机的具体表现,同时以后现代政治状况下的文化反抗对现代性进行重建。

"第五章对布达佩斯学派文化理论的当代反思",是对布达佩斯学派文化理论所作的反思。布达佩斯学派作为马克思思想在东欧的继承者之一,其思想与马克思思想之间有着密切的联系,其文化理论与马克思的社会历史思想存在着一致性。布达佩斯学派的文化理论作为20世纪文化哲学的一种,强调以文化作为哲学范式对社会现实进行批判,这种研究是文化哲学的自觉形态,是对意识哲学的反抗,其对多样性和多元化的强调是对意识哲学一元性的批判。布达佩斯学派的文化理论对意识哲学的宏大叙事进行了批判,已经走向了文化多样性与微观性相结合的微观政治哲学领域。布达佩斯学派的文化理论主旨是多元、宽容,已经步入了后现代主义理论的大潮。同时本章也在对布达佩斯学派的理论贡献的阐释中揭示了其理论存在的不足之处。

"结语",总结了布达佩斯学派的文化理论是对东欧社会文化问题的洞察,是对现代性文化危机的隐忧,同时是对人类文化出路的探寻。

在对布达佩斯学派的文化理论的介绍和阐释的基础上,本书对布达佩斯学派文化理论进行了反思:首先,布达佩斯学派的文化理论是对马克思思想的继承和发展。一方面是对马克思人本主义思想的继承,另一方面是对马克思社会历史思想的丰富。其次,布达佩斯学派的文化理论以文化作为研究范式对现实文化危机进行了思索,提倡理论向生活世界的回归,超越了意识哲学的理论研究范式。再次,布达佩斯学派文化理论步入了后现代的理论视域,却又与后现代各种思潮的极端相对主义不同,寻求超越极端相对主义的多元与宽容,以及多元主义中的共识。最后,布达佩斯学派的文化理论以文化作为研究范式,从单纯的宏大叙事批判走向了宏大叙事批判与微观政治哲学的合流。这些都说明,布达佩斯学派的文化理论是推动20世纪文化哲学走向自觉的重要力量。

第一章　布达佩斯学派的
缘起与理论诉求

　　布达佩斯学派的产生有着特殊的现实背景和理论缘由,是理论和实践双重反思的结果。其思想发展经历了三个阶段,不同阶段的理论宗旨也都发生着变化。然而,贯穿布达佩斯学派理论核心的是一种文化诉求,文化批判可以概括出布达佩斯学派的整个理论。

第一节　布达佩斯学派的产生

一、现实背景:对苏联社会主义模式和现代性的反思

　　布达佩斯学派作为东欧新马克思主义的一支,其产生与东欧社会的历史和现实密切相关。

　　首先,二战后,东欧各国在苏联的帮助下建立了社会主义国家,然而却并不是独立自主的社会主义国家,而是完全按照苏联的社会主义模式建立起来的。因而,东欧的社会主义在成立之初就与苏联大国主义之间存在着矛盾,这种矛盾主要就表现在东欧人对独立自主的渴望与苏联模式社会主义对东欧各国政治、经济的控制上。尽管在苏联的帮助下,东欧各国经济得到了迅速的恢复和发展,人民生活水平也得到了一定程度的提高,然而高度集中的计划经济虽然使经济数字不断增长,却使人民群众的生活处处受到压制,自由成为空谈;国家社会主义在政治管理中采取专政的方式,遏制了人的主观能动性的发挥,人在这种管理方式下必须绝对

地服从,民主成为白话。由于苏联模式社会主义所实行的计划经济体制和国家社会主义的政治管理模式都是对自由和民主的压制,否认了社会主义发展道路和模式的多样性,限制了东欧各国的自主发展,导致苏联模式社会主义在东欧的不适应性越来越显著地表现了出来。从20世纪50年代开始,东欧一些国家就开始进行政治、经济体制改革,探索适应本国文化的社会主义道路。1956年的"波兹南事件"、"匈牙利事件"和1968年的"布拉格之春"又催生了一批批判苏联模式社会主义的理论思潮,布达佩斯学派就是这些理论思潮之一。

其次,除了苏联模式社会主义这种特殊的历史状况外,布达佩斯学派还与其他西方思想家一样面临着现代化的现实境遇。现代化所带来的自然科学的进步、技术理性的发展,一方面确实是对人的本质力量的确证,但另一方面也是人普遍异化的根源。整个西方马克思主义就是立足于现代化进程中人的生存境遇问题展开的批判,而在现代化的历史进程中,东欧人们面临的是双重的体验,不仅面临发达国家所具有的现代化历史进程中技术理性的过度发展所导致的人的存在的危机,而且面临着苏联模式社会主义这种特殊的生活体验,苏联模式社会主义不仅未在现代化的历史进程中解决人异化的生存状态,反而将人的受压抑和受控制推向了一个新的层面,这也就是马克思所说的政治解放并不代表人类解放的意义。由此,东欧新马克思主义开始了对发达资本主义和苏联模式社会主义的双重批判,布达佩斯学派作为东欧新马克思主义的一支也开始了对现代化历史现实的反思之旅,当然对苏联模式社会主义的批判本身也属于现代化历史现实反思的一种,只是因为他们对东欧苏联模式社会主义有深刻体验,使他们能对苏联模式社会主义进行更为直接的批判。正是在这双重的历史现实状况下,布达佩斯学派的思想才得以产生。

二、理论缘由:对教条的马克思主义的批判

第二次世界大战后,各个社会主义国家都以马克思主义作为自己的意识形态,并认为作为社会主义国家意识形态的马克思主义是"正统的马克思主义",但这种"正统的马克思主义"被西方人本主义的马克思主义以及东欧新马克思主义称之为"教条的马克

思主义"。赫勒说:"作为一种教条的马克思主义从未过去,因为在马克思的著作之后发生的是对他著作的不断重新解释。从不只有一种教条,有许多种完全不同的教条,这些教条恰恰是完全不同种类的政治学得以存在的根基。"①这时教条主义的马克思主义主要是指斯大林主义,因为二战后斯大林主义一时间占领了当时社会主义国家的意识形态领域,斯大林主义实证化了马克思的思想,把马克思主义当作永恒不变的真理,并将这种思想现实化为政治系统,形成了极权主义体制。教条的马克思主义强调必然性和决定论,在承认自然领域的客观必然性的基础上用自然科学的知识解释社会科学的问题,得出了社会领域的经济决定论以及社会发展是一种自然历史过程的结论。这是教条的马克思主义的错误之一。布达佩斯学派认为,这样做之所以错误在于哲学不是科学,不能够在所有领域发挥作用,社会科学的理论不能用来指导自然现象,教条主义的马克思主义把特殊的社会科学变成指导一切的世界观和方法论是错误的,哲学意识形态的普遍应用无疑会建立一种无产阶级的文化霸权。教条的马克思主义的错误之二在于后来的所谓正统的马克思主义只看重马克思晚年在《资本论》中所阐释的思想,并将《资本论》的思想归结为一种"经济决定论",所以他们用经济决定论来解释一切,并且认为只要实现了经济层面的变革,就能够实现共产主义。但事实并非如此,苏联模式的社会主义在与资本主义的交战中实现了政治经济层面的解放,但是这种社会主义并未实现人的自由与解放,反而使人们陷入一种新的压抑之中。这也是布达佩斯学派对教条的马克思主义进行批判的出发点。布达佩斯学派提出在新的历史条件下,经济层面所起的作用已经逐渐弱化,不能代表一切领域,所以教条的马克思主义过时了。

"马克思主义的复兴"就是在教条的马克思主义盛行的理论背景下产生的,其目的在于"消除官方马克思主义的完全僵化的框架,在古典传统自身中发掘可用做起点的元素,以便从理论上面对

① Agnes Heller and Simon Tormey,The Fate of Marxism,In "Simon Tormey Interviews with Agnes Heller (1998)"1 February 2004. 2 December 2005,http://homepage. ntlworld. com/simon. tormey/articles/hellerinterview. html.

多元文化阐释与文化现代性批判——布达佩斯学派文化理论研究

我们所处时代业已变化的现实"①。马尔库什在谈到这一思想时说:"毫无疑问,'复兴马克思'的理念首先反对的就是制度化的马克思主义完全僵化的构架,反对将官僚体制对东欧社会总体的统治变成合法化的这种'宗教信仰状态'。对青年马克思的'再发现'和'复兴',对其思想连续性的强调,不仅仅意味着重新引入大量范畴、问题和思想,也就是那些对当代处境的批判性洞察中富有成果的思想,以及在官方共产主义意识形态中被毫无创造性和歪曲的马克思主义版本(有意地)忽视的那些思想。它还意味着向辩护性的意识形态所占有的马克思主义传统发起全面挑战,挑战那些通过守旧的、教条主义的形而上学形式隐藏其实证主义内容的意识形态;这种趋势就是试图在 20 世纪的现实中恢复这种传统批判的/解放的意义。"②然而,在教条的马克思主义的指导下,斯大林时期的社会主义国家实行计划经济体制以及国家社会主义政治管理模式,以暴力打击持不同政见者,以同一化的模式去规范社会,造成了对自由和民主的压制。

当时,斯大林主义把马克思主义哲学变成了能够指导现实、自然、社会以及一切思想的科学法则,把马克思主义变为一种教条化的理论,这与马克思原初思想相违背,抛弃了马克思思想中的批判本质。其实早在二战之前,西方马克思主义的早期理论家们就从马克思早期思想中吸取理论资源,对所谓"正统的马克思主义"进行了批判。最早卢卡奇在马克思的《资本论》所阐述的商品拜物教思想的启发下,以人道主义为基础对教条的马克思主义进行了批判。他认为教条的马克思主义所奉行的决定论把一切当成给定的事实接受下来,不能作为否定和批判的力量,因此要扬弃物化必须首先在理论上恢复马克思早期思想中的批判精神。他在《历史与阶级意识》③中展开了对教条的马克思主义的批判,教条的马克思

---

① [匈]乔治·马尔库什:《语言与生产》,李大强、李斌玉译,哈尔滨:黑龙江大学出版社,2011 年版,第 172 页。

② [匈]乔治·马尔库什:《马克思和卢卡奇的异化与物化》,载[匈]乔治·马尔库什:《马克思主义与人类学》,李斌玉、孙建茵译,哈尔滨:黑龙江大学出版社,2011 年版,"附录"第 149 页。

③ 对于卢卡奇的《历史与阶级意识》一书,最初的版本是华夏出版社 1989 年版的,译为《历史和阶级意识》,由于本书主要参照的是商务印书馆 1996 年的版本,故在书中运用《历史与阶级意识》的译法,引文中内容除外。

主义存在着运用自然规律去理解社会历史活动的缺陷，因而不是真正的马克思主义，所谓"正统马克思主义并不意味着无批判地接受马克思研究的结果。它不是对这个或那个论点的'信仰'，也不是对某本'圣'书的注解。恰恰相反，马克思主义问题中的正统仅仅是指方法"①。许多早期西方马克思主义者，如柯尔施、葛兰西、布洛赫等人也在卢卡奇的影响下对教条的马克思主义展开了批判。

布达佩斯学派直接继承了卢卡奇的思想，包括对教条的马克思主义的批判。对于马克思主义，赫勒描述了当时匈牙利大学的马列主义课程的情况：包括科学社会主义、马克思经济学和马克思哲学三部分，老师们根据苏联出的小册子来教授马克思的思想，这就不可避免地会产生对马克思思想的误读。以卢卡奇为中介，布达佩斯学派试图从马克思早期思想中找寻批判现存社会和反抗现存生活境遇的理论根据，通过恢复马克思主义的人道主义本质来促使现存社会人道化。布达佩斯学派认为，社会异化的根源在于个体与类产生了分化，所以需要一种新的哲学来促使个体与类重新统一起来，这种哲学就是复兴后的马克思主义。赫勒描述了布达佩斯学派来自卢卡奇的"马克思主义的复兴"的理论宗旨："卢卡奇认为布达佩斯学派是关于马克思主义的复兴的理论，这意味着我们需要回到根源处，回到马克思本身。我们需要忘记马克思之后的马克思主义。我们需要回到起点来建立全新的理论，之所以要回到起点是因为在错误的方向的指引下，一切都已经变得独断了。现在，我们布达佩斯学派需要做其他人不曾做过的事情。我们需要回到马克思并在正确的方向上发展马克思。我们称自己为马克思主义者和社会主义者，也正因为如此我们才是马克思主义者和社会主义者。"②布达佩斯学派要通过马克思主义的复兴，对苏联模式社会主义进行批判，从复兴人道主义的马克思主义哲学出发来扬弃异化。在这种理论宗旨的指导下，马尔库什"极力要求自

多元文化阐释与文化现代性批判——布达佩斯学派文化理论研究

---

① ［匈］卢卡奇：《历史与阶级意识》，杜章智等译，北京：商务印书馆，1996 年版，第47—48 页。

② Agnes Heller and Simon Tormey, Early Development and the Origins of the Budapest School, In "Simon Tormey Interviews with Agnes Heller (1998)"1 February 2004. 2 December 2005, http://homepage. ntlworld. com/simon. tormey/articles/hellerinterview. html.

由讨论马克思主义的哲学,要求一切探讨和倾向都不应受到制度的干扰,他认为,马克思主义中的多元论是一种健康的现象,因为马克思主义哲学仍然处在其发展的早期阶段,它还在蒙受斯大林主义时期的传统的危害之中,只有通过各种相互冲突的观点的对抗才能实现所要求的综合。……如果避免不同观点之间的争论,就会造成十分有害的结果"①。赫格居什也宣称:"马克思主义最紧迫的任务之一,就是给社会主义社会提出某种'自我批判或自我分析',并使新制度完善化。"②可见,布达佩斯学派产生于对苏联模式社会主义所采取的教条的马克思主义的批判和反思。

第二节　布达佩斯学派的发展与演变

布达佩斯学派形成至今已经经历了五六十年时间,匈牙利政治环境对这一学派的发展与演变产生了重大的影响,其成员的理论研究、言论自由,乃至日常生活都受政治环境的影响和制约。其理论阵地随着各成员居住地的搬迁而发生着变化,学派的存在形式也与理论阵地的转移密切相关。随着布达佩斯学派成员生存环境的变化,布达佩斯学派的思想主旨也发生了一系列的变化。最初,布达佩斯学派在卢卡奇设定的"马克思主义的复兴"的理论框架内进行研究,试图从马克思早期的人道主义思想中吸取理论资源对当时东欧的社会主义进行道德上的批判,以实现社会主义的人道化。而后经历了一系列的现实生活的变化,开始对之前的理论进行反思,在批判斯大林模式和发达资本主义的基础上企图运用商谈伦理建立"新的历史唯物主义",提出了多元价值和多元生活方式的主张。之后,完全融入西方左翼激进理论视野,转向后现代的理论视域,对现代性本身进行思索,主张在方法上对传统马克思主义进行解构。这里我们将布达佩斯学派的发展分为三个阶段:以"马克思主义的复兴"为己任的人道主义的马克思主义阶段、反思早期"社会主义的人道化"思想的批判的马克思主义阶段和后

第一章　布达佩斯学派的缘起与理论诉求

---

① 黄继锋:《东欧新马克思主义》,北京:中央编译出版社,2002 年版,第 164 页。
② 黄继锋:《东欧新马克思主义》,北京:中央编译出版社,2002 年版,第 165 页。

现代阶段。[①] 这三个阶段是布达佩斯学派存在的三个不同时期,在三个不同时期布达佩斯学派的思想主旨也发生了变迁,这种变迁映射出了布达佩斯学派整个思想的发展脉络。

一、人道主义的马克思主义阶段

(一)政治压迫下的存在

布达佩斯学派经历了曲折的发展过程,从20世纪40年代末到1956年"匈牙利事件"之前,真正意义上的布达佩斯学派还没有成立,其成员还都只是卢卡奇思想的追随者,几乎还没有自己的理论著作,只是在卢卡奇提倡拓宽马克思主义视野的影响下翻译了一些资产阶级哲学家的著作,并参与了50年代的改革运动。这一时期他们被称为"前布达佩斯学派"。虽然这时他们尚没有形成自己的理论体系,但已经深刻地认识到了现存社会主义模式的弊端。当时纳吉政府发表"新政策宣言"(new policy speech),"包含对斯大林在匈牙利所实行政策的完全谴责,特别是对警察恐怖统治和对迫使农民土地集体化的政策的谴责"[②],开启了匈牙利非斯大林化的历史进程。但是由于苏联的干预,纳吉政府的改革仅仅实行了22个月就被中断了,拉科西政府接替纳吉政府后反历史潮流而行,镇压了改革的声音。

1956年,爆发了匈牙利事件,纳吉重新进入匈牙利政府,卢卡奇还担当了纳吉政府的文化部长,其间卢卡奇带领他的学生们积极参与对斯大林的批判和各种关于自由的讨论,如参与南斯拉夫"实践派"创办的科尔丘拉夏令学园,通过《实践》杂志宣传自己的思想,与西方左派广泛开展理论的交流。布达佩斯学派非常重视匈牙利事件,赫勒将其看作是历史上唯一一次真正的社会主义改革,认为这场革命强调了国家独立和政治解放,其意义相当于美国

---

① 有的国外研究者对赫勒的思想进行了阶段划分,如西门·托梅(Simon Tormey)在《阿格妮丝·赫勒:社会主义、自治和后现代》(*Agnes Heller:Socialism, Autonomy and The Postmodern*)中,把赫勒的思想划分为人道主义的马克思主义阶段、批判的或新马克思主义阶段、后马克思主义阶段和后现代阶段。有的国内学者将赫勒的思想划分为人道主义的马克思主义阶段、后马克思主义阶段和后现代阶段。笔者对布达佩斯学派思想发展阶段的划分参考了这些意见。

② Ferenc Feher and Agnes Heller, *Hungary 1956 Revisited*, George Allen&Unwin(Publishers)Ltd,1983, p. xii.

的独立战争。① 然而匈牙利事件很快被镇压了下去,卢卡奇因在"裴多俱乐部"的哲学讨论会上批判了斯大林时代的歪曲和党的意识形态专家的"引证学"以及教条主义而遭到厄运,布达佩斯学派也跟着在"反对修正主义运动"中受到牵连。"匈牙利事件"后卢卡奇被流放到罗马尼亚一年②,布达佩斯学派成员也受到"匈牙利事件"的影响,学术生涯被迫中断,如赫勒就被布达佩斯大学开除并被清除出党,到一所中学教授匈牙利语整整五年。正是在批判斯大林和各种哲学的讨论中,布达佩斯学派的思想开始形成。

到 60 年代初,政治情况得到缓解,卡达尔政府推行经济体制改革,在放宽经济政策的同时对于不危及政权,不否定党的统治的学术研究给予允许,允许以前被解除工作的知识分子出来工作,在赫格居什的帮助下,赫勒就进入了他领导的社会研究院工作。卢卡奇 1956 年以前经常组织学生开展一些关于康德美学和黑格尔美学方面的讲座和研讨会,但是 1956—1957 年在罗马尼亚这一年多时间中断了这种讨论,回到匈牙利后就不再组织这些讨论活动了,反而是他的学生们积极开展小规模的家庭讨论会。也正是这种经常性的交流和讨论,使赫勒、费赫尔、马尔库什、瓦伊达等人形成了"布达佩斯小组",产生了布达佩斯学派。60 年代中期,布达佩斯学派参加了那时非常活跃的左派争论,与南斯拉夫实践派、布洛赫、马尔库塞等人直接对话,在政治和理论方面与西方开展广泛的争论。但是好景不长,1968 年苏联侵略捷克斯洛伐克,布达佩斯学派许多成员正在南斯拉夫参加"科尔丘拉夏令学园"学术会议,122 名与会代表抗议苏军对主权国家的粗暴干涉,并在抗议书上签了名,赫勒、马尔库什、瓦伊达、赫格居什等人尔后因为签了名而再次遭到批判,赫格居什被匈牙利科学院开除,马尔库什遭受审查,其作品被谴责。然而,虽然在政治上遭受批判,整个六七十年代依

---

① 参见 Agnes Heller and Simon Tormey, Post - Marxism and the Ethics of Modernity, In *Radical Philosophy*, Reino Unido, Núm. 94 (1999)。

② 1956 年"匈牙利事件"中,卢卡奇是纳吉政府的文化部长,然而当纳吉政府宣布匈牙利退出"华沙条约"时,卢卡奇投了反对票。苏联镇压匈牙利事件后,卢卡奇与其他政治人物一同到南斯拉夫大使馆躲避,离开使馆后遭被逮捕,被放逐到罗马尼亚,直到 1957 年 4 月才回到布达佩斯。参见杜章智编:《卢卡奇自传》,李渚清、莫立知译,北京:社会科学文献出版社,1986 年版,第 189—191 页;卢卡契:《卢卡契谈话录》,龙育群、陈刚译,长沙:湖南文艺出版社,1991 年版,第 155 页。

然是布达佩斯学派最活跃的时期,赫勒、费赫尔、马尔库什、瓦伊达等人都从不同方面对社会现实进行了批判,如社会学、历史思想、现象学、语言哲学、人类学、美学等,在匈牙利乃至整个东欧与南斯拉夫实践派交相辉映掀起了批判国家社会主义、批判斯大林主义的思想解放运动。

(二)道德层面的文化批判

布达佩斯学派直接产生于东欧苏联模式的社会主义社会,其理论的最初目的是对当时东欧的计划经济体制与国家社会主义政治管理模式进行非体制性的、道德伦理意义上的批判,批判苏联模式社会主义的非人道化。他们最初对苏联模式社会主义的计划经济体制和国家社会主义政治管理模式进行了批判,试图通过这种批判实现政治的自由和经济的改革,最终实现社会主义的人道化。社会主义的人道化是当时东欧新马克思主义理论家共同的理论诉求,人道主义是他们对马克思思想的基本定位,东欧新马克思主义的代表人物沙夫专门对马克思主义的人道主义进行了论述:"马克思主义的出发点就是把人作为最可宝贵的财产,就是为推翻压制人的社会关系而进行斗争。这个贯穿着整个马克思主义思想体系的出发点,决定了马克思主义的人道主义性质。"[1]布达佩斯学派把促使现存社会人道化作为自己的历史使命,对苏联模式社会主义展开了批判。赫勒在西门·托梅对其的访谈中谈道,这个时期她致力于变革社会主义,期望一种与苏联模式社会主义完全不同的民主社会主义,追求开放的社会,多元主义的政治体制,然而,这种开放和多元并不是要掌握生产工具,而是拥有自由的市场。[2] 可见,这一时期布达佩斯学派对苏联模式社会主义的批判并非是要颠覆这一体制,而是要进行道德层面的改革。

布达佩斯学派在道德层面对苏联模式社会主义非人道化的批判体现出了一种马克思主义理论对现实的忧虑,这种忧虑在某种程度上又属于文化的忧虑。布达佩斯学派并未停留于在政治、经

---

① [波]沙夫:《马克思主义的人道主义》,载《世界哲学》1980年第1期。

② 参见 Agnes Heller and Simon Tormey, Early Development and the Origins of the Budapest School, In "Simon Tormey Interviews with Agnes Heller (1998)" 1 February 2004. 2 December 2005, http://homepage.ntlworld.com/simon.tormey/articles/hellerinterview.html。

济层面促使社会主义人道化的思索,而是将这种文化忧虑深入到了微观文化层面。赫勒说道:"我要重复的是一场马克思意义上的共产主义运动,能够在创造人道化的社会的方向上引导最广泛的对于日常生活传统形式的不满。"①因为,通过对苏联模式社会主义的批判,布达佩斯学派得出政治、经济并不是人类历史的全部内容的结论,经过政治、经济体制变革后的东欧并没能摆脱矛盾和冲突。赫勒与瓦伊达在《社会主义的人道化:布达佩斯学派著述》中分析了一个共同的问题:仅凭政治、经济活动能够创造一个人类必需的真正自由的社会类型吗?他们认为,"共产主义的生产关系的转变和将异化权力结构转换为地方和社会水平上的自我管理形式,这些只有在我们的意识革命目的也被定位为日常生活的变革时才能够实现。这些因素是相互决定的。生产关系的转变和统治关系的消除没有日常生活的有意识的革命重构是不可想象的,反之亦然"②。可见,现代社会,日常生活这样的文化问题已经步入人类历史的舞台,成为核心的内容,政治、经济的主要矛盾地位已经退位给了文化危机。赫勒正是在这个意义上提出了日常生活人道化的思想。虽然深入到了日常生活这一微观层面,但是依然是以人道化为标准,依然属于道德层面的文化批判。

在对苏联模式社会主义的批判中,布达佩斯学派着重分析了其意识形态——教条主义的马克思主义,批判了教条主义的马克思主义的非人道化。布达佩斯学派产生的年代是教条主义的马克思主义在东欧盛行的年代,这时的马克思主义被教条化为一种经济决定论,甚至赫勒在刚参加匈牙利共产党时还仅仅把马克思看作为一个经济学家,这部分是受当时政治倾向所影响的。在这种情况下,布达佩斯学派从马克思早期人道主义思想中找寻社会主义人道化的理论依据,树立了"马克思主义的复兴"的理论旗帜。赫勒这样阐释布达佩斯学派这个时期的思想:"我们积极地探讨所有这些问题,但是我们从不因此为马克思服务。我们认为我们将要回到'起点',但是由于我们已经开始了'个人的'思考,我们忘记

① Andras Hegedus, Agnes Heller, Maria Markus, Mihaly Vajda, *The Humanisation of Socialism: Writings of the Budapest School*, Allison&Busby Limited 1976, p. 51.

② Andras Hegedus, Agnes Heller, Maria Markus, Mihaly Vajda, *The Humanisation of Socialism: Writings of the Budapest School*, Allison&Busby Limited 1976, p. 8.

了原则、基础、教条，所以我们的马克思主义变得完全脱离模式了。"①瓦伊达也描述了布达佩斯学派那个时代面临的困境，以及进行"马克思主义的复兴"的原因："要么我们就必须把社会主义理解为一种不能达到的梦想，而且所有为实现这个梦想所做的努力都会滋生极权社会的幽灵。也就是说，我们必须接受清醒的、经过深思熟虑的自由主义者对社会主义的反驳，即自由是统一的和不可分割的，因此财产自由也是其中一个部分；因此，如果我们不想要接受财产自由——即资本主义及其所有特征——的直接后果，那么，我们就不得不面对对自由的限制；否则我们就不得不向资本主义妥协。要么我们就必须相信东欧的社会制度与任何类型的社会主义都没有关系，与马克思主义更没什么关系；马克思主义已经被扭曲、篡改了（当然，这是东欧不发达的一个直接后果），而我们的任务恰恰是从马克思那里发掘出真正的马克思主义，即一种关于非异化的社会的理论。要么在资本主义面前投降，要么坚持马克思主义的复兴——我们看不到，我看不到，任何其他出路。"②布达佩斯学派选择进行"马克思主义的复兴"，他们从马克思早期人道化思想中找寻理论根据，对教条的马克思主义进行激烈的批判，进而批判现存社会主义由于对马克思主义的误用而造成的非人道化问题，试图从意识形态上恢复马克思主义的本来面目，进而促成社会主义政治、经济层面的人道化。

　　布达佩斯学派"马克思主义的复兴"除了要反对当时盛行的教条的马克思主义外，还要反对结构主义的马克思主义。当时，阿尔都塞的结构主义的马克思主义正在理论界盛行，这种理论认为青年马克思的思想是马克思不成熟的理论，而布达佩斯学派则不同意这种观点，他们继承了西方人本主义的马克思主义的思想，认为马克思的思想中不存在断裂，马克思早期关于"异化"、"人的本质"、人道主义等思想在马克思思想上具有十分重要的位置，并不是不成熟的思想。恰恰是结构主义的马克思主义使得人们忽视了

　　① Agnes Heller and Simon Tormey, Early Development and the Origins of the Budapest School, In "Simon Tormey Interviews with Agnes Heller (1998)" 1 February 2004. 2 December 2005, http://homepage. ntlworld. com/simon. tormey/articles/hellerinterview. html.

　　② Mihály Vajda. , *The State and Socialism*: *Political Essays*, London: Allison & Busby,1981,pp. 4 – 5.

马克思早期的思想,使得那种认为马克思早期思想不成熟、晚期《资本论》中的思想才成熟的观点盛行起来,把经济决定论推向顶点,导致了马克思主义的教条化。布达佩斯学派强调要复兴马克思主义必须摒弃结构主义的马克思主义。可见,布达佩斯学派这一时期思想的人道主义本质,只能属于道德层面的文化批判。

可以说,布达佩斯学派在匈牙利的学术活动总共不到20年,然而却形成了一种人道主义的理论,在理论与实践的双重批判中表现出了"激进哲学"的本质。这为布达佩斯学派思想的发展奠定了理论基础,使得后来布达佩斯学派没有因为学派实体的解散、理论阵地的转移和分散而消失,布达佩斯学派思想逐渐演变为一种自觉的对话。虽然说布达佩斯学派的社会主义人道化思想不仅在宏观层面对政治自由和经济改革进行了强调,也在微观日常生活层面探寻了社会主义人道化的道路,但是这种批判还只是道德上的批判,没有涉及对政治结构的批判,还不是结构性的批判。然而,这时赫勒提出的激进需要理论、日常生活批判理论已经开始确立从微观文化层面进行革命的理论方向。这一时期的思想对于布达佩斯学派试图通过文化批判瓦解变革当时东欧社会主义国家的政治和经济体制,实现微观层面的文化革命起到了奠基作用。

二、批判的马克思主义阶段

(一)走入西方社会的存在

60年代末70年代初匈牙利的形势再次变得严峻,加之卢卡奇的逝世,布达佩斯学派成员在国内的生存状况变得十分困难,他们先后移居国外,留守在匈牙利的成员也被官方限制,成为"内部流亡者",最初意义上的"布达佩斯学派"解体了。"在20世纪80年代后期,布达佩斯学派也解散了。不再有理论流派,哲学变成个人的。但是也许作为理性的狡计,以前布达佩斯学派的成员比以前更关注美学和文化哲学。"①一方面由于布达佩斯学派各成员的思想已经成为个人化的了,这一时期他们开始对早期的人道主义的马克思主义思想进行反思;另一方面又由于他们有着共同的马克

---

① 赫勒、傅其林:《布达佩斯学派美学——阿格妮丝·赫勒访谈录》,载《东方论丛》2007年第4期。

思主义观点,所以这一阶段可以被称为"批判的马克思主义阶段"。

　　随着布达佩斯学派许多成员纷纷走出匈牙利,进入了西方社会,其思想也发生了重大转折。布达佩斯学派思想的转变主要是与西方思想文化交流的结果。早在 60 年代,布达佩斯学派各成员就曾多次参加实践派举办的科尔丘拉夏令学园的哲学讨论,同西方左派①思想进行了理论交流。步入了西方社会后又进一步与西方文化产生碰撞和交流。布达佩斯学派的主要成员除了瓦伊达外,都在澳大利亚谋得了职位,赫勒进入了墨尔本的拉筹伯大学(La Trobe University),马尔库什夫妇到了悉尼大学任教。瓦伊达则开始在西德教课,开始了作为客座教授到不同国家的不同大学讲学的生涯,直到 1980 年返回布达佩斯。这期间赫勒获得了德国的莱辛奖,瓦伊达也于 1978—1979 年间去德国不来梅大学(Bremen University)访问,马尔库什这期间也被聘为美国哈佛福德学院哲学系的客座教授。生活地点的转移使布达佩斯学派充分与西方各种文化思潮展开思想碰撞和交流,对于自己在匈牙利时期的社会主义人道化思想进行反思,产生了哲学思想转变的萌芽。这时期赫勒的《情感理论》、《历史理论》、《激进哲学》,马尔库什的《语言与生产》,赫勒与费赫尔的《东方左派和西方左派》等作品都反映了布达佩斯学派对自己前期哲学的重新思索。虽说布达佩斯学派"马克思主义的复兴"思想是在卢卡奇的这一口号下引导发展的,但是,布达佩斯学派在此基础上又融入了自己理论和实践的成果。后来在复兴马克思主义的方法上逐渐摆脱了卢卡奇,走出了卢卡奇对马克思主义的西方式解读,根据自己的现实生存状态来解读马克思主义,从企图回到真正的马克思逐渐转变为反思马克思理论本身的不足。布达佩斯学派在匈牙利的时期政治是敏感的话题,他们只是以认识论、语言哲学和伦理学的方式探讨问题,而不是以政治的方式与现实关联。但是从他们走出匈牙利那一刻开始,他们就放弃了从内部通过道德层面变革社会体系的信念,开始探索东欧社会的结构性变革,批判当时东欧的苏联模式社会主义不是真正的社会主义。

---

　　① 指新左派(The New Left),主要包括马尔库塞(Marcuse)、卡斯托里亚迪斯(Cornelius Castoriadis)、勒福尔(Claude Lefort)、哈贝马斯、萨特等人。

（二）结构性的文化批判

进入西方社会,与西方思想发生了碰撞和交流后,布达佩斯学派思想在很多方面都发生了微妙的变化,东西方思想也在他们的思想中发生了碰撞和融合,"东方理论家现在创造了许多在东方有用的新方法,这些方法可以作为西方左派的备忘录,因为它们奠定了一种新的现代性理论"①。在此基础上,布达佩斯学派开始反思早期的"社会主义人道化"思想。布达佩斯学派花费了相当长一段时间才理解到"马克思主义的复兴"已经不适合他们了。瓦伊达这样陈述道:"马克思主义的复兴显然接管了'浪漫的'反资本主义的文化批判的遗产。它的核心的、紧密相连的范畴是异化和类存在。它的社会理论就基于这些社会概念,而社会理论的本质是,因为异化在资本主义世界达到顶峰,所以个体就将是空洞的,既不能在自身中意识到类存在,也不能参与它。社会主义就是对异化的消除,是社会中的每一个个体对类的能力、需要等的获得。即使以另一种形式,用另一种范畴(从这个观点来看,不可否认的是,复兴仍然是忠实于马克思主义传统),目标仍旧是一个同质的社会:不是所有个体都应该一样,而是人们都不局限于自己的社会地位。"②所以说,通过"马克思主义的复兴"所实现的社会依然是同质的社会,所以他们对自己之前的理论进行了反思,并开始思索一种新的理论范式。

首先,从60年代末开始,布达佩斯学派就不再固执于现存社会主义内部的民主化改革,而是试图对现存社会主义的非民主体制进行超越。之前他们的理论并没有想代替东欧的社会主义体制,而是想要使东欧社会主义成为承认人的多元需要和生存方式多元化的人道的社会。1968年,苏联侵略捷克斯洛伐克事件,使布达佩斯学派成员重新审视了自己早期对改革所抱有的希望。因为,前期他们还认为体制可以通过道德改革达到人道化,而经过一系列的政治事件,他们发现只是通过体制的道德改革无法达到"社

---

① Ferenc Feher and Agnes Heller, *Eastern Left – Western Left*, Cambridge, New York: Polity Press, 1987, p. 39.

② Mihály Vajda, *The State and Socialism: Political Essays*, London: Allison & Busby, 1981, p. 11.

会主义人道化"的目标,必须对现存社会主义进行结构性的变革,从此他们的理论开始直接反对现存社会主义体制。

其次,与"马克思主义的复兴"阶段不同,他们开始从自身的理论和现实出发,重新思索马克思主义的发展,旨在建立一种"新的历史唯物主义",被有些学者称为后马克思主义的阶段。赫勒在《历史理论》中就提倡用"历史理论"来取代"历史哲学",因为她认为历史哲学的核心是大写的历史,属于一种宏大叙事的理论,所以需要在历史理论的范式下建立新的历史唯物主义。在这一阶段,对布达佩斯学派来说现存社会主义是以马克思主义的形式出现的,对马克思主义的某些方面进行反思和批判还未超出马克思的理论范畴,所以还属于对马克思思想的批判和革新。

再次,在现代哲学的彷徨期,赫勒提出这个时代哲学应该为人们如何思考、如何行动和如何生活提供一个答案。所以,她呼唤一个新的哲学时代的到来,哲学重新取得话语权力,对现实进行拷问和批判。赫勒提出哲学就是要通过思考引导合理存在的人从实然上升到应然的方向,最终达到实然与应然、真与善的统一的"合理性的乌托邦"。"这样一种'向上引导'的哲学就是要构建一个合理性的乌托邦,这个乌托邦的实质就是表明一种生活态度,提供一种生活方式。这样一种哲学所建构的乌托邦体现了它的最高价值。因此,可以说,哲学的乌托邦就是一种价值合理性的乌托邦。"①人类实践通常在实然和应然之间进行调节,引导着实然与应然的统一,即合理性的乌托邦的实现。合理性的乌托邦是与现存对立的"真实"存在,"它也是类的实现,是历史中发展的人长期流浪的终点,是人向其中可以真实存在的一个家园的'回乡'"②。在合理性的乌托邦思想的引导下,他们开始对道德、正义等问题进行全面思索。

---

① 〔匈〕阿格妮丝·赫勒:《激进哲学》,赵司空、孙建茵译,哈尔滨:黑龙江大学出版社,2011年版,"中译者序言"第4页。

② 〔匈〕阿格妮丝·赫勒:《激进哲学》,赵司空、孙建茵译,哈尔滨:黑龙江大学出版社,2011年版,第126页。

三、后现代阶段

(一)融入发达社会的存在

由于费赫尔在澳大利亚没能找到一份长期的工作,1984 年后,费赫尔与赫勒去了美国。费赫尔进入美国纽约社会研究新学院任教,赫勒到威斯康辛大学麦迪逊分校(University of Madison, Wisconsin)任教,后来赫勒也转入新学院。在赫勒与费赫尔移居美国后,接触到了现代化最发达的西方社会,这是一个后现代主义思潮盛行的地方。在这里,赫勒、费赫尔与后现代思潮发生了更深层次的碰撞,在更广泛的意义上与后现代思潮融合。赫勒与费赫尔多年来都在思索现代性问题,在这里许多年的思想经过酝酿形成了具有后现代特征的文化现代性理论。因为布达佩斯学派的成员们彼此依然保持着联系,赫勒、费赫尔的这种思想又在某种程度上促使在匈牙利和澳大利亚的成员的共同讨论。在这期间,布达佩斯学派有很多合作,如费赫尔、赫勒、托马斯、瓦伊达共同写作出版了《形式的辩证法:布达佩斯学派著述》、《激进美学》,赫勒、瓦伊达、拉德洛蒂等布达佩斯学派成员出版了《文化与启蒙:论马尔库什的论文》,这些布达佩斯学派内部的交流,加上他们在国际思想交流中得到的经验都推进了布达佩斯学派融入后现代的思想潮流。赫勒、费赫尔、马尔库什等人在各自的理论视野中对现代性与文化问题的思索有着共同的理论倾向。如赫勒的《碎片化的历史哲学》、《现代性能够幸存吗?》、《现代性理论》,费赫尔的《法国大革命与现代性的诞生》,赫勒与费赫尔的《后现代政治状况》,马尔库什的《文化与现代性》等,这些著作都是在国际化的视野中形成的、与后现代主义发生交融的理论成果。

步入西方历史舞台后,布达佩斯学派各成员的思想开始在世界范围内得到传播,赫勒、费赫尔、马尔库什等人都在国际上产生了重大的影响。马尔库什被多所学校聘为客座教授,赫勒被美国纽约社会研究新学院授予"汉娜·阿伦特哲学教授"。东欧剧变后,匈牙利官方恢复了布达佩斯学派各成员的名誉,赫勒与费赫尔频繁访问布达佩斯,被匈牙利科学院引入,瓦伊达直到退休一直是匈牙利德布勒森大学(Lajos Kossuth,现为 Debrecen 大学)的哲学教授和匈牙利科学院的成员,马尔库什也恢复了在匈牙利的学术影响力,被选举为匈牙利科学院的外部成员。赫勒之后又陆续获得了"阿伦特奖"、"松宁奖"以及"歌德奖章"等,这些都代表了欧洲国家对赫勒以及对布达佩斯学派的承认。

（二）后现代主义的文化批判

随着居住地范围的扩大,布达佩斯学派与多种思想潮流发生交流,如与西方左派思想家以及韦伯、本雅明、伯曼、哈贝马斯、阿伦特等人的思想的探讨和争论,开始放弃批判的马克思主义阶段对马克思主义进行重构的追求,而是在马克思主义理论框架之外为各种社会问题的产生找寻原因,在与后现代思想的交流中逐渐步入了后现代主义的理论大潮。在这一阶段,布达佩斯学派后来又开始了对方法的强调,试图为"新的历史唯物主义"奠定理论基础,提出一种"去总体性"的方法,这比卢卡奇当时强调的马克思主义的"总体性"方法就又前进了一步。瓦伊达通过分析得出马克思主义的方法在本质上就是一种"还原论":"这种方法的本质就是还原论(reductionism):把权力关系即主从关系还原为经济剥削关系,把社会形态还原为表达经济依存关系的社会经济形态,把社会群体构成还原为阶级,并把相应的社会冲突还原为阶级冲突。"①瓦伊达试图避免应用这种还原论,从方法上避免进入马克思主义的魔力圈。布达佩斯学派认为要超越现存社会主义和资本主义必须走出马克思主义总体性的范畴,只有超越了这种总体性的范畴才能脱离政治、经济这一主导性逻辑,从而在文化层面复活启蒙对个人自由和民主价值的强调。

赫勒与费赫尔移民美国后,到了现代化最发达的纽约,这里与澳大利亚又有不同,这里人的思想水平和生活理念是现代化最典型的产物,其中现代化给人带来的利与弊在这里也体现得最为淋漓尽致,众多思想家对现代性的思索都能在这里找到生活原型。赫勒与费赫尔在这里接收到了各种思潮对现代性反思的信息,他们也逐渐步入这一语境,在文化层面对现代性进行思索。1989年东欧剧变之后,社会环境的宽容使赫勒和费赫尔能够经常回布达佩斯,赫勒现在每年大部分时间都待在布达佩斯,他们把在西方思

① Mihály Vajda, *The State and Socialism: Political Essays*, London: Allison & Busby, 1981, p. 6.

潮影响下的思想带回了布达佩斯，与布达佩斯学派其他成员进行广泛的交流和对话，布达佩斯学派的其他成员也经常访学，如瓦伊达就曾到过美国的社会研究新学院，这使得整个布达佩斯学派都步入了现代化的语境。

通过前期的理论研究及与各种思索现代性的后现代理论思想的交融，布达佩斯学派开始从文化层面对现代性进行反思和批判，以文化作为一种研究范式来看待现代性问题。布达佩斯学派早期以文化为研究范式对社会进行了多维度的反思和批判，对日常生活批判理论和需要理论的探索使其认识到文化所具有的内在于社会生活各个层面的规范、影响和制约力量。正是基于前期的理论积累，布达佩斯学派在对待现代性问题时才能把文化作为研究范式，对现代社会的焦点性问题进行探索。这种对现代性的文化批判已经步入了后现代的理论视野，从微观文化层面对人类的生存现状进行反思和批判。随着理论的发展，这一时期布达佩斯学派的社会批判理论已经是文化批判与政治批判的合流。布达佩斯学派早期就把现存社会主义理解为政治社会，他们认为在现存社会主义国家，经济领域已经为政治所吞并，受政治所左右。他们提出了替代西方资本主义和现存社会主义的另一模式，即"激进的民主"，这一形式可以代表个体的完全自由的发展，是政治多元化的社会模式。步入到现代性的理论视域后，布达佩斯学派强调社会主义应该与民主、人权等相连，阐述了现代性的政治逻辑。自由在现代社会中非常重要，是现代社会的普遍价值，因此应该在政治中充分体现。尽管自由在现代社会是悖论性的存在，但是它仍然是可以建构的。布达佩斯学派正是要试图通过民主政治重建现代社会的自由。

虽然布达佩斯学派经历了几个发展时期，理论也发生了转变。但是其仍然属于东欧新马克思主义的理论范围，因为即使布达佩斯学派后期与西方思想发生了交融，逐步转向了后现代的理论视域，但是他们思考问题的方式，看问题的视角具有统一性和连续性。他们所经历的特殊的生存环境、度过的困难时期，对他们的一生都产生了重大的影响。布达佩斯学派成员几乎都经历过第二次世界大战、集中营与大屠杀、斯大林主义统治和苏联模式社会主义的生活，他们的整个理论都在为这些事件的发生寻找原因和答案。

这些经历使他们的思想具有一致性和连续性,在这种一致性和连续性中,贯穿问题始终的就是对文化的关注,以文化作为研究范式使布达佩斯学派虽然理论涉猎范围多,但是还能具有一种统一性,虽然布达佩斯学派的实体解散了,但是在思想上还能算作一个团体。

第三节　布达佩斯学派的文化诉求

20 世纪的许多思想家都从不同的角度对 20 世纪的文化危机进行了思考,这些思考包含着这些思想家对所生存年代的文化焦虑与文化自觉,唯意志主义、存在主义、西方马克思主义、后现代主义,几乎所有这个时代的思想潮流都从文化出发对时代问题展开了深思,布达佩斯学派也不可避免地进入了时代关注的主题。当人自觉地从文化的角度思索自我的存在时,就已经将哲学的目光拉回到了人自身,就会对人存在的危机和困境展开深层次的思索。"当 20 世纪人类自觉地意识到文化对于人的生存所具有的安身立命的、根本性的意义时,人们已经清楚地看到了文化的危机性的、悖论性的困境;或者说,当人们通过文化的自觉开始从自身确定生存的依据时,却惊讶地发现人类自己的自觉的或不自觉的历史行动和生存活动正在破坏着这一基础。"①所以,也只有从文化的角度才能理解 20 世纪哲学家们的所思所想。文化也是布达佩斯学派展开理论思索的出发点和最终归宿,所以也只有从文化角度才能把握住布达佩斯学派在特殊的存在境遇中所展开的文化批判。

从卢卡奇提出无产阶级意识革命开始,西方马克思主义开启了马克思主义哲学的文化转向,葛兰西的文化领导权战略,法兰克福学派的文化解放学说都肯定了意识形态和文化的重要作用。这对布达佩斯学派产生了重大的影响,布达佩斯学派的文化理论除了在基本立场上继承了西方马克思主义的这种文化转向外,其文化理论将文化批判引向更深的层面,与日常生活批判、政治哲学批判、现代性批判等结合起来,探寻挖掘社会更深层次的文化危机。布达佩斯学派成员对文化问题的研究成果多种多样,文化理论可

① 衣俊卿:《20 世纪:文化焦虑的时代》,载《求是学刊》2003 年第 3 期。

以被看作是多样性的统一,虽然布达佩斯学派理论涉猎的范围非常广泛,对现存的批判也存在着多种视角、多种维度,但是文化始终是其理论的核心,其整个理论都是以文化作为思考范式的,文化批判的理论主旨从未改变过:布达佩斯学派早期社会主义人道化的理论诉求就是在道德层面对现存社会主义的文化批判;批判的马克思主义阶段对早期社会主义人道化思想的反思即开始了思索现存社会主义的结构性问题,企图超越教条的马克思主义,探寻新的历史唯物主义的生成,这是对现存社会主义的结构性文化批判;融入西方社会后,特别是在与后现代的思想交融中对发达工业社会的文化模式,即现代性文化模式的批判,更是对现实社会焦点性问题所进行的深层次的后现代主义的文化批判。

在布达佩斯学派的理论中,文化是文化哲学意义上的文化,文化作为历史凝结成的生存方式而存在,用这种观点来理解,政治、经济、伦理、道德、历史、哲学等都属于文化的领域。虽然这种理解并未改变过,但是在布达佩斯学派理论中文化有两种出场方式:首先是隐性的出场方式,文化以一种渗透性的方式存在,文化在诸领域中是以内化的方式发生作用的,所以在探讨这些问题时文化不显现,是隐藏在后面的。可以说这种文化是隐性的文化。布达佩斯学派以文化作为理论研究范式对社会问题进行的多维度的批判,就是基于对文化的这种理解。其次是显性的出场方式,文化作为一种精神文化成果、作为社会生活的一个层面被凸显出来。在布达佩斯学派对文化概念、文化悖论的探讨中,在以文化透视现代性的研究中,文化就是以显性的方式出场的,以文化为切入点进行文化批判。在布达佩斯学派早期人道主义的马克思主义阶段,文化是以隐性的方式出场的,而在后现代阶段则是以显性方式出场的,中间还存在一个过渡的阶段。然而,文化以何种形式存在于布达佩斯学派的理论中不是主要的,重要的是文化批判的立场和宗旨从未改变过,文化批判的维度总是存在。

布达佩斯学派各成员由于兴趣点和理论视角的差异,在对社会问题进行批判时往往从不同的角度出发:赫勒是布达佩斯学派成员中理论涉猎范围最广的一位,她在日常生活、需要、道德、哲学、历史、现代性等方面对社会问题进行了深刻的反思,总体上讲其理论试图在人的社会生活的各个层面上都对现代性问题进行思索;费赫尔比较注重以历史事件作为理论资源,在政治层面对现代社会进行反思和批判,费赫尔对法国大革命进行了深入的挖掘,对法国大革命前后政治上的一系列变化进行思索,总结出法国大革命这一历史事件可以看作是现代性诞生的标志,费赫尔在这种反思和批判中也提出了历史解释模式的转变,这种转变也是现代性诞生的一种表现;马尔库什集中于文化现代性的研究,探索文化在现代社会的悖论式的存在方式,并在各个方面对这种悖论进行说明和论证,以文化为切入点思索现代性危机,试图找出解释现代性危机的道路;瓦伊达的文化批判则主要是在实践层面上进行的,他分析了当时东欧的苏联模式社会主义与法西斯主义一样,都是采取极权主义的方式,压制了人的自由和民主,并针对当时社会主义国家民主的危机以及什么是真正的社会主义等一系列问题展开了分析和批判。从布达佩斯学派各个代表人物的理论阐释中,可以看出他们的理论兴趣和研究领域都存在差异,然而无论这种差异有多大,这些理论最后都汇入到了文化批判这一主题中。

布达佩斯学派最初在复兴马克思主义的意义上对异化和人的本质问题的研究,实质上是对西方马克思主义提出的文化转向的理论支援,如他们强调人性不是"从内部显露出来的东西",而是能够"在内部筑入的东西";人在"第二自然"中获得的人的本质,社会文化因素对人的本质具有决定性作用,这为以后从文化层面展开研究奠定了理论基础。基于这种文化的转向,布达佩斯学派探讨了与政治、经济宏观层面不同的日常生活和需要理论等微观层面的问题,日常生活与需要结构等微观层面正是人的生存方式的集中体现,也是布达佩斯学派所认为的文化层面,这里文化以人的生存方式存在着,这种存在方式能够渗透到社会生活的各个领域,并影响其他领域。正是基于对文化的重要性与文化的力量的基本解读,布达佩斯学派在以后的理论研究中开始从文化的角度看待问题,以文化作为一种研究范式思索现实问题,在步入现代性的理论视域后,更是把现代性看作现代的一种文化模式,将自己关于文化的一般理解运用到对现代性问题的分析上,对现代性进行了深刻的批判。可见,布达佩斯学派理论始终都贯穿着一种文化的诉求。

本章主要介绍了布达佩斯学派的缘起与理论诉求,在对布达佩斯学派思想发展与演变的理论追溯中彰显布达佩斯学派文化批判的主题。

　　第二次世界大战后，苏联模式的社会主义在东欧的实践并未实现马克思所预言的社会主义阶段人的自由与解放，反而使人处于一种新的压抑和统治中，既处于现代化进程中的技术理性的统治下，又处于计划经济体制与国家社会主义政治管理模式的制约和压制下。在这种情况下，布达佩斯学派作为东欧反抗苏联模式社会主义的力量产生了。他们认为苏联模式的社会主义是教条的马克思主义在东欧实践的结果，因而对苏联模式的社会主义的反抗应从对其意识形态——教条的马克思主义的批判入手，所以布达佩斯学派最初以"马克思主义的复兴"为理论旗帜对苏联模式的社会主义展开了批判。

　　布达佩斯学派的产生和发展总共可以分为三个阶段：人道主义的马克思主义阶段、批判的马克思主义阶段和后现代阶段，在不同的发展阶段面对的历史现状不同，其理论主旨也不同。然而，尽管布达佩斯学派思想不断发展变化，布达佩斯学派始终十分关注现存社会人存在的危机和文化的危机，每个阶段以不同的方式表达了拯救这种危机的途径，从复兴马克思主义的道德层面的文化批判到革新马克思主义的结构性文化批判再到后现代反思的后现代主义的文化批判，文化批判的主旨未曾改变过。布达佩斯学派各成员间由于兴趣点的不同，思想间也存在着差异，然而在诸种不一致中，文化始终是其理论的旨趣，所以，文化批判的主题始终贯穿于布达佩斯学派思想发展的始终，存在于各成员的思想之中。

第二章 卢卡奇的文化理论：
布达佩斯学派文化理论的先导

布达佩斯学派的文化理论是在 20 世纪各种文化思潮的影响下产生的,在这些文化思潮中,对布达佩斯学派产生最大影响的是卢卡奇。赫勒说:"卢卡奇一生属于过许多学派,布达佩斯学派是其最后一个学派,最开始这个学派由赫勒、费赫尔、瓦伊达、马尔库什组成,而后与他们思想相联系的社会学等不同学科的人也加入到了这个学派。"①可见,对于布达佩斯学派来说,卢卡奇的思想是其理论的发源地。虽然布达佩斯学派也吸收了 20 世纪各个理论思潮的思想,早期受黑格尔、胡塞尔、海德格尔等西方哲学家,马克思的早期思想,西方人本主义的马克思主义思想等的影响,他们在经济学方面对马克思主义的理解也受匈牙利经济学家和社会学家波兰尼(Karl Polanyi)的影响;后期又与各种西方文化思潮进行交流和碰撞,受到了韦伯、哈贝马斯、本雅明、戈德曼等人的影响;最后与后现代主义交汇在一起,因而也受后现代思潮的影响。然而,卢卡奇才是对布达佩斯学派产生最直接、最深入影响的人,特别是布达佩斯学派的文化理论深受卢卡奇的影响,卢卡奇的文化理论可以说是布达佩斯学派文化理论的先导,如赫勒的日常生活批判理论就直接受卢卡奇《审美特性》的影响。学界对于布达佩斯学派与卢卡奇之间的关系一直存在争论,卢卡奇是否属于该学派是争论的焦点,之所以会产生这些论争,也主要是因为布达佩斯学派的

---

① Agnes Heller and Simon Tormey, Post – Marxism and the Ethics of Modernity, In *Radical Philosophy*, Reino Unido, Núm. 94 (1999).

思想与卢卡奇的理论具有相似性，这里，我们不对卢卡奇是否属于布达佩斯学派这一问题进行回答，而是主要突出卢卡奇作为这一学派思想先导者的位置。对布达佩斯学派的研究，首先要了解这个学派理论的先导者——卢卡奇。只有从卢卡奇出发，才能准确地展示出布达佩斯学派的思想。

在卢卡奇的全部思想中，对布达佩斯学派产生最主要影响的是他对文化问题的阐释，赫勒就认为卢卡奇最伟大的思想存在于其青年时期的《心灵与形式》、《小说理论》和《海德堡美学》中，而不是存在于《历史与阶级意识》中。卢卡奇的弟子们、布达佩斯学派的成员后来写了《卢卡奇再评价》一书，从文化的角度对卢卡奇的理论进行了阐释，认为文化是卢卡奇思想的核心和主线。布达佩斯的文化理论就是在卢卡奇的直接影响下产生的，无论是他们对文化的基本理解，还是把文化作为一种研究视角，都能在卢卡奇那里找到理论的原型。对于布达佩斯学派文化理论的研究，使我们必须要去探寻卢卡奇对这一问题的观点和意见，只有这样我们才能了解并理解布达佩斯学派对文化的理解，以及布达佩斯学派是如何在卢卡奇的基础上展开微观层面的文化批判的。

格奥尔格·卢卡奇作为西方马克思主义的开创者对20世纪马克思主义的发展产生了重大影响。卢卡奇总结出第一次世界大战后欧洲无产阶级革命失败的原因在于资本主义已经进入发达工业社会阶段，发达工业社会人的异化在于物化意识，人已经在意识层面失去了批判和反抗的维度，所以无产阶级革命不能再通过政治、经济的革命来进行，而是要诉诸文化的革命。这样卢卡奇开启了马克思主义的文化转向，通过物化和物化意识揭示出了文化对于人的决定性作用，通过20世纪社会历史文化发生的巨大变化向人们展示了新的历史条件下需要从文化的角度来重新审视社会问题。卢卡奇以《历史与阶级意识》闻名于世，他开启的从文化角度出发重新审视社会历史和现实的思路，成为20世纪新马克思主义的理论共识，是马克思主义的一个重大进步。历来卢卡奇的研究者都关注对《历史与阶级意识》的研究，对其早期和晚期的美学、文艺评论方面的思想关注不够，而恰恰是这些在某种意义上可以被称为艺术的思想，以美的形式展现了作家的内心，展现了作家对生活的思索。文化一直是卢卡奇关注的核心问题，他一生都没有脱离文化这个主题,他早年追寻古希腊完整的文化,而后又批判资本主义社会文化的分裂,包括晚年也一直未放弃解开民族文化的秘密。他在逝世前的一篇答记者问(《我的生活和工作》)中,还说道:"我们在匈牙利就象你们在英国一样,我们的'民族性格'也有许多令人迷惑不解的东西。你们文化的真实历史将会解开这些令人迷惑不解的东西。"①卢卡奇一生从未放弃过对文化的探索,即使许多人都批判他晚年的思想,包括他的弟子们也不看好他晚年的《社会存在本体论》,甚至有很多人试图去总结卢卡奇思想中的断裂,但是纵观卢卡奇的整个思想体系,文化一直是他思想发展的主线。

第一节　卢卡奇的文化守望

一、古希腊完整的文化

卢卡奇一生都没有脱离文化这个主题,是因为他最初追寻的古希腊的完整的文化伴随了他一生的理论研究,对这种完整的文化的向往使卢卡奇的理论总是守望着这个家园,无论他从什么角度进行理论研究,最终的目的都是试图达到完整的文化的实现。青年时期的卢卡奇是一个美学家和文艺评论家,热衷于文艺形式的理论研究,著有《现代戏剧发展史》、《小说理论》、《心灵与形式》等著作,这些著作虽然也包含了他对人类生存危机的深切关注及对眼前这个充满罪恶的世界的憎恶,但是还没有在哲学层面对现实问题进行思索。然而也正是在这些以文学形式出现的文字中,卢卡奇简单明了地点明了自己的理论初衷,这些文字背后贯穿的正是卢卡奇对古希腊完整的文化的赞美与向往。

卢卡奇在《小说理论》中诉说了古希腊那个幸福的年代的完整的文化,"它的完美对于我们来说简直不可思议,因此也就是一道使我们与之隔绝的、无法跨越的鸿沟。希腊人只知答案而不知问题,只知(甚至是玄妙的)谜底而不知谜面,只知形式而不知混沌。在历史悖论的这一头,他为形式(Form)画出了一个创造性的源泉,

---

①　[匈]卢卡奇:《我的生活和工作——卢卡奇逝世前的一篇答记者问》,杜章智译,载《世界哲学》1985年第3期。

这一切都使他成就了完美,而在历史悖论的我们这一头,它却只能将我们引向琐碎"①。由于古希腊文化的完美与完整,卢卡奇把古希腊看作一个幸福的年代,认为那个年代心灵与行动是合一的,那里存在着人的文化家园。在《小说理论》中,卢卡奇这样表述道:"心灵的每个行动都是富有深意的,在这二元性中也都是完满的:对感觉(Sinn)中的意义和对各种感觉而言,它都是完满的;完满是因为心灵行动之时是蛰居不出的;完满是因为心灵的行动在脱离心灵之后,自成一家,并以自己的中心为圆心为自己画了一个封闭的圈。"②这时是不存在哲学的,因为并不存在内和外的分裂、心灵和行为的失调;这里每个人都是哲学家,共同享有哲学向往的乌托邦。希腊人也对世界进行认识,但是他们的答案出现在问题之前,所以不存在分裂,这个现象显然是无法从心理学出发来理解的。"这样一个家园里的精神的态度就是对已产生并存在着的意义的消极的、空幻的接受。意义的世界可以把握,可以一瞥之间就被领会,它取决于去发现预定给每一个个体的位置。在这里,错误只是太多或太少的事,只是衡量或洞察的失败。因为知识只是除去面纱,创造只是对可见的永恒本质的描摹,德行就是关于道路的完美知识;与意义的异在仅仅是因为它与意义的距离太遥远了。这是一个同质的世界,即使人和世界、'我'和'你'的分离也不能打破这种同质性。"③这就是希腊人认识和把握世界的方式,他们生活在完整的小圈子当中。这个幸福的年代就是史诗时代,在提出问题之前就已经找到了问题的答案。"在心灵还不知道它自身中横亘着要么引诱它跳下去、要么激励它勇攀无路可走的高峰的沟壑的时候,在人们还不理解那统驭世界、分配未知命运和不公平祭品的神性——但人们对它的熟悉和亲密程度却不亚于一个父亲对他的小孩子们——的时候,每个行动就都还只是这个世界的一件合体

————————

① [匈]卢卡奇:《卢卡奇早期文选》,张亮、吴勇立译,南京:南京大学出版社,2004年版,第5—6页。

② [匈]卢卡奇:《卢卡奇早期文选》,张亮、吴勇立译,南京:南京大学出版社,2004年版,第4页。

③ [匈]卢卡奇:《卢卡奇早期文选》,张亮、吴勇立译,南京:南京大学出版社,2004年版,第7页。

外衣。"①

但是希腊的这种完美只能是转瞬即逝的,无法永久保留,因为文明必将打破这种完美。人类的文明终究要打破古希腊完美的小圈子,现代人创造了精神生产,他们认识世界的方式已经发生了变化,"因为我们在自己身上发现了真正的实体,所以,我们要在认识和实践之间、在心灵和创物之间、在自我和世界之间设置无以逾越的深渊,所以,我们将深渊那一端的每一个实体都在反射中散漫开去;所以,我们的本质必须变成我们自己的设准,并因此在我们和我们的自我之间设置更深、更具威胁性的深渊。我们的世界因此变得无限广大,它的每一个角落都蕴藏着远比希腊世界更丰富的礼物和危险,但是,这种富藏同时也消除了积极的意义,即他们赖以生活的基础——总体性(Totalität)"②。古希腊苏格拉底提出的美德即知识、美德即幸福,使得在古希腊世界总体性能够存在。然而,随着文明的发展,柏拉图找到了理念的世界,笛卡儿将"我思"看作存在的依据,康德也将头上的星空和脚下的道德律令分清,这些都使古希腊的完美不再存在。在卢卡奇看来,与古希腊那个"幸福的年代"相比,他生活的那个年代就只能被称为"绝对罪恶的年代",因为文明的进程使得人类认识世界的方式发生了变化,出现了主客的二元对立,作为人的主体总是试图认识和改造外在于自己的世界,古希腊世界那种总体性彻底丢失了,在他生活的时代一切都碎片化了。完整的文化在这个年代已经物化了,变得支离破碎,人的文化家园已经丢失,第一次世界大战就是这种破碎的真实写照。对于完整的文化的追寻伴随了卢卡奇一生,他后期对于总体的追寻、对于理论和实践的统一的探索、对于心灵与形式的统一的追求都是为了追求"完整的文化"。卢卡奇最初就畅想了这样一个世界:"这个世界是纯粹心灵现实的领域,在这里人是作为一个人而存在着,而不是一个社会存在,也不是孤独的、惟一的、纯粹的,因而是抽象的内在。如果这个世界能被质朴地、自然地、简单地体验,以惟一真实的现实形象出现,那么,从这个世界的所有实

---

① [匈]卢卡奇:《卢卡奇早期文选》,张亮、吴勇立译,南京:南京大学出版社,2004年版,第5页。

② [匈]卢卡奇:《卢卡奇早期文选》,张亮、吴勇立译,南京:南京大学出版社,2004年版,第9页。

体和关系之中就能创建出一个全新的总体性。"①这种对完整的文化的追求成为了卢卡奇理论的内在驱动力,推动其去批判资本主义社会的物化问题,重建人类的文化家园。

要深入到卢卡奇早期思想的内部,除了要对其早期的《现代戏剧发展史》、《小说理论》、《心灵与形式》这些著作进行研读外,我们还需要关注那些离卢卡奇最近的他的弟子对他的评价。卢卡奇的弟子们在《卢卡奇再评价》一书中,从文化批判的层面上解读了卢卡奇,揭示了卢卡奇不为人所熟知的一面,以文化作为理解范式,向人们展示了卢卡奇一生对文化问题的执着。"卢卡奇的弟子们虽然批评他晚年一些理论探索,但是,从总体分析来看,他们也坚持卢卡奇前后期思想内在的一致性,不过,他们没有围绕着《历史和阶级意识》来建立这种统一性,也没有像科拉科夫斯基那样从卢卡奇对共产主义的信仰出发来确定这种一致性。他们的主流做法是深入到人类文化精神演进的层面上挖掘卢卡奇思想的文化内涵,由此他们在文化批判的层面上不仅重新解读了《历史和阶级意识》的观点,而且建立起一种贯通和穿透卢卡奇全部思想(包括《历史和阶级意识》之前的早期思想)的文化逻辑和理论诉求。"②从卢卡奇最初的理论诉求和其弟子对他的评价中,我们可以看出,卢卡奇一生都在寻求一个问题的答案,那就是"文化的可能性"问题,摒弃"绝对罪恶的年代"的文化分裂和追寻"幸福的年代"的文化完整构筑了卢卡奇对文化的全部理解。马尔库什说:"文化就是卢卡奇生命中'唯一的'(single)思想。文化在今天是可能的吗?回答这一问题并同时通过自己的活动创造和实现这种可能性始终是他生命中最核心的关注点。"③由此看来,卢卡奇对于人的存在和命运的思索全部包含在文化中,卢卡奇所追求的"文化的可能性"最终就是要批判"绝对罪恶的年代"的文化分裂,追求古希腊那种完整的文化状态,当然这种追求不是单纯的回归,而是向未来的发展。

---

① [匈]卢卡奇:《卢卡奇早期文选》,张亮、吴勇立译,南京:南京大学出版社,2004年版,第114页。

② 衣俊卿:《一位伟大思者孤绝心灵的文化守望——布达佩斯学派成员视野中的卢卡奇》,载《求是学刊》2011年第5期。

③ [匈]乔治·马尔库什:《生活与心灵:青年卢卡奇和文化问题》,载[匈]阿格妮丝·赫勒主编:《卢卡奇再评价》,衣俊卿等译,哈尔滨:黑龙江大学出版社,2011年版,第5页。

二、沟通心灵与生活的文化中介

布达佩斯学派对卢卡奇早期思想的定位是他对现实文化困境的阐释,即对生活与心灵分离的论述。在青年时期的卢卡奇那里,生活与心灵是分离的,生活是"单纯的生活"的领域,是不真实的;心灵才是真实的存在,"一方面,在一种形而上学的意义上,心灵是人类世界的实质,是所有社会体制和文化作品创造性的和基础性的原则。另一方面,在一种存在论的意义上,心灵指的是真正的个体性(individuality),是使所有个性(personality)从根本上成为独特的和不可替代的并且赋予它固有的价值的'核心'"①。生活与心灵之间的二元对立恰恰就是现实文化的困境之所在,这也是青年卢卡奇为社会诊病得出的结论。针对人类现实文化的困境,卢卡奇探寻了一条拯救之路,虽然生活与心灵是对立的,但是也可以通过一个中介连接二者,这个中介就是形式,在创作中生活与心灵能够连接起来,"因为'创作'(以及其存在不可脱离的'形式')提供了一种保证,那就是,对抗'生活'无意义的、机械的和孤立的经验主义,向一种有意义的秩序和真正的人际间的交往而努力奋斗,这不仅是必需的而且并不是注定失败的"②。尽管形式最终不能解决生活与心灵的对立,但是可以达到一种连接的作用。在生活中,一个心灵与另一种心灵无法达到理解,但是在作品中可以达到心灵的交融。这时卢卡奇在一种理论的意义上把日常生活看作是与心灵世界相对立的非真实的生活、异化的生活,同时他也表明了对艺术的钟爱,认为文学艺术作品正是沟通生活和心灵的桥梁。在卢卡奇这里,作品是形式,属于艺术,在艺术中展现的是现存的不合理,在艺术中能够表现出对现存的不合理的批判。心灵对生活的不满通过艺术的形式表现了出来,在不同的心灵通过形式反观生活的过程中也达到了沟通和理解。但是布达佩斯学派并不完全看

① [匈]乔治·马尔库什:《生活与心灵:青年卢卡奇和文化问题》,载[匈]阿格妮丝·赫勒主编:《卢卡奇再评价》,衣俊卿等译,哈尔滨:黑龙江大学出版社,2011年版,第10—11页。

② [匈]乔治·马尔库什:《生活与心灵:青年卢卡奇和文化问题》,载[匈]阿格妮丝·赫勒主编:《卢卡奇再评价》,衣俊卿等译,哈尔滨:黑龙江大学出版社,2011年版,第15页。

好艺术所表现出来的心灵对于生活的力量,以及对异化的超越,认为形式还无法解决生活的二元的、对抗的本性所产生的直接问题。马尔库什说:"艺术能够超越日常生活的异化,但是无法废除它。因为,尽管艺术作品产生于生活,但是它又不可避免地脱离了生活,而且是彻底、清楚地脱离,因为总体上说它是自我封闭的,本身就是一个完整的总体。它是一种新的生活,正如它自身是独立的和完整的,从开始存在那一刻起,它与超越自身的任何事物都不具有(并且可以不具有)关联。"①赫勒说:"我们应该提倡的不是日常生活的废除,而是非异化的日常生活的创建。"②可见,这是布达佩斯学派超越卢卡奇文化理论的出发点。

通过小说,卢卡奇讲述了心灵与生活世界的统一在创作的那一瞬间的完成。在小说中,"把每个文学创作之最本质的信条设置为一个对日常生活的拷问,是他必须做的事情,这一点越是深入、越是痛苦,他就必须越深入、越痛苦地学着明白:这只是一个需要而不是一个有效的现实"③。所以,小说通常是以人与外部世界不和谐为支柱点的,通过对生活的拷问,试图在作品中使心灵与生活统一起来,卢卡奇认为这恰恰是对生活的真实反映。艺术作品激发了人的一种生活观,一种对生活的理解和评价,激发了每一个持有这种观点的人。"强烈向往文化的每个时代只有在艺术中才能找到其中心;文化越少,人们对文化就越怀念,对此的向往就越强烈,但是,下面这个问题也就随之更明显地突出来了:浪漫派生活哲学的本质是被动的体验能力占据支配地位,尽管这一点还没有被他们完全意识到。他们的生活艺术是对生活中发生的所有事件的天才适应,是对命运带给他们的一切的最大限度的利用及对此向着必然性层面的提升。他们使命运变成了诗,但既没有造就它也没有征服它。他们所走的通向内心的道路,只通向所有事实的

---

① [匈]乔治·马尔库什:《生活与心灵:青年卢卡奇和文化问题》,载[匈]阿格妮丝·赫勒主编:《卢卡奇再评价》,衣俊卿等译,哈尔滨:黑龙江大学出版社,2011年版,第19页。

② Andras Hegedus, Agnes Heller , Maria Markus, Mihaly Vajda, *The Humanisation of Socialism:Writings of the Budapest School*, Allison&Busby Limited 1976, p. 50.

③ [匈]卢卡奇:《卢卡奇早期文选》,张亮、吴勇立译,南京:南京大学出版社,2004年版,第58页。

有机结合、事物影像的一个美丽和谐,而不是对事物的控制。"①

卢卡奇试图通过艺术所具有的反拜物化功能来解决生活与心灵的对立问题,但是正如布达佩斯学派所说的通过艺术连接心灵与生活还无法消除生活与形式的对抗所产生的问题,艺术能够超越日常生活的异化,却无法废除它。所以,卢卡奇这时的文化拯救之路还只是理论上的、朦胧的,缺乏历史现实感。这一时期,卢卡奇对于能否走出这个绝对罪恶的年代还是缺乏信心的。他在《小说理论》的最后说道:"历史哲学能够承担起这个任务来解释说明,我们是不是真的准备好离开这个绝对罪恶的年代,或者新事物的降临是不是通报了我们的希望:希望只是一个世界即将来临的征兆,它依然是如此脆弱,即使是已存事物之中微不足道的力量也能轻而易举地将它粉碎。"②卢卡奇晚年这样评价《小说理论》:"《小说理论》是我在第一次世界大战期间绝望的表现。当大战开始时,我说,德国和奥匈帝国很可能打败俄国,摧毁沙皇制度:那很好。法国和英国很可能打败德国和奥匈帝国,摧毁霍亨索伦王朝和哈布斯堡王朝:那很好。可是那时谁会保卫我们不受英国和法国文化的侵犯呢?我在这个问题上的绝望没有找到任何答案,这就是《小说理论》的背景。当然,十月革命提供了这个答案。俄国革命对我的进退两难困境提供了具有世界历史意义的解决:它防止了我所惧怕的英法资产阶级的胜利。但是我应该说,《小说理论》尽管有各种各样的错误,但是它的确曾号召推翻那个曾产生出它所分析的那种文化的世界。它曾理解需要进行革命的变革。"③卢卡奇的学生费赫尔评价《小说理论》时说:"《小说理论》揭示了异化和在欧洲哲学中扬弃异化的思想。之后这一思想几乎被遗忘了近四分之三个世纪。《小说理论》的基本主题(在美学和历史哲学的水平上)是史诗的时代和它的艺术产品具有比资本主义和它的叙事诗、小说更高的法则和更大的价值。评估标准和参考基础是一

① [匈]卢卡奇:《卢卡奇早期文选》,张亮、吴勇立译,南京:南京大学出版社,2004年版,第174页。

② [匈]卢卡奇:《卢卡奇早期文选》,张亮、吴勇立译,南京:南京大学出版社,2004年版,第115页。

③ [匈]卢卡奇:《我的生活和工作——卢卡奇逝世前的一篇答记者问》,杜章智译,载《世界哲学》1985年第3期。

个建立在黑格尔和生命哲学基础上的完全独一无二的哲学混合物。它探索了马克思 70 年前文中称之为'类本质'的概念，卢卡奇自己在写作《小说理论》之后读了 20 年。"①卢卡奇早期追求的乃是一种真正的文化，这种追求对其一生的理论都产生了深刻的影响。布达佩斯学派这样评价卢卡奇早期的文化理论："只有在真正的文化中，'高级文化'形式——艺术、哲学等——才不再与生活相异化，而生活也不再疏远它们，因为只有在真的文化中这些形式才'开始意识到在所有被给定形式的事物中一直潜在的某种模糊的渴望是什么'。"②只有在文化中，人才能够在"绝对罪恶的年代"变为有意识的对象。

青年时期的卢卡奇还没有走向马克思主义，他对社会问题的思索还是在文学批评和美学的指引下进行的，但是在早期《现代戏剧发展史》、《小说理论》、《心灵与形式》等著作中，他就表现出了对人类生存危机的深切关注及对眼前这个充满罪恶的世界的憎恶，在文学评论背后隐藏的是贯穿卢卡奇一生的文化关怀。这时他已经看到了这个时代文化衰落的现实，并试图用艺术对价值的形式表达来拯救这个沉沦的社会，拯救完整的文化，超越心灵与文化的分离，只是这时他还没有找到批判这个旧世界的有力武器。

三、以历史和阶级意识抵抗拜物化的文化革命

卢卡奇在对社会现实、对文化的迷茫中走向了马克思。通过文学评论和美学的研究，卢卡奇认清了资本主义社会人生存的危机，驱使他进一步对资本主义社会人的压抑问题进行分析，对资本主义社会的分析又推动他走向了历史研究，探寻资本主义社会的人性压抑是如何发展而来的，从历史出发卢卡奇最终走向了马克思，因为马克思恰恰为人类生存危机的来源问题提供了答案，《历史与阶级意识》就是对马克思研究的成果。东欧的实践证明，经历了政治、经济层面变革的世界，依然没有摆脱理性化给人的生存带

---

① Ferenc Fehér, Is the Novel Problematic? A Contribution to the Theory of the Novel, In *Telos*, No. 15, Spring 1973.

② [匈]乔治·马尔库什:《生活与心灵:青年卢卡奇和文化问题》,载[匈]阿格妮丝·赫勒主编:《卢卡奇再评价》,衣俊卿等译,哈尔滨:黑龙江大学出版社,2011 年版,第6 页。

来的困扰。东欧国家当时已经在政治经济层面发生了根本性的变革，打破了资本主义的统治，成为了社会主义国家，然而在现实生活中人们仍旧面临着一系列危机：不仅受政治经济问题的困扰，而且受技术理性和意识形态等文化力量的束缚。所以卢卡奇提倡不仅要关注社会生活的宏观层面，同时要在微观层面上对社会的文化危机进行批判，这开启了西方马克思主义文化转向的理论先河。

受马克思《资本论》中商品拜物教思想的影响，卢卡奇深入到文化层面对发达工业社会技术理性对人的统治所导致的人的物化进行了批判。马克思分析了商品经济结构以物的关系掩盖了人的关系，透过马克思对商品拜物教现象的批判，卢卡奇在马克思的基础上进一步分析了其所处的年代物化的普遍化和深化，发现隐藏在经济物化背后更本质的是上层建筑和意识形态的物化，指出资本主义社会的物化已经内化进人的生存结构和生存方式中，形成了物化意识。物化意识对人的控制是最根本的，它使人丧失了批判和超越的维度，这是物化的最深层次。物化意识是人类面临的最深层的文化困境，所以物化意识的扬弃是当前文化反抗最迫切的任务，而物化意识的产生源于人和社会的存在的支离破碎以及总体性的丧失，所以要扬弃物化首先要恢复总体性。总体性是卢卡奇从黑格尔的思想中借鉴来的，他想通过更新和发展黑格尔的辩证法和方法论来恢复马克思理论的革命本质。卢卡奇把正统的马克思主义界定为方法，对保守的马克思主义所倡导的科学主义进行了批判，进而引导出无产阶级的理论与行动是克服物化、恢复总体性的力量。卢卡奇认为，资本主义社会中每个人面临的都是必然的、直接的现实性，而当时在工人运动中盛行的经济决定论、宿命论和实证主义对现实都采取无批判的态度。因为工人运动的指导思想是教条的马克思主义，教条的马克思主义对现实采取无批判的态度，把经济视为唯一的决定性因素，忽视了政治、文化、哲学等上层建筑部分的相对独立性和它们对经济基础的重大反作用。而事实上经济的发展与社会其他方面是不可分的，不仅经济体制需要改革，上层建筑和意识形态也需要进行变革。欧洲国家的无产阶级革命的经验使卢卡奇认识到，这些无产阶级革命之所以不能取得胜利的主要原因是资产阶级意识形态占据了政治、哲学、文化等上层建筑的主阵地，无产阶级在这些思想的宣传下已经丧失了对革命的自觉。因此革命的任务首先是要唤醒无产阶级的阶级意识,这样才能对资本主义社会进行全面的、彻底的批判,从总体上克服物化现象,变革资本主义社会。

卢卡奇既看到了科学本身具有的价值,同时也看到了科学向技术的蜕变及总体性的丧失,而科学的危机也就是人的危机、文化的危机。卢卡奇提出资本主义把自然科学的成果运用于社会产生了巨大的社会问题:"既摧毁了不同地域之间的时空壁垒,也摧毁了不同等级(stände)之间的法律屏障。"[①]同样,在马克思主义理论中,将自然科学成果运用于社会领域导致了实证主义在社会科学领域的盛行,使马克思主义在发展中实证化的倾向越来越明显,从而使马克思主义把社会理论变为自然科学式的知识,总结出了一种经济决定论,最终使马克思主义走向教条化。卢卡奇将总体性的方法在理论上的核心地位与经济的优先性对立起来,使马克思主义区别于资产阶级科学的根本之处不是经济动机在历史解释中的首要性,而是总体性。而现存的马克思主义恰恰是对真正的马克思主义的误解,卢卡奇提出,"马克思主义正统决不是守护传统的卫士,它是指明当前任务与历史过程的总体的关系的永远警觉的预言家"[②]。除了对意识革命的强调外,卢卡奇还论述了历史唯物主义对恢复总体性的作用。历史唯物主义是无产阶级在这个受压迫最严重的时代最强大的武器之一,只有历史唯物主义能够帮助无产阶级重建社会、重建文化。"整个历史的确必须重新写,必须从历史唯物主义的观点来整理、分类和评价过去的事件。我们必须尝试使历史唯物主义成为具体科学研究的方法,成为历史科学的方法。"[③]历史唯物主义是这样一种方法,"它是按其真正的本质理解过去事件的一种科学方法。但是,同资产阶级的历史方法相反,它同时也使我们有能力从历史的角度(科学地)考察当代,不仅看到当代的表面现象,而且也看到实际推动事件的那些比较深

---

① [匈]卢卡奇:《历史与阶级意识》,杜章智等译,北京:商务印书馆,1996 年版,第 70 页。

② [匈]卢卡奇:《历史与阶级意识》,杜章智等译,北京:商务印书馆,1996 年版,第 75 页。

③ [匈]卢卡奇:《历史与阶级意识》,杜章智等译,北京:商务印书馆,1996 年版,第 305 页。

层的历史动力"①。通过历史唯物主义可以看到对社会发展起决定作用的不再是政治、经济等表面现象，而是内在的文化机理，历史唯物主义作为一种意识形态具有使资本主义社会瓦解的作用。故而，哲学的研究应该转向文化，探索这一领域的革命。

许多学者认为这时卢卡奇走向了马克思主义，其思想发生了断裂，然而，布达佩斯学派却认为不存在这种分裂，他们尤其反对阿尔都塞式的结构主义解读方式。马尔库什说："1918年卢卡奇转向马克思主义并不是一个断裂，并不是他观念演变中的一道非理性的鸿沟，而是试图为这一刺激他整个早期发展的问题既寻找理论答案又寻找实际解决方案的一种尝试。"②这就打破了许多学者对卢卡奇在转向马克思主义的时候思想发生了断裂的论断。其实，卢卡奇对资本主义社会人的生存危机的忧虑早就隐含于其前期的文学评论和美学思想中，《历史与阶级意识》一书其实是对资产阶级文化危机全面的、系统的表达。这时，卢卡奇是以黑格尔的眼光来看待马克思的，《历史与阶级意识》的哲学基础是历史过程中自我实现同一的"主体－客体"，只不过在黑格尔那里主客同一是个逻辑过程，而在卢卡奇这里是一个社会历史过程。卢卡奇认为，当无产阶级在意识中认识到了自身的位置，成为历史同一的"主体－客体"时，异化就消除了。然而，这样做并不意味着异化的消除，这在某种程度上又回到了黑格尔的立场。根据黑格尔的论述，主客体是同一的，主客体的同一意味着认识就是实践，只要在意识中把握了一切，现实的问题也就解决了。卢卡奇的阶级意识革命与黑格尔的意识革命运用的是同一个道理，所以卢卡奇提出的阶级意识革命还只是一种理论上的革命，属于一种抽象的革命，未能真正从理论中走出来。

四、回归生活世界的文化艺术

在《历史与阶级意识》中，卢卡奇主张一种理论的革命，主张通

① ［匈］卢卡奇：《历史与阶级意识》，杜章智等译，北京：商务印书馆，1996年版，第306页。

② ［匈］乔治·马尔库什：《生活与心灵：青年卢卡奇和文化问题》，载［匈］阿格妮丝·赫勒主编：《卢卡奇再评价》，衣俊卿等译，哈尔滨：黑龙江大学出版社，2011年版，第31—32页。

过无产阶级意识到自身的社会历史地位来达到对物化的扬弃,那个时期他一直在促使理论与实践的统一,因为他坚信这是理论产生革命作用的前提条件。而在实践中卢卡奇却遭遇了一系列被批判和流放的经历,这使他进一步认识到物化和阶级意识革命的理论也不能根本解决人在社会生活中被异化的问题,加之欧洲无产阶级革命的失败打碎了卢卡奇试图通过无产阶级意识革命达到解放的梦想,所以,卢卡奇晚年重新回到美学当中,到日常生活中去寻找文化危机产生的根源。

卢卡奇列举了一长串社会疾病的目录:"狂热、官僚主义思想、自我癫狂,而这些是毫不夸张的疾病,因为在卢卡奇看来,压迫者和被压迫者都承受着异化的痛苦,而异化和痛苦在这里表现为疾病,表现为个性的扭曲。"①对这些文化层面疾病的洞察和克服使他最终走向了日常生活批判,这些疾病源自日常生活,也只有在日常生活中才能够被克服。物化和阶级意识革命的理论,也不能根本解决人在社会生活中被异化的问题。所以,他开始重新思索人的存在危机问题、异化的问题。在《历史与阶级意识》中,他已经看到发达工业社会"物化"已经渗透到人生活的各个层面,包括精神文化层面,产生了物化意识,在通过物化意识达到生存变革的尝试失败后,卢卡奇开始进一步向前探寻,得出精神文化层面的危机又源自精神文化与日常生活的分离,不能使精神文化成为人的存在方式,而这种分离又是由于日常生活具有自在的合类性,对精神文化具有阻滞作用而产生的。所以要摆脱人类存在的危机就要对日常生活进行批判,打破其自在的合类性,使精神文化能够重新注入到日常生活中去。

卢卡奇像许多哲学家一样,对人的存在充满了忧虑,然而卢卡奇的这种忧虑又与许多人不一样,他对日常生活的批判是在一种美学的视域下进行的。在卢卡奇看来,人类最初的日常生活是与审美活动交织在一起的,原始人的模仿行为、巫术活动、宗教信仰都是审美的活动,这时人的生存活动和审美活动是一个同一体,只是到了后来审美活动才从人的生存活动中分离开来,但是也正是

---

① [匈]费伦茨·费赫尔:《卢卡奇的魏玛思想》,载[匈]阿格妮丝·赫勒主编:《卢卡奇再评价》,衣俊卿等译,哈尔滨:黑龙江大学出版社,2011年版,第123页。

这种分离,导致了日常生活中人生存的危机:人的给定性生存和社会的停滞不前。同时卢卡奇也预示了只有艺术具有反拜物教的功能,只有艺术重归故里才能摆脱日常生活的危机。现代化促进了人类社会的进步,同时也把人的生存带到物化之中,现代化发展出越来越高的对象化形式,同时也使这些高级的对象化形式偏离了它产生于其中的日常生活基础。卢卡奇看到发达工业社会异化已经渗透到了人赖以存在的经验生活层面,而异化的深入是由于从日常生活中分离出来的非日常生活无法重新回归到日常生活中去,使得日常生活停滞不前造成的。他把唯一能使非日常生活回归日常生活的希望寄托在艺术身上,因为艺术与日常生活的关系最为紧密,艺术既从日常生活中分离了出来,又没有丧失掉与日常生活的联系。卢卡奇的学生费赫尔这样评价卢卡奇的日常生活批判理论:"卢卡奇可以称之为一个古典主义者,新的普遍准则的倡导者。当他作为匈牙利苏维埃共和国人民委员的时候,他以下面的方式表述了这种规划:资本主义把文化从生活中分离,从而把两者都玷污了。真正的社会主义将使生活方式成为文化而文化也将成为一种生活方式。"①这时,卢卡奇将文化理解为高级的对象化形式,只有文化向日常生活回归,成为人的基本生活方式,才能克服日常生活的异化。

在日常生活批判理论中,卢卡奇把反映论和本体论看作只能二者择其一的选择,他虽然把劳动看作是实践的起源和根基,但是还是把这种劳动看作是对所处理的实在的正确反映。他认为如果没有对对象的客观反映,任何有目的的活动都无法进行,只有有了正确的反映,实践才能使理论得到实现并成为检验实践的标准。所以,卢卡奇的这一思想依然是理论性的,还是没能对人的现实生活产生影响。

五、理论逻辑与生存境遇交错下的文化选择

卢卡奇晚年再次向早期关注的美学领域回归,这种回归既是理论逻辑的必然结果,也是卢卡奇在现实生存境遇下所采取的避

① [匈]费伦茨·费赫尔:《卢卡奇的魏玛思想》,载[匈]阿格妮丝·赫勒主编:《卢卡奇再评价》,衣俊卿等译,哈尔滨:黑龙江大学出版社,2011年版,第105页。

讳措施。发生这种思想的转变主要有三个原因：

首先，对《历史与阶级意识》自我批判的结果。马克思的《1844年经济学哲学手稿》对卢卡奇产生了巨大的影响。马克思在《1844年经济学哲学手稿》中阐述的对象化既可以是肯定的，也可以是否定的。肯定是指对人本质力量的确证，否定是指异化。异化是在一定的社会条件下起作用的特殊活动形式，只是在资本主义的社会关系中对象化才以异化的形式存在。而卢卡奇提出的物化概念是在异化的意义上使用对象化概念，对资本主义社会的异化关系的批判忽略了对象化的肯定方面。卢卡奇提出无产阶级只有通过意识到自己的历史地位而成为历史的主－客同一体，才能消除异化。然而对异化和对象化的混淆导致的后果就是，扬弃异化的同时对象化也被扬弃了。在对马克思《1844年经济学哲学手稿》的研读中，卢卡奇意识到他找到的能够消除异化的、作为历史的主－客同一体的无产阶级并不是"类"，《历史与阶级意识》以个体研究社会总体，使自己陷入了理论的死胡同，用阶级代替了类，没有进入到个体与类的统一。解决拜物教问题需要运用个体与类的统一，然而如果不进入历史，个体与类的统一只有在取消了拜物教意识之后才是可能的，这样个体与类的统一就没有消除拜物教的功能了，就会陷入一种反复的恶性循环。赫勒说："个体与类在生活中的统一是一个应该（ought），至少在我们把它设想为一般化的东西时是一个应该，是一个只有作为消除拜物教意识的后果才可以想象的应该，并且正因为这个原因，其本身不具有消除拜物教的功能。应当找到某种实体（entity），这一实体本身就已经代表着个体与类的统一，并且规定，通过这一统一的获得，它将提供得以提升到真正的、非拜物教意识的所有可能性。根据卢卡奇的观点，这一实体就是艺术本身。"①所以卢卡奇从美学出发对自己的哲学进行调整。卢卡奇晚年超越了"阶级"的范畴，在"类"的层面上进一步追求完整的文化，克服了他认为自己在《历史与阶级意识》中用阶级代替类所导致的理论困境。"在审美的维度中，卢卡奇通过对现代人普遍面临的物化和对象化的冲突问题的分析，探讨了扬弃物

① ［匈］阿格妮丝·赫勒：《卢卡奇的晚期哲学》，载［匈］阿格妮丝·赫勒主编：《卢卡奇再评价》，衣俊卿等译，哈尔滨：黑龙江大学出版社，2011年版，第238页。

化,重建完整的文化的可能性。特别是,卢卡奇在这里通过人在日常生活层面,即微观层面的生存方式的转变,探索消除拜物教和物化的途径。"①

其次,卢卡奇面临了人生的选择:要么放弃哲学,要么以另一种方式进行研究。《青年黑格尔》是这种选择的结果,然而在这里卢卡奇既坚持理性的、批判的思想,又相信马克思主义是一种绝对真理,这样就出现了制造神话和反对神话的恶性循环,产生了理论的悖论。苏共二十大对绝对的批判,使卢卡奇放弃了绝对,因此,他的视野拓宽了,开始尝试利用早年关于文学、艺术以及文学理论的知识去建造一个马克思主义的美学体系。卢卡奇在生存的压迫下多次对自己的理论进行自我批判,赫勒对此的理解是:"一旦卢卡奇公开认错,他面前就展现出两条航向:或是调整他自己的哲学以建立一种新的哲学体系,或是完全放弃哲学。如果他选择第一条道路,按照他的生存选择,他就被迫不仅要去选择而且要去实践所谓的'辩唯'(diamat)的一般形而上学。不只是他对哲学的高品位的理解,而且还有我刚刚描述的悖论,使得他拒绝了第二条道路。这样,卢卡奇就面临着一个选择:他要么放弃所有伟大的哲学,要么可以带着伪装从事哲学研究。他选择了后者,因为在文学批评的面具之下,在哲学史的面具之下,隐藏着关于他对人的类和人的类得以表达的个性的承诺之表白。"②其实这对于卢卡奇来说是极其矛盾的,他既要坚持与现实相对立的理想体系的存在,又要使理论的阐释符合政治当局的根本原则,所以他构建了一个费赫尔称之为"魏玛思想的文化孤岛",即通过美学阐明自己的理论立场。

再次,卢卡奇晚年美学与其早期思想有着一定的联系。"《海德堡手稿》与晚期的《美学》(Aesthetics)之间真正的连接在于,尽管两部著作之间相隔了近半个世纪,使用完全不同的概念手段并往往得出相反的结论,但是它们都致力于解决同一个理论问题。它们都试图在人类活动的体系内确立艺术的位置和功能,并且力图

①　衣俊卿:《一位伟大思者孤绝心灵的文化守望——布达佩斯学派成员视野中的卢卡奇》,载《求是学刊》2011年第5期。

②　[匈]阿格妮丝·赫勒:《卢卡奇的晚期哲学》,载[匈]阿格妮丝·赫勒主编:《卢卡奇再评价》,衣俊卿等译,哈尔滨:黑龙江大学出版社,2011年版,第230—231页。

解释艺术与日常生活之间的关系[用青年卢卡奇使用的术语就是与'经验到的现实'（experienced reality）之间的关系]以及与塑造和占用现实的人类活动及对象化这些'类'（generic）形式[用其早期的术语表达就是基本的'先验构成'（transcendental constitution）形式]之间的关系。但是在这两部著作为自身设定了同样的哲学目标这一事实背后存在一个问题，一直以来它的存在不仅仅是对卢卡奇的一种理论挑战（的确，这是一个囊括了他全部生活和著作的问题）：也是文化的可能性问题。"①一方面，卢卡奇早期把艺术品的存在看作是给定的，赫勒认为卢卡奇是从存在主义的"存在先于本质"角度看待问题的，而到了晚期的《审美特性》中，卢卡奇却把艺术的本质看作是发展的结果，因而他要追寻艺术何以可能的问题，这样就把历史引入了晚年的美学中。当发生这种综合的时候，艺术品的"像世界特征"也同时发生了，艺术世界成了独立的世界，成为了本质，每一个艺术品都是一个个体，由于"像世界特征"的出现，作为总体的艺术才成为个体的回忆，艺术的本质成为个体与类的统一。另一方面，卢卡奇早晚期美学有一个共同的理论诉求，即"文化的可能性"问题。在卢卡奇那里文化是对生活现象的征服，对于真正的文化来说，每一种事物都是表意的，这就产生了深层结构的文化和生活的表象。文化的问题对于卢卡奇来说意味着是否能过一种免遭异化的生活。许多学者和卢卡奇一样，也看到了这种文化的危机，与他们不同的是，卢卡奇对这种危机更为敏感，以及他所诉诸的艺术拯救之路与他人不同，这种斗争带有悲剧性，是一种希望中的绝望。

卢卡奇的整个文化理论也是他的一个作品。在这个作品中，最初对完整的文化世界的向往，使其在经历了心灵孤寂的荒漠后，渴望重新回到心灵的家园。卢卡奇通过对古希腊完整文化的描述，确定了"幸福的年代"的范本，与现存的"绝对罪恶的年代"的破碎形成强烈的反差。为了克服绝对罪恶的年代的破碎，恢复幸福的年代的完整，卢卡奇首先在文学艺术领域寻求心灵与生活的统一，认为这个统一的中介只能是文化创作，后因以作品来统一心灵

① ［匈］乔治·马尔库什：《生活与心灵：青年卢卡奇和文化问题》，载［匈］阿格妮丝·赫勒主编：《卢卡奇再评价》，衣俊卿等译，哈尔滨：黑龙江大学出版社，2011 年版，第 5 页。

与生活分离的现实的文化困境的努力被确定为徒劳的努力后,转而寻求克服文化困境的现实道路,即求助于以历史和阶级意识抵抗拜物化的文化革命,而由于未能扬弃物化这种文化革命最后也只是一种乌托邦。在此基础上,卢卡奇继续深入找寻精神文化危机的根源,在他看来这种根源在日常生活世界中,是作为高级对象化形式的文化从日常生活中分离出来后不能再次注入日常生活所导致的,所以,卢卡奇提倡文化回归日常生活世界,使艺术成为日常生活世界的生活方式。卢卡奇晚年再次回到美学探寻回归心灵家园的道路,这恰恰是理论逻辑与生存境遇交错下的文化选择。

纵观卢卡奇的整个理论发展,文化始终处于灯塔的位置,无论从什么角度进行研究,其最终的理论归宿都是文化。

第二节　卢卡奇理性主义一元文化论

卢卡奇一生从未离开过文化这一主题,他用一生的思考来回答"文化的可能性"这一问题。对古希腊完整的文化的渴望与向往确定了他一生的理论旨趣,即向完整的文化的复归。他把具有完整的文化的古希腊称为"幸福的年代",而把他自己生活的文化分裂的资本主义年代称为"绝对罪恶的年代","绝对罪恶的年代"存在着各种各样的文化困境和文化危机,这些困境和危机都来源于完整的文化的分裂。所以,如何从分裂走向统一成为卢卡奇整个理论思索的逻辑。从卢卡奇文化理论的整个思想逻辑来看,其终极目标是达到一种文化的整体性、总体性、完满性,在这种意义上我们可以把卢卡奇的文化理论定义为"理性主义一元文化论",从他的心灵与生活的统一、个体与类的统一、日常生活与非日常生活的统一中,我们都可以明显地看到这种一元论的印迹。

一、生活与心灵的统一

卢卡奇早年将现实的文化困境定义为生活与心灵的对立,认为生活是不真实的存在领域,心灵则是真实存在的领域。然而,生活中人无论是选择生活还是选择心灵,最终都会造成自我的丧失。因为在这种对立的生活中,"只有两种基本的行为类型是可能的:要么人完全将自身沉溺于习俗世界之中,并因此丧失了自我真实的个性;要么他摆脱非理性的、外部必然性的压力转向纯粹的内倾性(introversion)。然而,第二种反应,完全放任于(确实,溶化在)一股瞬息的情绪和感受经验,这同样意味着放弃自我"①。所以,两种方式都不可取,二者分别以自己的方式产生着异化。日常生活世界是作为与心灵相对立的原则而存在的,它往往具有一种力量:"所有个别的事物,一旦进入生活,就具有一种不依赖于其创造者和任何预期目标的自己的生活,不依赖于它的有用性或有害性,不依赖于它到底是好还是坏……它或许会转而对抗它的创造者并破坏那些它本打算强化和支持的东西。手段变成了目的,并且不管是前瞻还是回顾,没有人能够获知储存在对象和事物里的会影响局面和事态的巨大力量到底是什么。"②而心灵与生活不同,"心灵的方式是:剥除并不真是自身一部分的一切,使心灵成为确实个体性的,不过其产生的结果却超越了纯粹的个体性。这就是为什么这样一种生活可以成为范本的原因。这是因为,一个单独的人类个体的自我实现意味着这种自我实现对每一个人都是可能的"③。克服文化困境的出路只能是二者的统一,这也是青年卢卡奇为社会诊病所开的药方。

　　生活与心灵虽然是对立的,但是也可以通过一个中介连接起来,这个中介就是形式,尽管形式不能解决这种对立,但是可以达到一种连接的作用。"通过这一塑形的过程,生活无定形的混乱状态在艺术作品中变成了一种井然有序的体系,一种新的生活,然而是一种——与日常生活相对照的——现在变得明确和清楚的生活。每一个艺术作品都体现了一种构想和理解生活的方式,因此,艺术是赋予生活以意义并使之上升为自觉的过程,是超越生活混乱状态的过程。它是一种'对生活的审判',并且是'对事物的征

---

　　①　[匈]乔治·马尔库什:《生活与心灵:青年卢卡奇和文化问题》,载[匈]阿格妮丝·赫勒主编:《卢卡奇再评价》,衣俊卿等译,哈尔滨:黑龙江大学出版社,2011年版,第9页。

　　②　[匈]卢卡奇:《现代戏剧发展史》,转引自[匈]阿格妮丝·赫勒主编:《卢卡奇再评价》,衣俊卿等译,哈尔滨:黑龙江大学出版社,2011年版,第11—12页。

　　③　[匈]卢卡奇:《审美文化》,转引自[匈]阿格妮丝·赫勒主编:《卢卡奇再评价》,衣俊卿等译,哈尔滨:黑龙江大学出版社,2011年版,第14页。

服'。艺术的存在就是'日常'生活的异化可以被克服的证明。"①
然而,虽然生活与心灵之间可以通过形式,特别是艺术和其他文化
作品来连接,但是这种心灵对于生活的超越还无法解决和消除生
活与形式的对抗性产生的问题。艺术能够超越日常生活的异化,
但是无法废除它。"因此,艺术作品与生活之间的关系(对艺术的
接受),只能是不同领域间的瞬间接触,'不真实的生活'绝不可能
经此获得救赎。人们可以在作品中并且通过作品理解生活中的某
种意义,但是那并不意味着人们因此就可以主掌自己的生活或赋
予其意义。"②所以,卢卡奇走出了以形式解决对抗的阈限,转而向
现实寻求解决对抗的方式。

二、理论与实践的统一

卢卡奇在现实中寻求到的解决对抗的方式就是通过总体性原
则的恢复,通过无产阶级意识到自己的特殊历史地位而达到主体
与客体的统一、个体与类的统一,最终使理论与实践的统一成为可
能。卢卡奇在《历史与阶级意识》中对总体性、统一性的强调,都证
明了卢卡奇抵抗物化的文化革命的一元性质。费赫尔称卢卡奇是
现实主义理论者,他"是去拜物教的现实主义艺术家,他穿透被施
魔的资本主义物化世界的表面是为了从'外壳'进入'核心'。就意
图来说,这一理论的目的在于捍卫秩序与一致性来对抗社会的混
乱和个性的分裂,在于保护与各种专政主体的道德和个性结构对
立的自由的理性主体,即理性的人(Vernunftswesen)"③。可见,卢
卡奇对理论与实践统一的强调带有理性一元论的性质。

首先,卢卡奇在马克思的基础上现实地分析了资本主义的社
会现实,解释了资本主义社会的矛盾,尤其在物化和物化意识层面
上对这种矛盾进行了深入的分析,旨在扬弃物化,达到资本主义矛

---

① [匈]乔治·马尔库什:《生活与心灵:青年卢卡奇和文化问题》,载[匈]阿格妮丝·赫勒主编:《卢卡奇再评价》,衣俊卿等译,哈尔滨:黑龙江大学出版社,2011年版,第18页。

② [匈]乔治·马尔库什:《生活与心灵:青年卢卡奇和文化问题》,载[匈]阿格妮丝·赫勒主编:《卢卡奇再评价》,衣俊卿等译,哈尔滨:黑龙江大学出版社,2011年版,第19页。

③ [匈]费伦茨·费赫尔:《卢卡奇的魏玛思想》,载[匈]阿格妮丝·赫勒主编:《卢卡奇再评价》,衣俊卿等译,哈尔滨:黑龙江大学出版社,2011年版,第124页。

盾的辩证废除。卢卡奇在论述物化意识时指出，物化意识产生的最大问题就是总体性的丧失和社会现实的支离破碎，扬弃物化首先要恢复总体性原则。总体性意味着历史的具体的统一，"只有在这种把社会生活中的孤立事实作为历史发展的环节并把它们归结为一个总体的情况下，对事实的认识才能成为对现实的认识"①。同时总体性还意味着人是作为统一的主体和客体而存在的，人只有作为历史的主-客统一体才能扬弃物化。卢卡奇对总体性的强调实质上是在追求一种统一。

其次，卢卡奇的意识革命是通过无产阶级意识到自身的历史地位，通过无产阶级影响全人类，从而达到个体与类的统一，进而实现理论与实践的统一来完成的。"只有当意识的产生成为历史过程为达到自己的目的(这个目的来自人的意志，但不取决于人的任意妄为，也不是人的精神发明的)所必须采取的决定性步骤时；只有当理论的历史作用在于使这一步骤成为实际可能时；只有当出现一个阶级要维护自己的权利就必须正确认识社会这样的历史局面时；只有当这个阶级认识自身就意味着认识整个社会时；只有因此这个阶级既是认识的主体，又是认识的客体，而且按这种方式，理论直接而充分地影响到社会的变革过程时，理论的革命作用的前提条件——理论和实践的统一——才能成为可能。"②这是对卢卡奇的无产阶级意识革命的典型表达，卢卡奇赋予无产阶级意识以改造世界的能力，通过无产阶级对自身历史地位的认识而达到理论与实践的统一。

卢卡奇在《历史与阶级意识》时期还抱着救赎的信念，即通过无产阶级的自觉行动来获得救赎，而自觉行动要通过主体与客体的统一、个体与类的统一、理论与实践的统一来实现，最终证明只是一种道德的幻想。卢卡奇晚年放弃了这种救赎信念。

三、日常生活与非日常生活的统一

卢卡奇在寻求人存在危机的解决之道的路途上，最终走向了

---

① ［匈］卢卡奇：《历史与阶级意识》，杜章智等译，北京：商务印书馆，1996 年版，第 56 页。

② ［匈］卢卡奇：《历史与阶级意识》，杜章智等译，北京：商务印书馆，1996 年版，第 49 页。

日常生活世界。日常生活就是人存在和发展的基础,是人类一切文化的起源,而非日常生活则是由在日常生活基础上发展而来的政治、法律、宗教、哲学、艺术、科学等高级对象化形式系统构成的。在人类社会发展的早期,日常生活与非日常生活交织在一起,在人类最初为了生存所发展的巫术中,奠定了审美活动的最初形态。随着日常生活的发展,逐渐形成了各种高级对象化系统,如政治、法律、宗教、哲学、艺术、科学等。"如果把日常生活看作是一条长河,那么由这条长河中分流出了科学和艺术这样两种对现实更高的感受形式和再现形式。它们互相区别并相应地构成了它们特定的目标,取得了具有纯粹形式的——源于社会生活需要的——特性,通过它们对人们生活的作用和影响而重新注入日常生活的长河。这条长河不断地用人类精神的最高成果丰富着,并使这些成果适应于人的日常实际需要,再由这种需要出发作为问题和要求形成了更高的对象化形式的新分枝。"[1]意思是说,日常生活是人存在和发展的基础,人类的一切文化都起源于日常生活。正是由于日常生活的需要,产生了更高的对象化形式的新分支——科学和艺术,它们回答日常生活所提出的问题,结果又会再次融入到日常生活中去。"日常生活首先是一个动态过程,在这个过程中,其中心,基础和本质的东西,是人与自然之间的物质交换,即劳动,以此为基础,使得科学、艺术、宗教和伦理等生活理论能够产生,存在和发展,到后来,逐渐分化为具有相对独立性的生活和理论领域。"[2]

　　日常生活与非日常生活之间的互动分为两个过程:一是非日常生活从日常生活中分离出来的过程;二是非日常生活向日常生活回归的过程。日常生活是一个动态过程,在日常生活的发展中分流出非日常生活,非日常生活最后又会重新注入到日常生活中,使日常生活像一条河流一样不断发展、前进。然而这只是非异化状态下的情形,非日常生活从日常生活中分离出来之后,会对日常生活提出新的要求,以其高级形式再次注入到日常生活中去,促进其发展。然而,现实是,在资本主义社会非日常生活向日常生活的回归却遭受到了阻滞,非日常生活并没能理想地重新注入日常生

多元文化阐释与文化现代性批判——布达佩斯学派文化理论研究

78

　　① 〔匈〕乔治·卢卡契:《审美特性》(第一卷),徐恒醇译,北京:中国社会科学出版社,1986年版,"前言"第1—2页。

　　② 刘恒贵:《卢卡奇美学思想述评》,安徽大学2003年硕士论文。

活,而是遇到了日常生活的阻力,导致人在其存在的最基本层面上的异化。日常生活本身所具有的自在的合类性能够使在它基础上发展而来的科学和艺术不但不能融入其中促进其发展,反而被同化进日常思维中。科学和艺术本是从日常生活中生成的,并要进一步注入到日常生活中促进日常生活的发展,但是日常生活能够给人稳定感和依赖感,使科学和艺术等高级成果不能注入到日常生活中去,使得生活于其中的人不能进行批判和否定,产生了社会的普遍异化。虽然科学技术取得了长足的进步,但是科学知识对日常生活领域渗透的结果并没有触动传统日常生活自在的图式,而是被同化为日常思维的内在组成部分。正是因为科学和艺术被日常生活所同化,使得高级的对象化形式不能成为人的生存方式,导致了物化和物化意识,所以扬弃物化和物化意识,就要打破日常生活自在的合类性,使高级的对象化形式能够重归日常生活的故里,促进日常生活的进一步发展。卢卡奇着重对科学和艺术进行了区分,确定只有艺术具有重新回归日常生活促进其发展的能力。艺术能够保持与现实世界的联系,同时又超越现实生活,构造出一个理想的世界与现实世界进行对比,使人类认识到自己的生存状况,形成自我意识。因而艺术世界是一个具有反物化能力的、虚构的、独特的、重构的日常经验世界。

卢卡奇论述了日常生活与非日常生活的互动过程,最后提出日常生活异化的扬弃要靠非日常生活与日常生活的统一,即向日常生活回归,促进日常生活发展。这种对日常生活与非日常生活统一的强调,也说明卢卡奇的日常生活批判理论是在寻求一种统一,在根本上是一元论的。

生活与心灵的统一、理论与实践的统一、日常生活与非日常生活的统一代表了卢卡奇思想发展过程中各个阶段的主题。这些都根源于其对完整的文化的守望,卢卡奇始终向往古希腊那种具有完整的文化的"幸福的年代",认为自己所处的"绝对罪恶的年代"的文化是破碎的、分裂的,他总是渴求通过各种努力最后达到完整的文化。卢卡奇最初在文艺评论中追求生活与心灵的统一;在走向了马克思主义之后,又试图通过总体性的恢复与无产阶级的意识革命实现主体与客体、个体与类的统一,最后达到理论与实践的统一;晚年走向美学之后,还是在追求一种统一,即日常生活与非日常生活的统一。可见,卢卡奇的文化理论在根本上就是对同一性的追求,其文化理论可以被称为"理性主义一元文化论"。

第三节 布达佩斯学派重获
文化家园的努力

布达佩斯学派没有从别的方面,而是从文化层面对卢卡奇的整个思想进行重新梳理,可见在他们看来文化问题是卢卡奇思想中最重要的问题,是最能反映卢卡奇整个思想发展脉络的问题。无论他们怎样评价卢卡奇的这些思想,甚至他们之间在看待卢卡奇上有什么样的差异,毋庸置疑的是卢卡奇的文化理论诉求对布达佩斯学派产生了巨大的影响。费赫尔说:"古典主义者卢卡奇要求生活中的文化和生产的文化完全真实,并坦白地承认抛弃文化本身是一种过度-成熟的文明的消极文化产物。他一直不停地提出人类普遍文化教育的建议。我不想隐瞒,虽然存在内在的矛盾心理,但我依然赞同卢卡奇的古典主义是这个时代最民主的社会主义选择。"①他们继承了卢卡奇对"幸福的年代"完整的文化和"绝对罪恶的年代"破碎的文化的区分,继续研究"绝对罪恶的年代"的文化危机,试图通过现代性的文化批判来拯救这种危机。卢卡奇的完整的文化之所以追求生活与心灵的统一、理论与实践的统一、日常生活与非日常生活的统一,是因为卢卡奇将文化看作高级的对象化形式,是超越日常生活的本真存在状态,只有在高级文化中,"绝对罪恶的年代"的分裂才能达到统一。在卢卡奇的基础上,布达佩斯学派拓宽了关于文化的理解。在布达佩斯学派的思想中,文化不是狭隘的文化概念,而是作为一种机理渗透于社会生活的所有层面,这是一种广义上的、文化哲学意义上的文化理解。从对文化的这种理解出发,布达佩斯学派对文化进行了历史性的研究,挖掘了现代社会文化的存在状态,得出文化在现代社会的多元化趋势。

---

① [匈]费伦茨·费赫尔:《卢卡奇的魏玛思想》,载[匈]阿格妮丝·赫勒主编:《卢卡奇再评价》,衣俊卿等译,哈尔滨:黑龙江大学出版社,2011年版,第135页。

一、拓宽了关于文化的理解

布达佩斯学派批判了卢卡奇对文化的狭隘性理解。在卢卡奇的理论中,我们似乎时时刻刻都在接触文化这一概念以及"文化的可能性"问题,而又似乎很难琢磨透卢卡奇所理解的文化究竟是什么,文化是如何可能的。在卢卡奇早期的美学和文艺思想中,文化是对生活的征服,在文化中才能使生活与心灵合一,"文化的可能性"问题意味着是否有可能过上一种摆脱异化的生活,这里文化是异化的对立面,主要指代作品、形式,尤其是文学艺术作品,因为这些领域不存在异化。那卢卡奇所理解的文化究竟是什么? 是艺术或哲学相关的高级文化吗? 这么理解也是有依据的。拉德洛蒂(Sándor Radnóti)在《卢卡奇和布洛赫》中指出,卢卡奇的文化理论具有贵族气质:"正如卢卡奇明确陈述的,从这里得出的可能的结论之一在于,不是仅仅活着而是自始至终过着自己的生活的,与自己的本质相一致——但是只是与它一致,并且超越了所有个别的东西的个人,才能选择一条超越日常平庸的'道路','他们的伦理必须把百折不挠坚持至死(perseverance – onto – death)设定为绝对命令'。"①在卢卡奇晚期的日常生活批判理论中,作为文化的也是非日常生活,是高级的对象化形式。而卢卡奇对文化的理解与布达佩斯学派所理解的文化既有理论的交叉,如他们所说的文化指代的是高级文化;又有所区别,布达佩斯学派将卢卡奇的文化理论的范围扩大了,不仅局限于卢卡奇把文化定义为高级的文化,而是把文化作为人的一种存在方式,是一种文化哲学意义上的理解。马尔库什在评价卢卡奇的早期思想时,认为卢卡奇的"这个文化概念包含的远不止高雅艺术或哲学,远超出了'高级文化'的界线。对于卢卡奇来说,文化问题同义于生活问题,同义于'生活的内在意义'"②。这是马尔库什对卢卡奇的一种解读,是他理解的卢卡奇,卢卡奇的文化等同于生活,是在意义领域提倡文化应当成为人

① [匈]山多尔·拉德洛蒂:《卢卡奇和布洛赫》,载[匈]阿格妮丝·赫勒主编:《卢卡奇再评价》,衣俊卿等译,哈尔滨:黑龙江大学出版社,2011 年版,第 83 页。
② [匈]乔治·马尔库什:《生活与心灵:青年卢卡奇和文化问题》,载[匈]阿格妮丝·赫勒主编:《卢卡奇再评价》,衣俊卿等译,哈尔滨:黑龙江大学出版社,2011 年版,第 5 页。

的生活方式的重要性,文化还是高级文化。费赫尔在评价卢卡奇魏玛时期思想时指出,卢卡奇的文化规划是实现真正的社会主义,使生活方式成为文化而文化也将成为一种生活方式。卢卡奇所期待的成为生活方式的文化还只是高级文化,而高级文化成为人的生存方式只是一种不切实际的希望。实质上,卢卡奇的成为生活方式的文化与布达佩斯学派所理解的作为生存方式的文化是不同的。布达佩斯学派批判卢卡奇对文化的狭隘性理解,卢卡奇把文化作为高级文化,强调高级文化应该成为人的生存方式,而布达佩斯学派认为文化不是高级的,文化本身就是人的生存方式,已经内化并渗透进社会生活的各个领域发挥作用了,是一种文化哲学意义上的文化,已经不局限于高级文化领域了。

赫勒说:"文化中的人只能够在这种文化中发展,因为只有在这种文化中自发性和感性本身才会被文化陶冶,才可以在不让他们的感觉成为理论的牺牲品的情况下使自己成为他自己的意识的对象,才能让感觉和智力和谐地发展。"①赫勒在《格奥尔格·卢卡奇和伊尔玛·塞德勒》中提出卢卡奇创造了自己与伊尔玛的关系的方式,认为卢卡奇把伊尔玛·塞德勒当作了创作的对象,批判卢卡奇的这种以哲学的方式摧毁伊尔玛真实的生活的做法,认为文化问题事实上是日常生活的问题。布达佩斯学派对文化的理解与20世纪文化哲学对文化的理解在总体上是一致的:"虽然在狭义上,我们可以把文化理解为文学、艺术等相对独立的活动领域或存在形式,但在最根本的意义上,由人的自由自觉的超越性、理念、理想、价值体系、知识要素、理解模式、心理机制、社会性格结构等形成的,作为人的本质性的生存方式或'生活的样法'的文化,不是政治经济等社会历史领域之外的某种独立的东西,而是作为活动机理、图式、机制、内驱力的维度内化于社会的政治、经济、社会生活等一切社会领域之中,而且,正是由于这一内在的维度的存在和发达,才使人类社会从根本上超越于自然的和本能的领域之上。"②现

---

① [匈]阿格妮丝·赫勒:《格奥尔格·卢卡奇和伊尔玛·塞德勒》,载[匈]阿格妮丝·赫勒主编:《卢卡奇再评价》,衣俊卿等译,哈尔滨:黑龙江大学出版社,2011年版,第65页。

② 衣俊卿:《现代性的维度》,哈尔滨:黑龙江大学出版社,2011年版,北京:中央编译出版社,第24页。

代社会文化已经不是一个独特的领域,它渗透进社会生活的各个层面,包括政治、经济、法律、教育等涉及人类生存的一切领域,已经成为一种内化的机理和图式,对个人和社会产生着影响、规范和制约的作用。文化以最细微、最不为人察觉的方式每时每刻都在影响着人的行为、规定着人的行为、制约着人的行为,从而形成一种内在的、不易察觉的、普遍的约束力,如果一个人不赞同或者违背了其所在文化的规范就会被文化的力量排除出去。

二、对文化的历史性研究

卢卡奇一生对完整的文化的守望对布达佩斯学派产生了巨大的影响,然而卢卡奇的这种对完整的文化的追求在布达佩斯学派看来并不能重新获得文化家园,因为卢卡奇的文化理论没有历史地对待文化问题。

卢卡奇作为西方马克思主义的始祖,开启了马克思主义的文化转向,他在对资本主义社会进行批判的过程中发现当时人的生存困境不仅表现在政治、经济层面,更主要地表现在文化层面上,即技术理性对人的统治,这种统治已经深入到人的意识中,使人生活于物化之中而不自知。葛兰西在卢卡奇的基础上,系统地探讨了文化在西方社会的作用,在葛兰西那里东西方社会的区别在于东方没有市民社会,而西方有市民社会,市民社会主要指"文化、伦理和意识形态活动领域",西方社会对生活的安排主要通过市民社会在文化、伦理和意识形态上的领导功能来实现,政治强权开始弱化,文化领导权在西方社会占有重要地位。西方马克思主义早期的理论探索强调了文化意识的重要性,文化的重要性在法兰克福学派那里更加突出,对发达工业社会进行了全方位的批判,包括技术理性批判、意识形态批判、大众文化批判、性格结构批判及心理机制批判等。法兰克福学派对资本主义的批判已经从传统马克思主义对资本主义社会在政治压迫和经济剥削的批判转向了对发达工业社会的文化批判。

然而,布达佩斯学派认为,西方马克思主义对于文化的理解属于一种非历史的人类学倾向,没能历史性地对文化问题进行理解和阐释,他们的文化批判最后都求助于艺术的解救之道,赋予艺术以批判现实的功能,认为在艺术中先在地存在着批判和否定的维度,是非异化的存在。基于对艺术的这种期待,西方马克思主义也对大众文化进行了批判,文化工业使艺术同一化了,丧失了批判和否定的维度,受生产所控制。霍克海默与阿道尔诺说:"文化已经变成了一种很普通的说法,已经被带进了行政领域,具有了图式化、索引和分类的涵义。很明显,这也是一种工业化,结果,依据这种文化观念,文化已经变成了归类活动。所有知识生产领域也采用了同样的方式,服务于同样的目的。"①马尔库什认为,其实马克思早就已经意识到应该从历史发展的角度解释文化形式的产生和变化,但是没来得及进行这种研究。西方马克思主义在此基础上,从艺术和美学角度对文化形式进行了唯物主义研究,然而马尔库什认为西方马克思主义思想家的这些研究出现了非历史和超历史的倾向,西方马克思主义运用本体论的范畴,将美学作为一种先在标准,以此为标准进行分析和批判。如马尔库什就提出,在卢卡奇那里"所有真正的艺术作品不变的特征为艺术赋予了其超历史的功能和使命:要祛魅并人性化生活的社会现实性"②。赫勒认为卢卡奇早期关于相对于真实的心灵而言生活是异化的思想是对本体论的运用,"赫勒对日常生活历史给予了积极的表征。同时避免本体论的局限,她小心翼翼避免回到青年卢卡奇新浪漫主义的日常生活异化的基本概念。在《心灵与形式》中,卢卡奇曾激烈地反对基本生活和日常生活是相互排斥的实体,至少应该同等看待"③。赫勒反对完全抛弃异化的日常生活的观点,提出日常生活的必要性思想。可见,在西方马克思主义理论中,文化与艺术是一致的,而布达佩斯学派超越了这种理解,这种超越性就表现在不局限于对艺术的探讨,而将历史引入文化,探讨了文化及其作用的历史变迁,突出现代社会文化问题是如何表现出来的。

从历史出发,布达佩斯学派揭示出自二战以来发生的三次文化运动的浪潮,人的生存方式也随之发生了变化。这三次浪潮产生了三代人:存在主义的一代、异化的一代和后现代主义的一代。

① [德]霍克海默、阿道尔诺:《启蒙辩证法:哲学断片》,渠敬东、曹卫东译,上海:上海人民出版社,2006年版,第118页。

② G. Markus, On Ideology – Critique – Critically, In *Thesis Eleven*, 1995, (43). p. 82.

③ Phillippe Despoix, *On the Possibility of a Philosophy of Values*, In John Burnheim eds., *The Social Philosophy of Agnes Heller*, AMSTERDAM – ATLANTA, GA1994, p. 30.

"每次浪潮都延续了现代性文化领域的多元性以及阶级文化的破坏性。此外,每次浪潮都为代际关系的结构性改变带来了一个新的刺激。后者并不非常独立于前者,因为代际关系中的结构化改变还是指向文化相对主义的日常生活的另一种模式。"①所以说文化是时间化和历史化的,无法恢复先前的文化,文化是封闭的宇宙。

在对文化的历史性研究中,布达佩斯学派运用文化来解决现代社会的焦点性问题——现代性问题。他们将文化与现代性批判相结合,对文化现代性进行了阐释。现代社会的文化问题是伴随着现代性产生的,文化悖论的根源正是现代性的历史和逻辑,文化的悖论也就是现代性的悖论,文化是理解现代性的一个入口,理解了文化的概念与文化悖论也就理解了现代性。文化的悖论既导致了现代性的困境,但也为现代性发展提供了动力,文化问题是伴随着现代性的危机产生的,同时也只有通过文化才能重建现代性。布达佩斯学派对文化、对现代性的解读已经超越了以卢卡奇为首的西方马克思主义文化批判的艺术拯救之路,而是完全进入了对现代性问题的探讨中。布达佩斯学派从文化出发,以文化作为研究范式探讨现代性问题,试图揭示现代性的本质,看清现代性的困境及其出路。

三、确立了多元文化努力的方向

布达佩斯学派认为无论从西方理性哲学传统出发,还是从当时社会主义实践出发,人的生存都受同一性的限制,布达佩斯学派的文化理论正是对西方马克思主义同一性哲学批判的继承,也是在哲学层面对苏联模式社会主义集权统治的一种批判。这种文化理论是建立在对卢卡奇文化理论的批判基础上的,卢卡奇的文化批判理论强调总体性,强调一种在文化意义上对矛盾的统合,在这种意义上可以说卢卡奇的文化批判理论仍旧是一元的。而布达佩斯学派的文化理论则是一种多元的文化观。

首先,在对文化概念的理解上,布达佩斯学派强调文化的多元性,没有一种文化比另一种文化更高级的说法,文化是平等的,每

---

① [匈]阿格妮丝·赫勒、费伦茨·费赫尔:《后现代政治状况》,王海洋译,哈尔滨:黑龙江大学出版社,2011年版,第160页。

个人必须以自己的标准去判断。赫勒在《文化模式可以比较吗?》中提出,"没有普遍的规范和规则能够适用于所有人类而不考虑他们的文化。所以没有共同的标准用以比较和排列人类行为,甚至一个被认为是绝对有效的标准也不行"[①]。费赫尔也指出,"'高级'和'低级'艺术之间的所有区别都是武断的,并且是一个文化霸权预先设定的产物"[②]。布达佩斯学派反对对高级文化概念和低级文化概念进行区分,强调人类学意义上的文化的多元性和平等性,提倡文化间的交流与沟通的重要性,强调作为"文化话语"的文化的交谈作用,这种交谈不在于是否要达成共识,而是重在交换观点和解释,文化的交谈可以抵制现代性的强制同一性,这就超越了理性主义一元论。

其次,在具体的文化批判中强调多元化,包括"需要的多元化"、"价值的多元化"、"道德的多元化"、"生存方式的多元化"、"文化的多元化"等。如,布达佩斯学派的激进需要理论的前提就是对多元需要的承认;在谈到个体主体时,强调为个体主体的生成提供一个多元化的平台,推崇知道应该如何去选择自己生存方式的道德个体的生成。有研究者指出,"赫勒采取的第一个步骤,就是批判卢卡奇将任何事情都降低到技术操作的水平,她'去本质化'和'多元化'了对象化的概念"[③]。

再次,在研究方式上,赫勒强调一种视角主义的理解方式,视角主义尊重每个人的价值及其选择;费赫尔在《法国大革命与现代性的诞生》中提出每个人都有自己对历史的理解方式;马尔库什批判语言范式与生产范式作为当代哲学的两种解释框架都是普遍主义,强调多元主义才是现代文化的特征;瓦伊达也认为,不同的文化群体具有自己的文化选择与文化需要;等等。

本章阐释了作为布达佩斯学派文化理论的先导——卢卡奇的文化理论。虽然很多人都对卢卡奇一生的理论变化进行了研究,

① Agnes Heller, Can Cultural Patterns be Compared? In *Dialectical Anthropology*, 8 (1984)269 – 276.

② Ferenc Feher, *What is Beyond Art*? In Agnes Heller and Ferenc Feher eds., *Reconstructing Aesthetics*: *Writings of the Budapest School*, Basil Blackwell, 1986, p. 70.

③ Phillippe Despoix, *On the Possibility of a Philosophy of Values*, In John Burnheim eds., *The Social Philosophy of Agnes Heller*, AMSTERDAM – ATLANTA, GA1994, p. 30.

多元文化阐释与文化现代性批判——布达佩斯学派文化理论研究

分析了其理论的几次转变,但是纵观卢卡奇的整个理论体系,存在着一条不变的主线,即对"文化的可能性"问题的追寻。卢卡奇诉说了古希腊文化的完整性,他将那个年代称为"幸福的年代",完整的文化可以说是卢卡奇理论的内在驱动力,推动他去批判资本主义社会文化的分裂和破碎,在他看来资本主义时期就是"绝对罪恶的年代",通过这种批判,卢卡奇表达了对完整的文化家园的向往。可见,对古希腊完整的文化的向往、对现实社会的文化分裂的批判,以及对向完整的文化复归的期望都展现了卢卡奇一生的文化守望。卢卡奇早期论述了心灵与生活的分裂:生活是不真实的,心灵才是真实的存在。这种分裂是现实生活的文化困境,他认为可以通过形式将生活与心灵连接起来,在作品形式中人和人可以达到心灵的相通。这样卢卡奇通过文学的语言诉说了这个充满罪恶的世界,由此开始了其拯救完整的文化世界的批判之路。在对现实和文化的迷茫中,卢卡奇走向了马克思,开启了以历史和阶级意识抵抗拜物化的文化革命。然而,这种文化革命也并未使卢卡奇解决现存社会的文化危机,所以晚年卢卡奇又回到了早期理论研究的视角,即从文艺评论和美学的角度进行哲学研究,强调文化向日常生活的回归,从日常生活出发找寻文化危机的根源。这种向日常生活的回归是卢卡奇在理论逻辑与生存境遇交错下的文化选择。纵观卢卡奇一生的思想,可以看出文化是其最终的理论归宿。但是对文化的完整性、总体性的追求,也说明卢卡奇的这种文化理论是一种理性主义的一元文化论,他所追求的生活与心灵的统一、理论与实践的统一、日常生活与非日常生活的统一,并未超越理性哲学所追求的同一性。布达佩斯学派批判地继承了卢卡奇的文化理论,他们看到了卢卡奇文化理论的同一性,在卢卡奇的基础上,他们拓宽了关于文化的理解,对文化进行了历史性的研究,最后确立了多元文化的努力方向。

卢卡奇的文化理论是布达佩斯学派文化理论的先导,卢卡奇提出的"文化的可能性"问题引导了布达佩斯学派的研究方向,虽然布达佩斯学派与卢卡奇之间存在着对文化的不同理解,然而这丝毫动摇不了卢卡奇文化理论对布达佩斯学派文化理论的先导性地位。因此,作者将卢卡奇的文化理论放在对布达佩斯学派文化理论阐释之前,以引出布达佩斯学派的文化理论。

第三章　布达佩斯学派多元文化理论

文化问题是布达佩斯学派在卢卡奇那里继承下来的主题,"文化的可能性"问题依然是布达佩斯学派的理论旨趣,只不过在卢卡奇的基础上,布达佩斯学派已经开始运用"文化的可能性"问题分析当下社会问题。文化批判理论依然能概括出布达佩斯学派理论的宗旨,只不过布达佩斯学派已经将文化批判与现代性批判结合起来,得出了文化多元化的结论。布达佩斯学派对多元文化的阐释是从文化批判开始的,这种文化批判是在多视角、多维度下进行的,布达佩斯学派理论家从多种角度将文化作为深层次理解和解释问题的模式,对社会问题进行了深层次的反思和批判。布达佩斯学派的这种多视角、多维度的文化批判是对现代文化危机进行的特殊性批判,在这种批判中,文化是作为深层次的历史解释模式出现的,所以在布达佩斯学派的多元文化理论中,文化是以隐性方式出场的,是作为一种研究范式的隐性存在。以文化为研究范式和解释模式,布达佩斯学派对现代性进行了批判和反思,总结出多元化是现代社会的特征,揭示出文化已经深入到社会生活的各个层面对社会生活进行影响、规范和制约。现代社会文化在微观层面的作用越来越重要,布达佩斯学派揭示出了现代社会文化作为内在机理所具有的微观力量。在这种意义上可以说,布达佩斯学派的文化批判理论已经与微观政治哲学合流了。

第一节　多维度的文化批判

布达佩斯学派在各个时期都对文化倾注了大量的心血,其理论在整体上是一种文化批判理论。由于布达佩斯学派人物众多，理论涉及范围广，其文化批判理论具有多维度性，这种多维度性主要可以概括为以下几个方面：需要理论、道德理论、政治理论、历史理论、哲学理论。这几个方面虽然并不一定能完全概括出布达佩斯学派的文化批判，但这些维度依然能够揭示出布达佩斯学派文化批判的主要方面。布达佩斯学派不仅从多个方面、多个角度对现实社会进行了深层次的文化批判，并且这种批判在各个时期的主题也发生了一系列的变化。如布达佩斯学派早期从微观层面上探寻了社会主义人道化的途径是需要结构的变革和日常生活的革命，随着理论的发展，布达佩斯学派在反思早期人道化理论的时候重新确立了激进哲学的方向，而发展激进哲学要进一步探索道德、正义等问题，对道德、正义的探讨进一步引发了民主的问题。这些研究促使布达佩斯学派逐渐思索现代社会与前现代社会的差别，逐渐走入了历史问题，这又进一步引发出哲学理论范式问题。本书选取了布达佩斯学派有代表性的文化批判思想，概括了布达佩斯学派文化批判理论的几个主要方面：

一、多元需要与激进哲学

在资本主义初期，政治与经济是社会发展的巨大推动力量，因而社会的更迭、变迁都要依靠政治经济的力量来进行。政治经济的宏观层面是那一时期理论关注的主要层面。然而，随着历史条件的变化，宏观层面政治经济的发展的负面影响日益凸显出来，即对人性的压抑，但是不能因为政治经济的负面影响而完全否定宏观这一层面。因为，就拿经济来说，其发展既有促进社会发展的正面作用，也有压抑人性的负面影响，不能因为其产生了对人性的压抑的负面影响就从根本上否定其促进经济发展的作用，而是要在正视宏观层面的正面作用的同时，从微观层面探寻反抗压抑的手段和途径。因为反抗人性压抑的力量不存在于宏观层面，东欧苏联模式的社会主义虽然改变了资本主义的政治经济结构，然而压抑依然存在，所以探寻反抗压抑的力量不应再从宏观层面出发，而要在微观层面上寻求。人性的压抑是现代社会的文化危机，这种对压抑的反抗正是一种微观层面的文化反抗。1968 年法国的"五月风暴"就是在微观层面对人性压抑的反抗。《法国 1968：终结的开始》这样描述这场事件:"就在这个愉悦洋溢的初夏五月,法国人上演了第二次法国大革命的第一幕。有史以来头一遭,人们革命不单为面包,还为蔷薇,因而这是最伟大的革命,也是迄今仅有的一次。"①"五月风暴"在全世界范围内产生了巨大的影响,布达佩斯学派在这种历史条件下,也开始从微观层面探寻文化危机的出路,他们对人的现实存在状况的反思就是在文化层面上进行的,同时他们认为文化的危机主要表现在需要和日常生活领域中。赫勒表示了对法国"五月风暴"的支持,支持这种旨在变革生存方式的运动。在这种条件下,布达佩斯学派开始关注微观层面的需要,从需要出发探寻解决人的自由本性受压抑的问题,试图解救社会的文化危机。布达佩斯学派在多部著作中都对"激进的需要"进行了论述,在赫勒、马尔库什与瓦伊达合著的《对需要的专政》,赫勒的《马克思的需要理论》、《激进哲学》,赫勒与费赫尔合作的《后现代政治状况》,马尔库什的《语言与生产》中都有对需要的描述,都表达了人的需要的多元性。

(一)对马克思及其继承者需要理论的分析

布达佩斯学派从马克思的需要概念出发,对现代社会的需要结构进行了探索。布达佩斯学派认为,人总是有各种各样的需要,对食物、居住、健康、知识等的需要都是人的生活的不同方面的体现,需要体现了人的生存方式的多元化。而从马克思对资本主义社会的分析来看,需要只是在经济领域与使用价值相连,只是经济的需要。赫勒对马克思的需要理论进行了专门的阐述,马克思对需要的阐述与社会结构相连,最初用使用价值指代需要而没有对需要的概念进行定义。在马克思的政治经济学中,使用价值是根据人的需要而来的,对人有用、能满足人的需要的物品才具有使用价值,这样,工人以这种方式出卖劳动力:给出使用价值,得到交换价值。这样劳动力转换为使用价值,使用价值的目的又是满足需要,在资本主义社会就是对剩余产品的需要。赫勒认为,在马克思那里,需要就是经济的需要,是资本主义社会需要的异化的表达。"在资本主义社会,生产的目的不是满足需要而是资本的增值,这

---

① [法]安琪楼·夸特罗其、汤姆·奈仁:《法国1968:终结的开始》,赵刚译,北京:三联书店,2001年版,"前言"第23页。

里需要系统由劳动分工和只在市场上以基本需要的形式出现的需要组成。"①赫勒认为,马克思把需要等同于经济的需要,这恰恰是需要的异化。

马克思除了在经济学的立场上对人的需要进行了阐释外,还从历史哲学或人类学的观点、对象化的观点对需要进行了分类,但是都没能真正揭示出人的需要结构。当代社会人的需要结构已经发生了变化,很多人都根据马克思的需要理论,对当代社会需要的变化作了阐述。马尔库塞区分了真实的需要和虚假的需要,认为人的许多需要并非人的真实需要,而是外在强加于人的,并提出根据虚假需要的克服达到革命的目的;鲍德里亚在对消费社会的分析中,也论述了需要的变化,认为资本主义社会意识形态控制了人的需要。赫勒通过对马克思的需要理论的研究,特别分析了马克思的继承者即使把需要分为真实的需要和虚假的需要也未能揭示出人的需要结构这一问题。

第一,赫勒认为,对真实的需要和虚假的需要进行本体论方面的划分就是实际的需要和非实际的(想象的)需要。这既存在理论的不充分,也存在着实践的危险。首先,在理论上是缺乏充分理由的,这样划分就要将判断者置于判断的世界之外,需要假设一个判断者知道何为真实何为虚假,而这需要保证判断者本人的意识的权威性,人的意识是社会的产物说明了对需要进行真实的和虚假的区分缺乏论据,不能成立。赫勒认为,卢卡奇在《历史与阶级意识》中对"真实意识"和"虚假意识"的区分就将自己置于社会之外,所以不能成立。并且人的需要是随着历史条件的变化而变化的,"由于人的需要是历史决定的,所以它们本身并不提供将需要分为'真实的'或'想象的'的种类的客观准则"②。其次,对需要进行真实的和虚假的划分也具有内在的实践危险。如果对需要进行划分的权威由孤立的理论家转变为社会机构的体制,就会产生对需要的专政。"权力结构允许满足的仅仅是那些权力结构将其解释为是实际的需要。这一权力机构并不生产任何其它需要的满足

---

① Agnes Heller, *The Theory of Need in Marx*, New York: St. Martin's Press, 1976, p. 26.

② [匈]艾格妮丝·赫勒:《能假设"真实的"和"虚假的"需要吗?》,载[东德]凯特琳·勒德雷尔编:《人的需要》,邵晓光等译,沈阳:辽宁大学出版社,1988 年版,第 231 页。

物,而是压制对这些其它需要的一切热望。"①所以,要避免将真实的和虚假的需要等同于实际的和非实际的(想象的)需要。对真实的和虚假的需要的划分意味着非实际的需要不应该得到满足,正是这种划分导致了对需要的专政。

第二,把真实的需要和虚假的需要在伦理方面进行解释得出的是对善的需要和恶的需要的划分。这种伦理方面的划分与本体论方面的划分相矛盾。对真实需要和虚假需要在本体论方面的划分会得出所有需要都是现实的,所以所有需要都应该得到满足的结论,而这又忽视了伦理方面的划分,"不将需要分为'善'与'恶',对所有需要的承认和满足实际上不能实现。同时恶的需要不应加以承认和满足。因而,承认并满足所有需要的要求在理论上是站不住脚的"②。对需要进行善的与恶的划分,实际上忽视了同一事件在不同文化中的性质不同,即在一种文化中是善的,在另一种文化中就可能是恶的。所以,这种划分方式受到质疑。如果,通过改变道德准则来使一种道德准则被所有文化所接受,又会导致对需要的独裁与专政,导致对所有那些具体的、我们的道德准则将其定型为恶的需要的压抑。

(二)对需要结构的全新分析

在批判了马克思及其继承者对人的需要结构分析的基础上,赫勒提出了一种方法能将那些妨碍得到承认和得到满足的所有需要完全排除在受承认之列的范围外。这一灵感来源于康德,即人一定不要成为其他人的纯粹的手段的命题,根据康德的绝对命令,"人一定不要成为其他人的纯粹手段——从伦理的观点讲这种接受就将所有那些不是具体的量的需要排除在外,即排除了那些纯粹的量的、异化的需要"③。所以,赫勒否定将需要划分为现实的和非现实的需要的方法,提出了激进的需要,激进的需要意味着"除了那些其满足将使人变成其他人的纯粹的工具的需要之外,所有

---

①　[匈]艾格妮丝·赫勒:《能假设"真实的"和"虚假的"需要吗?》,载[东德]凯特琳·勒德雷尔编:《人的需要》,邵晓光等译,沈阳:辽宁大学出版社,1988年版,第231页。

②　[匈]艾格妮丝·赫勒:《能假设"真实的"和"虚假的"需要吗?》,载[东德]凯特琳·勒德雷尔编:《人的需要》,邵晓光等译,沈阳:辽宁大学出版社,1988年版,第233页。

③　[匈]艾格妮丝·赫勒:《能假设"真实的"和"虚假的"需要吗?》,载[东德]凯特琳·勒德雷尔编:《人的需要》,邵晓光等译,沈阳:辽宁大学出版社,1988年版,第235页。

多元文化阐释与文化现代性批判——布达佩斯学派文化理论研究

的需要都应该得到承认和满足"①。现代社会人的需要结构发生了变化,"在需要的系统中所反映的恰恰是生活方式。因而在需要系统之内所作的选择就是对某种生活方式或其它生活方式的偏爱"②。由于现代社会价值的多元化,存在着对某种需要和生活方式的偏爱,所以需要必定是多元的,激进的需要恰恰能够反映人的需要的多元化。然而,虽然现代社会人的需要结构发生了变化,需要变为多元的,但是并非存在着能够满足激进需要的条件,这就产生了人的需要的满足和满足需要的条件之间的矛盾。"人有不同的需要和截然不同的需要结构,同样的行为模式不太可能适合每一个人。鉴于个人和特有的性质,同类的实践一样不太可能会弥合它们的经验和期望之间的差距。"③赫勒认为,在价值多元化的条件下,先满足何种需要是个价值选择的问题。解决先满足何种需要这一问题要靠现代社会的民主化原则。

布达佩斯学派的激进需要理论基于这样一个理论前提,即现代人的需要是受控制的、异化的,认为当时苏联模式的社会主义采取的是"对需要的专政"。马尔库什、瓦伊达和赫勒从不同的角度描述了"对需要的专政"这一概念。"对需要的专政"这一概念最初是由泽林尼(Szelenyi)、康拉德(Konrad)提出的,是他们从韦伯、波兰尼和马克思那里综合得来的。布达佩斯学派主要是用这一概念来替代"极权主义"的概念,在微观层面上从需要结构上对苏联模式的社会主义进行批判。马尔库什、瓦伊达与赫勒分别从不同的角度对苏联模式社会主义"对需要的专政"进行了解读:马尔库什关注经济结构,致力于解决这一体制的经济目标函数;赫勒在这一体制的社会和体系整合的层面上求助于政治学,认为极权主义通过同一性原则的渗透,通过对政治、社会、文化和经济生活的控制来实现对需要的专政;费赫尔则致力于找寻这一体制的动力,以一个无所不包的概念作为开启这一体制奥秘的钥匙。尽管三人看待

① [匈]艾格妮丝·赫勒:《能假设"真实的"和"虚假的"需要吗?》,载[东德]凯特琳·勒德雷尔编:《人的需要》,邵晓光等译,沈阳:辽宁大学出版社,1988年版,第236页。
② [匈]艾格妮丝·赫勒:《能假设"真实的"和"虚假的"需要吗?》,载[东德]凯特琳·勒德雷尔编:《人的需要》,邵晓光等译,沈阳:辽宁大学出版社,1988年版,第237页。
③ [匈]阿格妮丝·赫勒、费伦茨·费赫尔:《后现代政治状况》,王海洋译,哈尔滨:黑龙江大学出版社,2011年版,第40页。

问题的角度存在差异,但是都表述了"对需要的专政"是所有的社会组织被单一的权力组织控制的表现。现存社会人的需要结构与社会的民主化程度息息相关,人的需要是异化的。资本主义社会的民主制是"形式民主",这种民主是不彻底的民主制,"它基本上停留在政治民主层面,而没有扩展到经济决策等一切领域"[①]。所以资本主义社会需要是受控制的,仅是满足平衡资本的手段,需要的丰富性已从一种目的转化为一种手段。苏联模式社会主义的情况更糟,它的需要结构也并未建立在超越资本主义的形式民主之上,当时,东欧在苏联模式社会主义的专制统治下,实行的是"对需要的专政"。随着物质财富的增长,人类需要越来越少地指向物质消费品,人的需要结构也应随之改变,社会期待产生一种新的需要结构,在新的需要结构中,用来直接消费的物质产品在新的需要结构中作用越来越小,而那些以自身为目的的活动和人的关系成为第一需要,并起着重要的作用。由此,布达佩斯学派提出了超越当代资本主义和现存社会主义民主的"激进的民主制",其核心在于社会决策领域的民主化,激进民主制的社会为新的需要结构的生成奠定了基础。人的需要虽然是多元的,但是现存社会不能使所有需要都得到满足,对需要的选择也即人对自己生存方式的选择。而在价值多元化的社会,对需要进行选择也是非常困难的,因为这里包含着程序的问题,即先满足什么需要后满足什么需要。所以,对需要的选择的前提就是为不同的需要创造平等的机会,即进行基本需要的革命,通过民主化的决策可以确定满足需要的方式和次序。

人们在生活中需要进行需要的选择,但是选择需要并不是强迫具体的需要归属于一个实施系列。有时人的这种选择也是相互矛盾的。不能对需要进行管理,无论管理采取什么形式都是将需要分为现实的和非现实的需要,都违反了所有需要都应该加以承认,所有需要都应该加以满足的规范。赫勒提出,"只要其社会关系是以附属和等级为基础,只要就权力而言存在占有和不占有,只要财产的占有(支配权力)属于一些人不属于他人,那么在这样的

---

① 衣俊卿:《人道主义批判理论——东欧新马克思主义述评》,北京:中国人民大学出版社,2005 年版,第 134 页。

地方总存在着将其他个体用来作为纯粹手段的需要"①。只有超越以附属和等级为基础的社会的人,才是具有激进需要的人,这些人需要建立"合作生产者社会"来超越他们的特定的社会,合作生产者社会是使激进需要成为现实的条件。对所有人的需要的承认也是一种激进的主张,将激进需要归因于所有人不一定是意识形态,然而当非激进需要或不以激进需要来规定的需要系统被宣布为"虚假的"或"非现实的"时,它就变成意识形态的了。赫勒说:"仅仅有一种指导需要的非管理方式,即以对象化形式为数量不同的需要和需要系统创造平等的机会,这一事实根本不意味着放弃批判某些需要系统的权利和责任。"②瓦伊达也确证了不同文化群体都有自己的文化需要,这是从民主政治立场出发对需要多元化的论证。在《国家与社会主义》中,瓦伊达说:"在一个不断创造新需要的动态世界里,这是不可能的。新的需要必须坚持,同样有可能的是,旧的需要被迫维护其有效性,以反对呈不断上升态势的新的需要。所以,我们不能消除利益的对抗。重要的是解决这些利益对抗和利益主张所采取的形式。民主即民主的过程简单来说就是这样一个问题:增加机会,使每个有共同需要的(无论大还是小)特定群体,在考虑到其他现存或潜在利益的前提下,表达自己的需要并主张自己的利益。"③这种对自由民主的强调就是文化多元化的一种表达。

文化的多元阐释是布达佩斯学派思想的主旨所在。布达佩斯学派通过对人的本质、人的本性、人的存在的研究揭示了人的需要结构,目的在于揭示人存在的心理 – 社会层面,即文化层面。人的需要结构及满足程度反映了人和社会的发展程度。布达佩斯学派认为,不仅个体的需要具有多元性,而且不同的个体、阶层、群体都具有不同的需要结构,认为除了把目的当作手段的需要外,其他需要均应得到满足。而现代社会人的需要结构是异化的,在满足需

---

① [匈]艾格妮丝·赫勒:《能假设"真实的"和"虚假的"需要吗?》,载[东德]凯特琳·勒德雷尔编:《人的需要》,邵晓光等译,沈阳:辽宁大学出版社,1988年版,第241页。

② [匈]艾格妮丝·赫勒:《能假设"真实的"和"虚假的"需要吗?》,载[东德]凯特琳·勒德雷尔编:《人的需要》,邵晓光等译,沈阳:辽宁大学出版社,1988年版,第244页。

③ Mihály Vajda, *The State and Socialism*: *Political Essays*, London: Allison & Busby, 1981, p. 13.

要的程序上出了问题,以一种迂回的方式又走向了对需要的专政,布达佩斯学派揭示了当时的东欧社会主义国家事实上就是以这种方式对人的需要进行管制。通过需要,布达佩斯学派从微观层面对现实社会进行了文化批判。

(三)激进哲学

赫勒通过对激进需要的分析得出,激进的需要若想能够得到满足,就需要一种理论的指导,这种理论即"激进哲学"。赫勒在《激进哲学》中,提倡把对激进需要的价值讨论上升到哲学水平上来进行。由于个体性的差异,人们总是有多种不同的激进需要,这些激进需要之间有可能是相互矛盾的,受不同的价值引导会产生不同的激进需要。赫勒认为,尽管这样,还是可以想象激进需要能够同时获得满足,可以在不再以依附和统领关系为基础的社会中得到满足。在与不同的价值相关的激进需要之间进行价值讨论是满足所有激进需要的前提,这种价值讨论要上升到哲学水平上来进行。赫勒之所以提倡一种激进哲学,是因为在她看来激进的需要只有通过激进哲学才能够得到说明。在阐述激进哲学之前,赫勒区分了两种类型的激进主义:右翼激进主义和左翼激进主义。"右翼激进主义包括没有将人类视为最高的社会价值的一切运动。只有把人类视为最高的价值理念的人才是左翼激进者。"①右翼激进者拒绝当今普遍有效性的价值理念,哪怕只拒绝其中之一也属于右翼激进者;左翼激进者接受当今具有普遍有效性的所有价值理念,所以,左翼激进主义始终保有启蒙的一面,不顺应时势,而是使每一个人都能意识到自己有独立思考的权利和义务。

激进哲学就是为现代性所作的诊治,是拯救现代性的一种思路。在布达佩斯学派看来,哲学在这个时代遭遇了危机,科学逐渐向各个领域扩展,侵蚀着哲学的位置和功能。在产生之初包含着无限内容的哲学在科学面前逐渐丧失了自己的领地,科学将很多内容从哲学中剥离了出来,然而哲学的反思功能、为人的生存提供意义的功能却没有被科学一起继承,所以导致了胡塞尔意义上的现代社会科学的危机。诺瓦利斯最初提出"哲学必须解释的不是

---

① [匈]阿格妮丝·赫勒:《激进哲学》,赵司空、孙建茵译,哈尔滨:黑龙江大学出版社,2011年版,第120页。

自然,而是哲学自身",为哲学提出了长远的规划,即哲学就是怀着乡愁的冲动到处寻找精神家园的活动。近代哲学为哲学确立了自我反思的任务,使理性哲学取代宗教成为思想的主宰,对理性的强调促进了科学的发展。然而休谟的怀疑主义认为哲学应给科学让路,同时也应给信仰让路,哲学遭遇了合法性的危机。从康德开始对哲学进行划界,把自在之物从哲学中剔除;费尔巴哈又把思辨从哲学中剥离出去,把哲学拉回到了现实的人身上;马克思又在费尔巴哈的基础上提出解释世界与改造世界的区别,把哲学的主要任务定位为改造世界;赫勒在马克思的基础上提出,"必须针对世界而不是针对哲学提出问题:世界必须被改变,以便哲学自身可以被超越。然而,不是因为哲学消解了自身,而是因为它实现了自身"①。这样就把诺瓦利斯的格言颠倒了,从不解释自然而解释哲学自身转变为针对世界而不是针对哲学自身提出问题。赫勒认为,这种转变不是对哲学的消解而是哲学的实现。哲学必须从它的"教条主义的梦"中醒来:19 世纪,哲学在沉睡;20 世纪,哲学的世纪到来了。之所以这么说是因为 19 世纪是实证主义的时代,哲学被资产阶级所统治,到了 20 世纪真正的哲学才开始与实证主义进行斗争,哲学才从冬眠中苏醒过来。实证主义让科学偷走了哲学的许多功能,哲学最终处于防守的位置。赫勒认为,今天社会科学也依然是处于这样一种位置。因此赫勒宣布哲学自身时代需要来临:"这是哲学质疑知识,即质问知识是真知识还是仅仅是意见的时代,就像苏格拉底以前曾经做过的。……这是哲学脱掉它只是借来的衣服,停止伪装成自然科学或宗教,并且说出它自己的语言的时代。这是哲学承认它自己的结构的时代,它当然不能承受'批判的理性主义'的检验,但是它并不因此而更不真实,是的,它是不朽的,因为它只能与所有思考的人类一起死亡;用永恒的观点——消灭败类!"②

赫勒认为,需要一个新的哲学时代,让哲学重新把握话语权力,在批判现实中进行反思,使哲学建立在实然与应然之间的张力

---

① [匈]阿格妮丝·赫勒:《激进哲学》,赵司空、孙建茵译,哈尔滨:黑龙江大学出版社,2011 年版,第 3 页。

② [匈]阿格妮丝·赫勒:《激进哲学》,赵司空、孙建茵译,哈尔滨:黑龙江大学出版社,2011 年版,第 5 页。

的基础上,确立实然上升到应然的方向。这里应然指的是真与善的统一体,是最真实的东西。卢卡奇所提出的总体性革命在赫勒看来已经过时了,因为它无法在实然和应然之间进行调节,只有革命本身才能将实然上升为应然,激进哲学就是这种革命的理论。而激进哲学就是要阐释人的激进需要,赫勒在《激进哲学》中提出,"只有假设所有人都是同等合理的存在者,只有希望价值应该由所有人通过集体合理性的讨论来决定,只有致力于真实的价值讨论的人才是左翼激进主义者,他们代表的哲学才是左翼激进主义哲学"①。激进哲学的目标是改变现存社会多元需要无法满足的现状,重建一个尊重与满足各种需要的新世界。在这个世界中,所有人都是能够平等地参与价值讨论的合理性的存在者。激进哲学将其合理性的乌托邦设定为导向性的价值,因为它保证了价值的多元性和生活方式的多元性。布达佩斯学派赋予自己的哲学使命即是在这个混乱的、偶然的现代世界,为人们提供生活的方向和道德的拐杖。赫勒在《激进哲学》中陈述了马克思对哲学使命的论述:"马克思把其合理性的乌托邦定位于人类内在的未来。对他来说,作为一种生活方式这种内在的未来对立于资本主义的生活方式,它仅仅意味着,从一个到另一个的进程只能被设想为一场社会整体变革。他认为,这样一场变革的承载者将是那些具有激进需要的人:他设想工人阶级的需要就是这样的激进需要。他把哲学的使命理解为在激进运动与激进乌托邦之间的调解。"②针对这个观点,赫勒马上提出疑问,"但是,如果人们想要实践这样一场变革,他们就不仅需要一种激进的乌托邦,还需要一种对可能性的承认——以及始终对他们正在行动于其中的具体社会可能性的承认。因此,激进哲学的一种有机和固有的方面就是其自身社会理论的发展。这种理论必须与那些'从资产阶级社会视角'来构建的社会理论相对抗,并且以这种对抗为中介,与资产阶级社会本身相

---

① [匈]阿格妮丝·赫勒:《激进哲学》,赵司空、孙建茵译,哈尔滨:黑龙江大学出版社,2011 年版,"中译者序言"第 5 页。
② [匈]阿格妮丝·赫勒:《激进哲学》,赵司空、孙建茵译,哈尔滨:黑龙江大学出版社,2011 年版,第 128 页。

对抗"①。据此,赫勒提出了激进哲学的应然状态:"只有当一种哲学不仅把这一点表述为一种规范而且还将之付诸实践时,这样的哲学才称得上是激进的。如果一种激进哲学没有将自己的价值应用于社会理论,没有把思考和主题化(thematising)合理性乌托邦实现的经验条件作为己任,那么这样的哲学同样不是激进哲学。激进哲学同样也有其困境,对困境的解决同时也就是世界赋予它的一种责任:如果它仅仅是一种哲学,那么,它就不是一种激进哲学。因此,它还必须是一种社会理论,一种批判的社会理论。"②

赫勒把激进哲学的基本任务定为发展出体现合理性的乌托邦理想:"合理性的乌托邦始终是为现在而构想的,它的理想表明人们现在应该为之行动的目标。这个目标是一个价值目标,因此对应的行动也是价值合理性的。只有目的合理性行动的目标一开始便存在于人的头脑中。激进哲学必须要冒险把某种给定的价值提升到价值理念地位。根据这些价值理念,激进哲学必须批判依靠依附与统领关系的社会:它必须用一种新的生活方式取代其原有的生活方式。其批判必须是总体的;它必须通过这样的方式规划其乌托邦,即必须由一种总体的社会革命来实现它。"③激进哲学即是布达佩斯学派针对现代文化危机提出的一种社会批判理论,但是他们限制了批判理论作用的范围。马尔库什在《语言与生产》中对批判理论进行了限定:"但是批判理论所能提供的回答只能表现为对社会进行彻底重组的一项事业的形式,这项事业是当前历史阶段的需要和潜在可能性。在这种意义上,批判理论依然'仅仅'是一种哲学。它并没有解决'历史之谜',因为在它自身的理解之中,在历史背后并没有等待发现的隐藏着的意义;它只不过试图清晰表达这样一种条件——在这种条件之下,历史性的生活现在可以转变为一项对人类的尺度来说有意义的任务。但是它只能'唤起'那些有能力并且乐于承担这项任务的主体。至于这项任务是

① [匈]阿格妮丝·赫勒:《激进哲学》,赵司空、孙建茵译,哈尔滨:黑龙江大学出版社,2011年版,第128页。

② [匈]阿格妮丝·赫勒:《激进哲学》,赵司空、孙建茵译,哈尔滨:黑龙江大学出版社,2011年版,第129页。

③ [匈]阿格妮丝·赫勒:《激进哲学》,赵司空、孙建茵译,哈尔滨:黑龙江大学出版社,2011年版,第130—131页。

否会被实际执行,这是一个针对这种理论的'真实性'和'正确性'的判断,而非针对人类的裁决。"①作为批判理论的哲学能够提供一种反思的知识,这种知识可以帮助人们理解自己的理念和价值是如何形成的,给人提供个体自由和个体解放的方法和手段,从而使世界成为人道主义的家园。

赫勒在《激进哲学》中把"激进的乌托邦归为导向性的价值,其普遍有效性本身就保证和构建了价值的多元性以及生活方式的多元性"②,"因此,如果我们想要把应然与实然相连接,如果我们直接从应然的视角阐释什么是必须做的,那么我们在今天现存的生活方式的多元性中就不会发现任何必须克服的障碍。激进的乌托邦能够从现存的生活方式的多元性中发展而来,因为生活方式不再由利益决定,而是由需要决定,不是由习俗而是由自由自主的选择来决定"③。激进的乌托邦探索的就是新的需要结构的生成,并试图将这种乌托邦付诸实践。赫勒高呼:"哲学、激进哲学必须变成实践,以便使实践变成理论的实践。哲学家不是作为一位哲学家而是作为一个人在实然与应然之间作出调解:作为千百万人中的一员,作为那些想要世界成为人类家园的人们中的一员。"④可见,赫勒认为,激进哲学要确立一种激进的乌托邦,即合理性的乌托邦,这一乌托邦的目的就是生成新的需要结构,激进哲学要探索这种乌托邦在理论和实践上实现的可能性。

在对社会现实的微观层面——需要结构——的分析中,布达佩斯学派强调了多元性在这个社会中的重要性。通过把激进需要上升到哲学层面上进行讨论,得出激进哲学要为人们确立生活的方向提供道德的拐杖。在价值多元化的社会如何进行道德选择是重要的问题,从此出发布达佩斯学派进一步对道德问题进行了研究。

---

① [匈]乔治·马尔库什:《语言与生产》,李大强、李斌玉译,哈尔滨:黑龙江大学出版社,2011年版,第170页。

② [匈]阿格妮丝·赫勒:《激进哲学》,赵司空、孙建茵译,哈尔滨:黑龙江大学出版社,2011年版,第136页。

③ [匈]阿格妮丝·赫勒:《激进哲学》,赵司空、孙建茵译,哈尔滨:黑龙江大学出版社,2011年版,第155页。

④ [匈]阿格妮丝·赫勒:《激进哲学》,赵司空、孙建茵译,哈尔滨:黑龙江大学出版社,2011年版,第165页。

二、个性道德与动态正义

布达佩斯学派十分重视道德问题,赫勒的道德哲学三部曲《一般伦理学》、《道德哲学》和《个性伦理学》,都是对现代社会道德问题的研究成果。她将道德理论划分为三个方面:解释的、规范的以及教育和自我教育的,分别回答道德由什么组成,人应该如何行事,人的内在本性如何被塑造以达到道德的期望、良善的生活方式如何被确定以反对痛苦和不幸。赫勒提出了道德问题的三个方面,三部著作是对这三个方面的回答。① 同时在赫勒与费赫尔合著的《后现代政治状况》中也对道德问题进行了讨论。赫勒的《超越正义》可以看作是道德哲学的发展,道德问题在赫勒看来就是形式正义,由于现代社会价值多元化的趋势使得动态正义代替了静态正义发挥作用,故而赫勒从对道德问题的探索转向了对正义问题的研究。瓦伊达十分关注道德问题,并就道德问题经常与赫勒展开讨论,瓦伊达经常听赫勒关于道德方面的课程。布达佩斯学派对道德的关注与其时代的特殊经历有关,他们总是试图理解奥斯维辛和古拉格是如何发生的,他们想为这些灾难的受害者找到合理的解释,他们最后找到了滋生奥斯维辛和古拉格灾难的环境和氛围,即"现代性"。所以,他们是从道德出发走向历史哲学和现代性研究的,道德问题促使他们去找寻使这些道德问题得以发生的时代精神。

(一)个性道德的生成与道德自律的引导

尼采宣布了现代性的危机是"上帝之死",在上帝这个道德权威失去了权威性的现代,理性成为了新的权威,然而,拥有理性的人总是运用理性为自己的不当行为辩护,道德规范逐渐被取消。做坏事的人都会有自己这样做的理由,一旦道德规范的有效性失去最高权威,如果这些理由是相互冲突的,就没有办法达成道德决定的共识,就会造成道德虚无主义。上帝之死是时代的终结,道德虚无主义成为现代社会危机的典型表现,人的精神家园的缺失、人的无根存在都是现代社会道德虚无主义的典型写照。布达佩斯学派表述了现代社会道德的危机,这种危机表现在基于上帝存在的

---

① 参见 Agnes Heller, *General Ethics*, Oxford: Basil Blackwell Ltd, 1988, pp. 1, 6。

道德为传统社会道德提供了合法性依据,现代社会为传统道德提供的合法性根基已经失效了,所以这个时代需要新的道德理论来代替上帝。新的道德理论负责区分善恶,对道德哲学的基本问题"好人存在,但好人是如何可能的?"作出回答,找到适应新的价值多元化社会的道德规范。赫勒进行了其道德理论的建构,从一般伦理学到道德哲学,再到个性伦理学。赫勒最后找到的是"个性道德",认为只有个性伦理学能够承担起上帝死后拯救道德的使命,但同时还要以一般伦理学和道德哲学为辅助。"个性伦理学告诉我们,我们有道德地为我们自己和同伴负责,并且我们应该跳跃——然而不提供拐杖。这就是现代的男男女女仍旧需要一个一般伦理学和道德哲学的原因;只是个性伦理学还不够。"①

布达佩斯学派指出,现代社会的道德出现了新的情况,道德危机以一种新的形式表现出来:首先,在价值多元化的社会,现代社会的道德规则呈多样化态势,人很难在多样化的道德中进行分辨,这就需要人在面对道德冲突的时候作出正确的道德选择,而对道德的选择有赖于个性道德的生成。赫勒所说的个性道德指"现代社会中有个性的个体以自己特殊的方式行动时,自觉地与同时代各种伦理规则建立起来的实践关系,它是对'异化道德'或'特性道德'的扬弃"②。其次,外在的道德规范与人内在的自由之间的张力的存在,使人很难去遵循外在的道德规范,道德只有内化为人的行为规范才能发挥作用。赫勒针对现代社会的道德现状,对道德规则进行了划分,阐明了道德的多样化问题,并强调多样化的道德需要被内化成为道德自律。

现代社会,由于个体意识的觉醒,如何确定共同的伦理规则来指导人的行为呢? 显然传统社会的道德伦理规则不再适用了,因为传统社会个体意识尚未觉醒,主体性很少被强调,而现代社会不同,人的主体性意识随着现代化的发展空前高涨,确定一个共同的道德规则来制约个体似乎变得不可能了。在这种情况下,需要对道德规则进行重新划分,赫勒提出了一种划分道德规则的新标准,即按照人类社会存在的三个领域来划分道德规则,那就是自在的

---

① Agnes Heller, *An Ethics of Personality*, Oxford:Basil Blackwell Ltd,1996,p. 6.

② 王秀敏:《个性道德与理性秩序——赫勒道德理论研究》,哈尔滨:黑龙江大学出版社,2011 年版,第 55 页。

类本质对象化领域、自为的类本质对象化领域和自在自为类本质对象化的领域,这三个领域各自由一定道德规则组成,构成了整个人类世界。赫勒在《一般伦理学》中提出,"然而,所有领域的准则和法则都同时又是伦理的准则和法则,即:它们都被认为是道德,或至少涉及一个很强的道德方面。所有领域的人类的实践因此都服从于伦理的判断。简而言之,所有的领域都包含一种共同的精神气质"①。这个共同的精神气质就是各个领域要尊重其他领域的道德规则,不应该试图僭越到其他领域去起作用,各领域道德规则是平等的。这样就可以得出,在各个领域中都可以有好人,好人不是只存在于高级社会中的结论。社会生活中不仅存在着共同精神这样的道德规则,同样存在着具体道德规则规范人的行为。这样一个道德多元化的社会,一般的道德规范已经失去了其在传统社会的效用,现代人生活在多样化的道德选择中,这就避免不了在道德规范和个体自由之间发生冲突。人们在这种情况下如何进行道德选择就成了必须要回答的问题。

由于人的主体性的觉醒,外在他律的道德很难对人的行为进行规范和引导,因为理性的人总会对外在的道德规范进行质疑,只有内在的自律性的道德才能发挥作用。道德只有内化为人自身的内在自律,人在面对道德冲突时才能作出正确的道德选择。"无疑,只有内化的、成为习惯的、成为性格中必不可少的组成部分的各种道德规则与人的自由才是一致的,因为人在自由行动时所依照的标准是已经被内化了的外在道德规则,这些道德规则自然而然地也真正成为了现代人可以依赖的'拐杖'。如果各种道德规则不能够内化,不能成为习惯,那么人们在很多场合下仍然是'理性人',仍然不能抵御理性算计以及理性选择的诱惑,不能成为表里如一的'道德人'或'好人'。"②由于能够作为现代伦理基础的只能是选择性的行为,所以道德的内化有助于道德个体作出正确的道德选择。

(二)静态正义与动态正义

随着对现代性道德问题研究的深入,赫勒发现现代社会问题

① Agnes Heller, *General Ethics*, Oxford: Basil Blackwell Ltd, 1988, p. 148.

② 王秀敏:《赫勒关于理性化进程中道德规则重建的思考》,载《求是学刊》2010年第1期。

在本质上已经不再是道德问题了,已经由道德问题转变为正义问题了,正义是高级的道德问题。赫勒与费赫尔指出,现代社会道德问题"已经被转化为社会正义问题。不可通约的多元性以及含蓄的、无法停止的'社会'问题数量的增长已经给现代性增加了大量的负担。这一多元性和无法抗拒的增长的问题已经使现代性成为一个'令人不满意的社会',正如构成的需要明显同样无法抗拒的活力那样"[①]。那么什么是正义?现代社会道德问题如何转变为了正义问题?正义问题在现代社会是如何存在的?布达佩斯学派在研究中发现,由于现代社会道德规则的多样化,人类共同遵守的道德规范已经不再存在,那么如何去区分什么是好什么是坏就变得困难了,正义就在这种情况下出场了,现代社会好与坏的区分要靠正义这一标准。那么,什么是正义?事实上,正义就是指"构成人类群体的规范和规则应该被群体中的每一个成员自始至终地接受并遵守"[②]。正义原则包含了比较和分级的普世原则。正义可分为静态的[③]和动态的,赫勒在《超越正义》中为形式正义,即静态正义下了定义:"形式的正义概念是指应用于特定社会群体的各种规范和规则能够连续不断地、持之以恒地适用于该社会群体内的每个成员。"[④]赫勒和费赫尔在《后现代政治状况》中,进一步对静态正义进行阐述,"无论规范和规则是否看上去毋庸置疑;无论它们何时未经质疑和试验就被视为理所当然,我们的正义概念都是静态的"[⑤]。而"如果被视为理所当然的规范和规则丧失了,也就是说,当我们开始怀疑并测试其有效性时,我们的正义概念就变成动态的了"[⑥]。在《超越正义》中,动态正义指"无论是通过使用特殊的

① [匈]阿格妮丝·赫勒、费伦茨·费赫尔:《后现代政治状况》,王海洋译,哈尔滨:黑龙江大学出版社,2011年版,第126页。

② [匈]阿格妮丝·赫勒、费伦茨·费赫尔:《后现代政治状况》,王海洋译,哈尔滨:黑龙江大学出版社,2011年版,第139页。

③ 静态正义在赫勒那里又叫形式正义,为了方便阐述,本书统一用与动态正义相对应的静态正义这一称呼。

④ [匈]阿格妮丝·赫勒:《超越正义》,文长春译,哈尔滨:黑龙江大学出版社,2011年版,第5页。

⑤ [匈]阿格妮丝·赫勒、费伦茨·费赫尔:《后现代政治状况》,王海洋译,哈尔滨:黑龙江大学出版社,2011年版,第143页。

⑥ [匈]阿格妮丝·赫勒、费伦茨·费赫尔:《后现代政治状况》,王海洋译,哈尔滨:黑龙江大学出版社,2011年版,第143页。

原则、道德价值或者准则(命令)抑或是实用性的准则都会使不正义的规范和规则失效,对每一个规范和规则系统的摒弃最终都是根源于实质性的价值。在现代,所有的原则或准则都来源于这两个普遍的价值:自由和生命"①。"静态正义观对正义的合法性是不可争辩的,要辨别的是事实是否与规范和规则相符,关注的是证实与证伪。而动态正义观是对规则与规范本身的合法性存疑,要辨别的是规范和规则是否与事实相符,关注的是有效性与无效性。"②如果运用静态正义的概念生成某种类型的规范和规则来分辨正义与非正义,我们就会陷入社会冲突中,因为在正义和不正义要求背后总是存在着社会相关群体。静态正义是经验的人类共相,每个社会都存在静态正义,前现代社会以静态正义为主,而现代社会,动态正义则获得了绝对地位,"我们甚至可以有些自相矛盾地说,在现代社会,至少在西方社会,动态正义已经成为一个静态的元素,因为它的存在已经被视为理所当然。我们总是用一套规范和规则去怀疑并测试另一套规范和规则的正义性。在这样的社会中,几乎不存在每个人都视之为完全正义的规范和规则"③。赫勒思想从道德问题向正义问题的转变正是因为现代社会动态正义取代了静态正义的结果。

传统社会,正义是连接政治哲学、社会哲学和伦理哲学的连接点;而现代社会,连接三者的却是超越正义。原因是现代性使正义概念的完备性发生了分裂,正义的社会方面、政治方面得到了巨大的发展,而正义的伦理方面渐渐沦为个体美德而失去了公共价值的维度,所以,正义的社会、政治方面取代了正义的伦理方面,静态正义转变为动态正义,然而,当动态正义也被看作理所当然的时候,成为普遍规范的时候,动态正义也就走向了终结,因为在价值多元化的社会没有什么可以被当作不变的真理。所以,超越正义成为全新的主题。赫勒在《一般伦理学》中指出,"超群美德可以被

---

① [匈]阿格妮丝·赫勒:《超越正义》,文长春译,哈尔滨:黑龙江大学出版社,2011年版,第126—127页。

② [匈]阿格妮丝·赫勒:《超越正义》,文长春译,哈尔滨:黑龙江大学出版社,2011年版,"中译者序言"第7页。

③ [匈]阿格妮丝·赫勒、费伦茨·费赫尔尔:《后现代政治状况》,王海洋译,哈尔滨:黑龙江大学出版社,2011年版,第145页。

看作是‘超越正义’”①，超群美德又位于道德生活的顶点，所以超越正义是需要被所有社会成员认知的一般性规范，但是这种一般不是普遍，所有的规范和规则都可以成为一般的，所以超越正义对一般的强调是在尊重现代社会多元伦理习俗基础上的一般。

传统社会中，静态正义包含着伦理和社会政治两方面，同时这两方面之间也存在着张力，宗教和哲学总是试图消除二者之间的隔阂，然而却没能成功。正义中缺少伦理和社会政治任何一方面都会走向分裂。从亚里士多德之后，正义的伦理方面和社会政治方面就开始疏离，这与现代性是同步进行的。之后，哲学一直试图挽救正义概念的分裂。随着正义的伦理方面的瓦解，需要以动态正义的标准审视正义问题，静态正义在社会政治领域已经不存在了，这个时代是解释学的时代，起作用的是文化的相对主义。赫勒所追求的并不是以动态正义取代静态正义，而是为了追求按正义的社会程序运行的世界。正义的程序成为良善生活的条件，良善生活包括正直、自我构建、个人联系的情感深度三个要素，这三个要素全部在正义之外，既超越了静态正义，也超越了动态正义。对于良善生活，赫勒提出了三个道德条件：首先是主体，其次是有机会能将天赋发展成为才能，再次是情感依附。在赫勒那里，“尽管人们的价值是多元的，正义观是异质的，但是良善生活却是人所共享的。并且，生活方式的真正多元化恰恰是每个人的生活都能实现良善的条件，良善生活只能在最佳的社会－政治世界里践行，良善生活完全取决于个人的实存选择”②。

赫勒就提出，现代性以来，哲学把自己的使命定位为对普遍性的追求，“自现代性肇始以来，哲学费尽心机地去探寻当下所有存在的可能的人类文化的共同要素。‘文化’观念本身就是探索的产物。‘共同要素’不仅必须是事实上的，而且是能够证实的共性；它们必须指出人类的‘本质’。它们必须包含各种倾向而不只是单纯的现象。人类（在所有人类文化中）所具有的这些基本特点，被称为人类的普遍性。当提及人类时，我们可能会在脑中浮现这些普

① Agnes Heller, *General Ethics*, Oxford: Basil Blackwell Ltd, 1988, p. 40.

② ［匈］阿格妮丝·赫勒：《超越正义》，文长春译，哈尔滨：黑龙江大学出版社，2011年版，“中译者序言”第10页。

遍性,或者至少我们在心中拥有其中的一个"①。然而,"不存在适用于所有人类而不考虑其文化的共同规范和规则,所以也不存在对人类进行比较和分级的普遍的标准,甚至不存在一个被每个人认为无条件地具有有效性的单一标准"②。静态正义坚持存在着共同的标准,人类应该成为一个社会群体,至少一些共同的规范和规则适用于所有文化和所有人类。静态正义对文化普遍性的主张与极端的文化相对主义相矛盾。双重或多重标准的应用要比将共同标准应用于所有文化更为正义。正义将共同的标准转变成双重标准,不仅要求运用相同的标准来评价涉及控制、强制、暴力和冲突的行为、行为模式和体制性局限,而且还要求从这些标准的角度来对文化进行比较和分级。事实上,正义观念表达了特定规范,或者至少一个规范应该是衡量所有人类、所有文化的共同标准。

伦理的正义概念指"正直",如果一个人不顾社会制裁而遵守道德规范,这个人就是正直的。要遵守正义的伦理政治概念,一个人必须知道善是什么,确定了好人才能确定好人是幸福的。然而,如果每个人都是正直的,都不顾社会制裁,那么就没有人留下来实施社会制裁了。因此,一切正直行为的目的都是建立一个彻底道德的世界,这个世界中善恶之间的选择不复存在。伦理的正义概念最初是一种双重的否定之否定。赫勒在《超越正义》中指出,"世界被看做是不正义的,是对正义的否定,而对正义的这种否定本身必须也被否定。现存的正义被认为是双重的:人们因其腐败和邪恶而成为不正义的,而不是正直的;社会(或者国民)则因其鼓励邪恶,容忍正直之人遭到践踏和毁灭而成为不正义的。因此,否定必须也是双重的:正直的新人和正义的新社会应该得到确证。邪恶和不正义的肤浅、愚蠢和谎言的本质需要被揭露,而正直和正义的构想世界应该在本质、智慧和真实的光芒中熠熠闪耀。正是因为这种否定之否定的双重特性,我们才会谈及正义的伦理政治概

① [匈]阿格妮丝·赫勒:《超越正义》,文长春译,哈尔滨:黑龙江大学出版社,2011年版,第35—36页。
② [匈]阿格妮丝·赫勒:《超越正义》,文长春译,哈尔滨:黑龙江大学出版社,2011年版,第40页。

念"①。政治概念的伦理方面和社会政治方面之间存在一种张力，这种张力只有在宗教和哲学中才能消除。然而宗教和哲学的努力最后都走向了悖论。最早的宗教解决方法在信仰的悖论中走到尽头，最早的哲学解决方法则在理性的悖论中达到顶峰。赫勒以语言的正义概念展示了宗教的解决方法，以柏拉图的哲学展示了哲学的解决方法。然而信仰的悖论求助于哲学，而理性的悖论则求助于宗教。在现代寻找善的过程中出现了自由的悖论，它既带来了一种后传统的自由道德，又带来了一个不再区分善恶的舞台。伦理政治概念保持完整性的努力失败了，伦理正义问题失去了社会政治特性，只保留了回报正义、分配正义和正义战争理论这些残余部分。由于伦理正义只剩下了回报正义、分配正义和正义战争，所以赫勒认为，"正义感就是道德感，在其能力内可以在'正当与不正当'之间作出辨别，如果后一种辨别中的至少一个方面包含了善与恶之间的辨别的话。如果所有方面都包含这种辨别，我们就是在论及作为正当的正义。如果并不是辨别的所有层面都包含善与恶之间的辨别，我们就是在论及社会－政治的正义。如果反思性判断以及决定性判断的合理过程是始终如一地且持续不断地进行，在这两种情况下，一个判断会是正义的"②。

在现代，所有的原则或准则都来源于这两个普遍的价值：自由和生命。"社会中的规范和规则都应该保障每个人有决定自己命运的权利（最终有能力），能选择自己想要的生活（这是对个人幸福的追求）；因此每个人都拥有离开这一社会群体而加入另一个社会群体生活的权利（平等的能力）。"③现代西方社会，动态正义被认为是理所当然的。"当现存的规范和规则不再被视为理所当然的时候，动态正义就出现了，而如果动态正义被视为是理所当然的，那么，规范和规则不是理所当然的这件事就是理所当然的了。"④而

① ［匈］阿格妮丝·赫勒：《超越正义》，文长春译，哈尔滨：黑龙江大学出版社，2011年版，第55页。

② ［匈］阿格妮丝·赫勒：《超越正义》，文长春译，哈尔滨：黑龙江大学出版社，2011年版，第139—140页。

③ ［匈］阿格妮丝·赫勒：《超越正义》，文长春译，哈尔滨：黑龙江大学出版社，2011年版，第128—129页。

④ ［匈］阿格妮丝·赫勒：《超越正义》，文长春译，哈尔滨：黑龙江大学出版社，2011年版，第163页。

"动态的正义概念现在被认为是理所当然的这个事实,已经将动态正义转化成为静态正义:当代西方社会的框架被作了非历史的处理。一方面,我们生活在一个解释学的时代,我们的文化价值观的相对性是被灌输给我们的。在另一方面,在'这种正义社会'里,各种模式的'正义分配'或'正义惩罚'我们都可以得到"①。

赫勒通过不完备的伦理政治的正义概念说明了在一个文化多元化的世界里,每一种文化何以可能通过彼此互惠的纽带与所有其他文化联结在一起。"不完备的伦理政治正义概念旨在为不同的生活方式建构一个共同的规范化基础。这种伦理政治正义概念既非用一种'理想'模式来塑造生活方式,也不试图将单一的内在道德规范(伦理)附于这个理想模式之上。它假设同时并存的不同生活方式之间能够通过彼此互惠的纽带联结在一起。生活方式能够这样联结在一起,如果(a)它们拥有某些共同的规范,并且(b)如果它们平等地受制于公共的规范。"②相对于不完备的政治正义的社会,完全正义的社会是只使用静态正义概念的社会,而一个超越义的社会是一个没有正义概念可适用的社会。赫勒说:"只有在有正义的地方才有不正义。如果不存在不正义,也就不存在正义。如果我们选择一个根本不存在和不可能存在不正义的社会,那么我们就选择了一个没有正义的社会,因为'正义'的概念将不再有意义。因此,我们宁愿选择一个超越正义的社会。由于正义的形式概念是正义的律令,因此一个超越正义的社会必定是一个正义的形式观不适用的地方。"③只有当所有的规范和规则都被取消时,静态正义概念才能被取消。"不完备的伦理政治正义概念包括两个要素,正如所有伦理政治正义概念一样:政治(社会 – 政治)的因素和伦理的因素。社会 – 政治方面是在一个多元化世界中,每一个文化都是通过彼此互惠的纽带与其他文化联结在一起的可能的规范化基础。伦理方面设法解决的是道德 – 伦理倾向即要致力于

① [匈]阿格妮丝·赫勒:《超越正义》,文长春译,哈尔滨:黑龙江大学出版社,2011 年版,第 164 页。

② [匈]阿格妮丝·赫勒:《超越正义》,文长春译,哈尔滨:黑龙江大学出版社,2011 年版,第 233 页。

③ [匈]阿格妮丝·赫勒:《超越正义》,文长春译,哈尔滨:黑龙江大学出版社,2011 年版,第 236 页。

实现这样一个世界的问题——换言之,就是达到它的规范化要求。"①

良善生活是超正义的,伦理－政治的正义概念反映了现代性背景下的具体人类状况,也揭示了人类状况的可能性和有限性。"理论的规范基础是多元文化的世界中最佳的可能的社会政治世界的规范基础,在这个多元文化的世界中,每个文化都试图通过彼此互惠的纽带与其他所有文化联结起来。最佳的可能的社会政治世界,其中的社会政治规范和规则(法律)是通过正义程序(价值商谈)制定的,是所有良善生活的条件。但是,良善生活本身是超越正义的。"②生活方式的多元化是每个人都能生活美好的条件,在最佳的社会－政治世界里,良善生活完全取决于个人的实存选择和基本选择。不作为手段的唯一目标就是所有人的良善生活,正义的目标是超越正义。

正义问题在现代社会表现为程序问题,在对待程序的问题上,布达佩斯学派倾向于民主这一程序,并对政治领域的民主问题进行了阐释和解读。

三、政治的民主和多元化

自由与民主是启蒙哲学的重要议题,也是政治哲学永恒的话题,是与人的政治生活密不可分的,政治生活在现代社会的凸显使得自由与民主问题与人的生活密切相关起来。在政治领域,自由与民主又是协调发展的、同一的,自由就等于民主,自由与民主的结合是现代性的结果,民主是对自由这一概念的现代阐释。而"自由是现代价值的核心,并且对自由的解释和确定是现代政治的全部内容"③。亚里士多德说:"人是天生的政治动物",这种表述在现代社会体现得淋漓尽致。现代社会是政治的社会,现代人也是政治的人,人们每天都在参与着政治的生活,如果脱离政治就脱离

---

① [匈]阿格妮丝·赫勒:《超越正义》,文长春译,哈尔滨:黑龙江大学出版社,2011 年版,第 245—246 页。

② [匈]阿格妮丝·赫勒:《超越正义》,文长春译,哈尔滨:黑龙江大学出版社,2011 年版,第 334—335 页。

③ [匈]阿格妮丝·赫勒:《现代性能够幸存吗?》,王秀敏译,哈尔滨:黑龙江大学出版社,2012 年版,"英文版导言"第 11 页。

了整个现代社会。马克思说过："在其现实性上,人是一切社会关系的总和",而政治关系在现代社会占有重要的位置,如果脱离了政治这层关系,也就脱离了社会关系。布达佩斯学派看到,无论发生什么样的社会变迁,人们从未放弃过对民主的坚持。费赫尔就以法国大革命为理论资源强调了民主的重要性:"只要法国大革命仍然是一次革命,而且还没有被转变为独裁式的－克里斯玛式的统治,它的伟大之处就在于:其任何有代表性的政治家们至少从未放弃自由与人民主权的原则。"①法国大革命引发了个人、社会和政治生活等各个方面的巨大改变,每个人都分享着现代性带来的这种改变。布达佩斯学派在多部作品中对自由和民主问题进行了深入的探讨,赫勒的《现代性能够幸存吗?》,费赫尔的《法国大革命与现代性的诞生》、《被冻结的革命》,瓦伊达的《作为群众运动的法西斯主义》、《国家与社会主义》,这些作品都是对现代社会政治问题进行研究的结果。布达佩斯学派揭示了现代政治概念的变化以及民主在现代文化反抗中的重要作用,通过对苏联模式社会主义社会的直接民主以及资本主义社会的形式民主的批判,提出了激进的民主制,将激进民主看作是真正的社会主义民主的形式,以此来克服直接民主和形式民主的困境,为当时历史条件下民主的前进指明了方向。

(一)政治概念的变化与文化反抗方式的变迁

在前现代,不存在"政治的概念",而现代性是政治哲学实现的时期。"现代的政治概念——或者,为了避免同义反复,像这样的政治概念——是从现代政治动力的精髓中衍生出来的。"②现代很多的政治哲学家虽然在努力揭示着现代政治的核心与精髓,但是很多人都把政治的众多领域从政治概念中排除出去了,甚至把整个人类群体从政治领域中排除掉了。这样就造成了人在政治领域中的缺失。以前的政治哲学把政治置于非常高的位置,使之与日常生活分离开来。然而,布达佩斯学派认为,由于社会历史条件发

---

① [匈]费伦茨·费赫尔:《法国大革命与现代性的诞生》,罗跃军等译,哈尔滨:黑龙江大学出版社,2010年版,第9页。

② [匈]阿格妮丝·赫勒:《现代性能够幸存吗?》,王秀敏译,哈尔滨:黑龙江大学出版社,2012年版,第142页。

生了变化,现代政治哲学必须要随着时代问题而转变,必须与日常生活相结合。"这个世纪的激进政治哲学把政治神话了,并且将政治的行动和选择与据称的日常生活的平庸的关切并置起来。我们在这里已经提出的政治的概念将政治与男男女女们的日常生活联系在一起。现代的政治哲学无须成为一首对显而易见的重大事件的赞歌,也无须成为杰出的政治运动的舞美设计。尽管政治可以是令人满意的或者令人不满意的,但是现代的政治行为者和思想家在冲突的情况下,不应该给予诸如优雅、崇高或者完美的审美价值以优先于自由的权利。到了向我们高贵祖先的遗产道别的时候了。"①布达佩斯学派重新阐释了政治概念,还原了政治概念丰富的内容:首先,现代社会每一个人都生活于政治领域中,政治与人的日常生活紧密相关,政治领域不应排除任何事情或者任何人;其次,政治是公共领域,现代社会政治已经进入公共领域的生活,而不是像前现代社会那样是少数人参与的活动;再次,人在政治中应该是自由的,现代社会赋予每个人同样的政治权力,民主在政治生活中发挥着巨大的作用。现代政治概念较前现代政治相比发生了巨大变化,政治概念的内涵得到了丰富。这种变化导致现代社会人们所采取的文化反抗方式也随之发生了改变。现代社会人们所进行的文化反抗不能排除政治这一维度,而且政治民主在现代社会文化反抗中的作用越来越突出。

基于现代社会政治概念的变化和民主在文化反抗中的重要作用,布达佩斯学派对当时苏联模式社会主义的直接民主和资本主义的形式民主展开了批判。

(二)对直接民主和形式民主的批判

布达佩斯学派将资本主义的民主称为"形式民主",将苏联模式社会主义的民主称为"直接民主"。布达佩斯学派在成立之初就批判当时东欧的苏联模式社会主义所实行的直接民主,认为直接民主并非真正的民主,事实上苏联模式社会主义导致的极权主义恰恰是对民主的否定。社会主义社会本身意味着人的自由发展、人的类本质的实现等等一切与美好有关的东西,然而苏联模式社

---

① ［匈］阿格妮丝·赫勒:《现代性能够幸存吗?》,王秀敏译,哈尔滨:黑龙江大学出版社,2012 年版,第 150 页。

会主义体制并非是自由和民主的实现,反而是对人的自由的压制。布达佩斯学派认为,苏联模式社会主义与资本主义的极权主义在本质上是一致的,是一对双生体,都是对人的自由的限制。所以他们一直探索社会主义民主化的途径,即通过日常生活批判与需要结构的分析,试图找寻能使社会主义达到民主化的途径。他们认为,教条的马克思主义的经济一元论是对民主的破坏,必须对教条的马克思主义进行批判以求得民主在社会主义内部的实现。社会主义的民主不是直接民主。赫勒在谈到1956年匈牙利事件时说,与阿伦特提倡的直接民主不同,当时匈牙利人认为直接民主等于恐怖主义,没有保护措施的单纯的民主只是恐怖,他们想要多元的政治权力,要求参政,他们想要建立反抗这种民主的人权。①

瓦伊达在《国家与社会主义》中把苏联模式社会主义作为现代性的事业来解释,指出当时苏联模式社会主义是现代性在政治上的典型表现,这种社会主义并未达到那个时代的人对社会主义的期望,单从自由这一问题来看,人们"已经意识到,工人不能再为资本家工作,而在国有企业中,也没有比以前更多的自由,去决定生产什么和怎样生产(一些理论声明宣布,削减自由权利就可以达到拥有更多而不是更少自由的状态。即使在这些声明中,这种自由也是社会主义的一种特殊许诺)。而且,正是由于自由权利被收回,因此工人更加缺少自由:自由工会也不是被设计用来限制财产权的,或者去干预生产什么和怎样生产的问题,但是没有自由工会,工人的自由就更加受限了。社会主义国家的相互依存意味着对这些国家的自由的严重限制(保守地说,尤其是在1956年以后)"②。可见,这种社会主义并未实现其曾向人许诺过的自由和平等。瓦伊达认为,实质上,国家社会主义与资本主义一样,运用的都是一种还原论,"把权力关系即主从关系还原为经济剥削关系,把社会形态还原为表达经济依存关系的社会经济形态,把社会群

---

① 参见 Agnes Heller and Simon Tormey, Early Development and the Origins of the Budapest School, In"Simon Tormey Interviews with Agnes Heller (1998)"1 February 2004. 2 December 2005, http://homepage. ntlworld. com/simon. tormey/articles/hellerinterview. html。

② Vajda, *The State and Socialism*: *Political Essays*, London: Allison & Busby, 1981, p. 4.

体构成还原为阶级,并把相应的社会冲突还原为阶级冲突"①。这种还原论也就是现代性的原则,最初是在法西斯主义者的独裁中,而后在国家社会主义中得到了广泛的应用。当时东欧的国家社会主义一直在试图统一社会,使那些出于自身利益给政治权力施加压力或影响政治权力的各种各样的特殊群体不可能存在,行使权力的是名义上代表大家利益的特殊群体。瓦伊达认为这是不正义的,"一个正义的社会确保所有个体都享有平等的可能性和自由,必须以其相互交织的特定群体之间的对抗为基础(每个个体都属于许多不同的群体),而不是以对特殊性群体的取消为基础,不是以社会的完全整齐划一为基础"②。在这种社会中,每个个体和特殊性的群体应该有平等的机会表达自己的利益和需要。在某种意义上,苏联模式社会主义国家可以被称为政治国家,市民社会领域被政治国家所吸收,不能独立地发挥作用。国家是现代性在政治上的表现,苏联模式社会主义并未能实现社会主义允诺的民主、自由和平等,这恰恰反映了现代性的危机。同时,布达佩斯学派认为社会主义没有民主不行,他们期望在社会主义社会发扬民主。

布达佩斯学派在匈牙利经历的政治压迫使他们对当时东欧社会主义国家的直接民主进行了批判。然而,并不限于此,布达佩斯学派也同样对资本主义的民主展开了批判。他们认为,虽然资本主义社会政治国家和市民社会是分离的,但是市民社会的经济自治统治了国家。丹·布朗(Douglas M. Brown)在对布达佩斯学派激进民主问题的研究中,提出,"社会决策的权力分层源于市民社会中处于社会阶层的上层的利益决定了社会决策的过程。因此,资本主义社会政治与经济的分离既维护个体自由,也维护基于私有财产的权力的不平等分配"③。瓦伊达认为,资本主义的民主最后导致了法西斯主义的产生,法西斯主义正是资产阶级"对自由的恐惧和对民主的否定"的结果。瓦伊达在《作为群众运动的法西斯主

① Vajda, *The State and Socialism: Political Essays*, London: Allison & Busby, 1981, p. 6.

② Vajda, *The State and Socialism: Political Essays*, London: Allison & Busby, 1981, pp. 9 – 10.

③ Douglas M. Brown, *Towards a Radical Democracy: The Political Economy of the Budapest School*, Unwin Hyman Ltd, 1988, p. 3.

义》中对资本主义的民主展开了激烈的批判,"法西斯主义确证了资产阶级民主用以各种特殊群体的利益为代价来维护他们自己的利益"①。瓦伊达分析了资产阶级民主的本质,它包含两方面内容:各种特殊利益群体可以自由地处理他们的利益;相信这些特殊利益群体的争斗和特殊利益的冲突会产生出一个与总体性利益相一致的社会体系。工人阶级数量的增长和组织的加强使得小资产阶级和传统中产阶级的利益受到资本主义民主的威胁,特别是在意大利和德国,资本主义民主似乎只能使两个阶层受益,一个是由权力精英组成的高级资产阶级,另一个是工人阶级。而小资产阶级由于没有像工人阶级那样的工会,不能通过团体的形式为自己的利益斗争,即使他们在经济上掌握着独立的小规模企业也无济于事。所以,他们需要一个组织来维护自己的利益,而正是资产阶级民主使得资产阶级失去了政党的维护,资产阶级不再有组织形式了,所以小资产阶级转而反对民主,但是他们还想维护资本主义社会的私有财产原则。在这种情形下,法西斯主义出现了。然而,瓦伊达认为,资产阶级这种对自由的恐惧和对民主的否定最后意味着社会的倒退,这是对资本主义社会取得的在类本质实现的道路上的成就的否定。瓦伊达说:"在资产阶级社会,自由仅仅作为一个假定而存在,但是否定了这个假定就意味着宣布放弃一个人类自由可能实现的社会。"②在资本主义这样一个分层的社会中,社会决策也是受控制的,所以不是完全的民主。

通过对直接民主和形式民主的分析和批判,布达佩斯学派指出,极权主义与民主一样,都是现代性的结果,也都是现代社会的推动力量。瓦伊达通过对政治国家的批判,展现了现代性的危机在政治层面的表现。真正的民主意味着每个人都有机会和自由表达自己的利益和需要,政治多元化才是现代社会的价值取向,在此基础上布达佩斯学派提出了激进的民主,认为这种民主才是真正的社会主义的民主。

（三）激进的民主制

布达佩斯学派对苏联模式社会主义的民主和资本主义的民主

---

① Mihály Vajda, *Fascism as a Mass Movement*, London: Allison & Busby, 1976, p. 28.

② Mihály Vajda, *Fascism as a Mass Movement*, London: Allison & Busby, 1976, p. 30.

均进行了批判,结果却发现无论哪种体制都未能实现平等和自我决定,都未能达到自由和民主的协调。在《东方左派和西方左派》中,赫勒与费赫尔表达了当时无论是在东方还是在西方,民主都遭受着威胁:在东方,虽然现代性鼓励人们自由地行动和表达,人们仍处于占统治地位的群体为人们安排的角色的限制中;在西方,宗教虽然被民主所占据,但是人们仍处于资本和工业的逻辑扩张,乃至文化的征服的威胁之中。在这种情况下,布达佩斯学派指出了在直接民主和形式民主之外的第三条道路,即"激进民主制"。这种民主制预先具备了个体自由和全面发展的条件,是资产阶级社会的形式民主的完成,带有形式民主的许多特征,如政治的多元主义,政治国家和市民社会的分离,等等。然而激进民主又不同于形式民主,因为形式民主悬置了经济的民主这一问题,只是在政治领域的民主。在激进的民主制下,既有政治领域中,资本主义的分层的权力分配机制被民主化,国家对市民社会进行监督和引导,这是自我管理和公共监督的结合;又有经济领域中,私有财产关系的废除。衣俊卿教授在对布达佩斯学派民主问题的研究中得出:"一方面,必须承认形式民主的不完全性和有限性,如上所述,它能允许的个人自由和政治平等主要限于政治领域,而在经济领域中财产关系依旧占优势,无法形成民主的经济机制。换言之,资产阶级社会是个人自由和物质不平等的混合物。由此,一定程度的经济剥削和政治压迫就在所难免。另一方面,布达佩斯学派认为,必须承认资产阶级形式民主的巨大的历史进步性,这是因为,它所肯定的个体自由是人类永恒的价值。因此,消除资本主义的不平等决不能以牺牲个人自由为代价,正确的发展趋势是以个体自由和政治多元化平等为基础的资产阶级社会进一步民主化,而不是将之摧毁。"[①]布达佩斯学派所提倡的激进民主体现着自由、正义和平等的价值理念,能够成为多元主义社会的共识。民主为现代性提供了广阔的空间,使得现代社会不必只在法西斯主义和极权主义的现代性之间进行抉择,现代社会是多元的社会,民主、自由、平等使得现代社会处于永恒的张力之中,这种张力使得现代社会得以存在

① 衣俊卿等:《20 世纪的新马克思主义》,哈尔滨:黑龙江教育出版社,2007 年版,第 464 页。

多元文化阐释与文化现代性批判——布达佩斯学派文化理论研究

和发展。

虽然布达佩斯学派也主张一种民主政治,但是认为民主政治必须以道德为前提,虽然带有乌托邦的色彩,但是不一定就是完全不可行的。赫勒在《现代性能够幸存吗?》中提到:"自由主义的民主制度可能为政治的选择和实践提供最好的框架。但是它们并没有为生活的形式提供一个框架。在这里我返回到罗蒂的问题。国家并不更多地关注我们私人的道德,甚至不关心我们公共的德性,这是一件好事。但是在一种大众的道德纽带完全解体的情况下,这种自由主义的-民主的制度就不能成为不断再生的。当然,一个人可以主张日常道德直觉如果是未受损伤的,那么它们无论用何种办法都将再生它们自己,但是一个人并不如此确定这一点。激进的文化批判可能已夸大,甚至是过分夸大了(后)现代世界的道德的宽恕(remissiveness)主义和文化的衰颓,但是文明的野蛮行为仍然不是一个人能如此容易地从同时代历史、我们历史的可能性中勾销的东西。"①所以,政治民主还需要与伦理道德相结合,否则就会导致文化的衰退。在《后现代政治状况》中,赫勒和费赫尔提出,"民主政治原则也是道德准则。一个道德准则是普遍有效的,并且不能被限制应用。……既然我们已经接受了政治的民主原则,我们就应该按照这些原则行事,并且我们应该在每个文化中接受这些原则"②。这种民主政治为生存方式的多元化、追求幸福方式的多样化提供了框架。"民主政治的道德准则(政治原则)能在我们此时此刻的判断和行动中充当调节性的理念。如果他们的这种接受被当做'单纯的乌托邦'而遭到拒绝的话,民主的激进化就没有任何希望了。"③布达佩斯学派对资本主义和社会主义所进行的批判,以及在此基础上提出的"激进的民主",目的不是要替代现存社会主义,而是要促进人类个体的生成和社会联系的建立。激进民主是布达佩斯学派成员共同持有的观点,在赫勒移居美国

---

① [匈]阿格妮丝·赫勒:《现代性能够幸存吗?》,王秀敏译,哈尔滨:黑龙江大学出版社,2012 年版,第 127—128 页。

② [匈]阿格妮丝·赫勒、费伦茨·费赫尔:《后现代政治状况》,王海洋译,哈尔滨:黑龙江大学出版社,2011 年版,第 82 页。

③ [匈]阿格妮丝·赫勒、费伦茨·费赫尔:《后现代政治状况》,王海洋译,哈尔滨:黑龙江大学出版社,2011 年版,第 87 页。

第三章 布达佩斯学派多元文化理论

117

后对激进民主思想又重新进行了思索,提出了"对称原则"来代替激进民主。她认为自己以前所说的民主其实是"极权主义民主",民主事实上是指对称关系。

除了探索需要结构、道德、政治等问题在现代社会产生的变化,布达佩斯学派还对历史问题进行了研究,探索了新的历史条件下历史意识和历史解释模式的变化。

四、后历史意识与后历史解释模式

进入西方社会后,布达佩斯学派在对自己哲学的反思中,逐渐走向了后现代主义的理论视域。他们对现代性的许多问题进行了探讨,充满了后现代多元性的特征,属于后现代视域下的文化批判。赫勒和费赫尔从历史出发,对历史意识和历史解释模式进行了探索,揭示了后历史意识和后历史解释模式的生成。赫勒与费赫尔主要对这一问题进行了探索,我们较为熟悉的赫勒历史哲学的三部曲《历史理论》、《碎片化的历史哲学》、《现代性理论》都是对历史意识的集中研究。费赫尔在《法国大革命与现代性的诞生》中对后历史解释模式进行了深入探索。

（一）后历史意识的产生

后历史意识与后历史解释模式是伴随着布达佩斯学派后现代视域下的现代性批判产生的。在布达佩斯学派看来,"后现代既不是一个历史时期,也不是一个特征清晰的文化或政治思潮。相反,正如那些心存疑虑并质疑现代性的人、那些想要指责它的人以及那些盘点现代性成就又罗列现代性未解难题的人所勾画的那样,后现代性可以被理解为广阔的现代性时空内的私人的－公众时空（private－collective time and space）。那些选择沉浸于后现代性里的人依然生活在现代人和前现代人中间。因为后现代性的基础恰恰包括把世界看做异质空间和时间的多元性（plurality）这一观点。后现代性因此只能在这一多元性内定义自身,与这些异质的他者（heterogeneous others）相对照"①。通过对后现代的阐释,赫勒和费赫尔表达了自己的后历史意识:"后现代性（包括后现代政治状况）

---

① ［匈］阿格妮丝·赫勒、费伦茨·费赫尔:《后现代政治状况》,王海洋译,哈尔滨:黑龙江大学出版社,2011年版,第1页。

不是一个新的历史时期。后现代性从各个方面来说都是'寄生'在现代性之上的;它依靠从现代性的成就及困境中汲取养分而生存。在这一环境下的新情况是在后-历史中发展出来的新的历史意识;正在传播开来的感觉是,我们总是在进入现在,同时又在它之后。以同样的姿态,我们已经比以往更深刻地占有了我们的现在,并从它那里发展出了一个批判的距离。那些从我们的政治视角出发、对这些批判距离仍然不满的人应该记住,对现在的绝对否定(不可否认,比后现代性所提供的还要多)很可能以彻底丧失自由或彻底毁灭而告终。这两个结局都要超出——或者说不同于——后现代。它们将是彻底的反现代派。"①

赫勒对于后历史意识的研究,早在《历史理论》一书中就开始了,不过是在《现代性理论》中确定的,她将历史意识划分为六个阶段,其中第六个阶段就是"后现代意识",可见她理论中的后现代诉求的明显性。但是在她看来,现代性的顶峰应该处于第五个阶段,即历史哲学阶段,这是一个大写的历史时期,就是布达佩斯学派所说的宏大叙事阶段,在这一阶段的历史意识中,人类历史被统一在普遍的范畴下,包括了过去、现在和未来。赫勒认为,"大写历史不是指往事。包括大写历史或历史真实的过去和未来的,正是现在"②。通过现在,历史哲学总是试图去把握无法把握的未来,在这样做的时候,"历史哲学就大大超越了其本身所要完成的任务。于是,呈现在人们面前的未来,其形式不是失去的乐园,便是重新获得的乐园;不是光明,便是黑暗;不是什么都能实现,便是件件都要落空"③。然而,赫勒认为作为历史意识的表现,历史哲学以宏大叙事统摄了过去、现在和未来,却恰恰忽视了个体的价值,加之所有的历史哲学都把"进步"、"退步"和"永恒重复"本体化了,最后成为"大写的历史",并非是历史意识的最后阶段。虽然赫勒肯定历史哲学的希望和警告意义,但是她依然希望建立替代历史哲学的

① [匈]阿格妮丝·赫勒、费伦茨·费赫尔:《后现代政治状况》,王海洋译,哈尔滨:黑龙江大学出版社,2011年版,第13页。
② [匈]阿格妮丝·赫勒:《历史哲学的特殊性》,载《国外社会科学文摘》1984年第9期。
③ [匈]阿格妮丝·赫勒:《历史哲学的特殊性》,载《国外社会科学文摘》1984年第9期。

"历史理论"。历史理论是历史意识发展的第六阶段,历史理论建立的是包含价值和道德维度的乌托邦,多元的乌托邦。这种乌托邦是开放的乌托邦,与预测未来的宏大叙事不同,这种乌托邦"它没有说谎,也没有犯错,而是表现梦幻和噩梦。哲学也没有抛弃乌托邦,如果乌托邦意味着挑战、否定而不是预测的话"①。如果马克思的乌托邦是否定而不是预测的话,那他的哲学也就不会是宏大叙事了。

在后现代,没有能够作为普遍的、包罗万象的解释原则,文化是多元的,所以对话就成了这一时期的重要问题。很多哲学家都对现代普遍的、包罗万象的宏大叙事解释方式进行了批判,强调对话的重要性。包括哈贝马斯、阿伦特等人都强调不应该局限于宏大叙事当中。"后现代的男男女女思考和行事的方式,就仿佛一切(每一个历史事件)全都是偶然的(在这个词最强烈的意义上),但他们并不以本体-形而上学(onto-metaphysical)的方式谈论偶然性。一个偶然的人只是带着偶然性意识行动和生活而已。"②在后现代,政治、道德、经济等问题都具有了两面性,既有积极方面又有消极方面。在政治上,后现代是双面的:一面是阶级假想的衰弱,阶级假想的削弱导致西欧共产主义的消失;另一面是社会的功能主义特性的上升。道德上,"尽管一般说来后现代政治状况的氛围并不会有益于共相,但道德对话仍旧在它合适的位置里和各个世界之间的中间地带(intermundia)继续着"③。经济上,自由主义的神话消失了,但同时左派的关于彻底地并且永远地"解决社会问题"的神话也被大大侵蚀了。

(二)后历史解释模式

费赫尔在《法国大革命与现代性的诞生》、《被冻结的革命》中对法国大革命展开了深层的分析。费赫尔在对法国大革命的分析中得出,大革命既非经济上的改革,也非政治上的革命,法国大革

① 傅其林、赫勒:《布达佩斯学派美学——阿格妮丝·赫勒访谈录》,载《东方论丛》2007年第4期。

② [匈]阿格尼丝·赫勒:《现代性理论》,李瑞华译,北京:商务印书馆,2005年版,第15页。

③ [匈]阿格妮丝·赫勒、费伦茨·费赫尔:《后现代政治状况》,王海洋译,哈尔滨:黑龙江大学出版社,2011年版,第12页。

命的最初动因是法国知识分子们进行的文化变革。所以,法国大革命实践了哲学的诺言,是现代性的典型表现。现代性的诞生源于法国大革命这一历史运动,大革命的失败使现代性问题凸显出来。赫勒在论述历史哲学这一现代性阶段时,也认为历史哲学产生于法国大革命之际。从总体上看,这场运动"是关于在启蒙运动最终胜利的最初日子里理性化和世俗化的教条式风暴的寓言,是关于它必然失败的寓言,是关于过度狂热的理性化的反作用以及政治世俗化的限度的寓言"①。费赫尔将法国大革命看作思考现代性和后现代性的理论资源。法国大革命失败后,人们对理性化进行了反思:"不得不认识到理性化并不是一个同质术语,而是一个包罗众多的词汇。在提倡教会内部改革的人的口中,这个词意指高效率,即现代化。在哲学家们及其政治继承者的解释中,这个词只不过意指理性的统一原则在整个社会中的运用,当然也含蓄地包括教会的事务。作为一种标语的'理性化'的同质性和统一性是一种革命前的启蒙运动所共有的但危险的幻觉。"②从法国大革命前后的思想变化以及人们对法国大革命的解释来看,费赫尔认为,一种"后历史"的解释模式正在生成,每个人都从自己的视角出发对大革命进行解释,在不同解释中反映的实质是人们对待现代性的态度。费赫尔反对的是单纯就法国大革命谈法国大革命、从纯粹政治角度来看待法国大革命,而提倡一种解释学意义上的社会解释方式。赫勒从法国大革命的历史出发,实质上批判的是以这种历史意识为根基的现代性。

现代社会,历史哲学范式也发生了变化,现代性的诞生同时标志了历史哲学范式的变化,费赫尔通过对法国大革命这一历史事件的研究,批判了历史决定论这一哲学范式,并宣布了"后历史"解释模式才是现代性条件下历史学家们应该采取的方式。"一种非常严肃的既是历史又是哲学的趋向,就潜伏在法国国内叙事的衰退之中。第二次世界大战的结束同时标志着19世纪历史决定论的重要范式的土崩瓦解,尽管公众没有认识到这一点,但从哲学上

---

① [匈]费伦茨·费赫尔:《法国大革命与现代性的诞生》,罗跃军等译,哈尔滨:黑龙江大学出版社,2010年版,第202—203页。

② [匈]费伦茨·费赫尔:《法国大革命与现代性的诞生》,罗跃军等译,哈尔滨:黑龙江大学出版社,2010年版,第203页。

来说这些范式长期以来一直在受到侵蚀。黑格尔主义－马克思主义关于（史前）历史进步论的范式在面对大屠杀与古拉格时很难继续有效，后来甚至完全不可能继续存在下去。"①《法国大革命与现代性的诞生》的作者们都以自己的方式来阐释法国大革命与现代性的关系，这里有一个共同的核心就是"现代性诞生于法国大革命"，对于现代性有两种态度：一种认为现代性已经结束了，另一种认为现代性仍在活跃、尚未完成。"作者之间真正的分歧就是关于对大革命'纯粹政治'的解释与'社会'解释之间的冲突，而这种分歧强烈地显明了现代性的本性。"②革命者们最初是幼稚的、武断的，天真地相信等待着他们的唯一而艰巨的任务就是进行政治上的重构，认为政治上独立了他们就自由了，任务就完成了。可真的是这样吗？由于革命不可能导致人人的平等，"在一个众所周知的关键时刻，城市里的穷人就会提出并且强制完全舍弃政治上的自由与经济上的自由，而'把恐怖提到议事日程'，并迫使引入最大的普遍性（le maximum general）"③，所以天真的革命幻想失败了。法国大革命直接刺激了历史哲学的宏大叙事，"大革命不仅是从哲学中产生出来的，而且就像罗伯斯庇尔非常痛心地说的那样，分派给它的任务就是要实现哲学的应许，要结束人类史前史，并使道德世界的革命与自然世界的革命相辅相成"④。

19世纪的历史决定论采取一种客观的、统一的、同质的、合乎逻辑的方式，把一切归于一个完整的过程，揭示历史的客观规律。这种历史决定论的方式最初为尼采所质疑，然而这种质疑所引起的方法论很晚才为历史学家所注意。后来历史学家们采取了后历史的方法，对于后历史，首先要看如何来界定"后"这个字，在费赫尔看来，后不是指"历史将会达到一种静止状态"，"如果'后现代性'并不被理解为现代性之后的一个时代，而是被理解为在现代性

①　［匈］费伦茨·费赫尔：《法国大革命与现代性的诞生》，罗跃军等译，哈尔滨：黑龙江大学出版社，2010年版，第3—4页。

②　［匈］费伦茨·费赫尔：《法国大革命与现代性的诞生》，罗跃军等译，哈尔滨：黑龙江大学出版社，2010年版，第7页。

③　［匈］费伦茨·费赫尔：《法国大革命与现代性的诞生》，罗跃军等译，哈尔滨：黑龙江大学出版社，2010年版，第8页。

④　［匈］费伦茨·费赫尔：《法国大革命与现代性的诞生》，罗跃军等译，哈尔滨：黑龙江大学出版社，2010年版，第11页。

之中的一种肯定现代性的'到来'，即它最终的安定（settling‑in），同时调查现代性的资格并努力赋予它以意义的立场和态度，那么后历史这一概念对于历史学家来说将从禁忌和障碍转变为一种激励。在这种理解方式中，历史将作为我们共同阅读的文本而逐渐为人所知，但我们每一个人都以他或她自己独特的方式来阅读历史"。①

赫勒也对历史哲学与编史学进行了比较，"历史哲学要研究的不是过去而是现在。大写历史并不是往事，而是包括过去和将来的现在。因此，历史哲学并不向我们提供有关过去的新情况。它只是把其它学科，诸如科学、艺术、宗教以及主要是编史工作所提供的各种客观情况，从它的最高价值（即它自身的真实性）这个角度出发，加以重新排列。而编史工作要研究的对象则是过去，并为我们提供有关过去的新情况和理论"②。可见，赫勒所强调的历史哲学也是一种解释学。在现代性条件下，历史哲学需要向解释学转变。虽然在《历史理论》中，赫勒对历史意识发展演进的论述还属于宏大的历史叙事，但是已经包含了强调多元、拒斥普遍的后现代特征。之后赫勒更加强调历史哲学的解释学特征，在《碎片化的历史哲学》中，赫勒对宏大叙事死亡后的历史哲学进行了陈述，描绘了断裂和破碎的历史意识；在《现代性理论》中，赫勒又延伸了历史哲学，对历史进行了后现代的重构。可见，在赫勒对历史哲学的论述中，强调历史哲学不再寻求统一的解释，而变为一种解释学。在一篇访谈中，赫勒说："如果不假设有许多种解释就像有许多解释者一样，我甚至都不能进入解释学的领域，不能开始解释。没有单一的、真实的、绝对的对哈姆雷特的解释。数以千计的解释几乎在相同的程度上都是真实的，以这种方式它们获得了自信。那么，一个人可以严肃地评价并且完全认真地对待莎士比亚，而不是宣称对某人的绝对真理，不是以一种严肃的态度，以这种严肃态度意

① ［匈］费伦茨·费赫尔：《法国大革命与现代性的诞生》，罗跃军等译，哈尔滨：黑龙江大学出版社，2010 年版，第 4 页。
② ［匈］赫勒：《历史哲学的特殊性》，达人译，载《国外社会科学文摘》1984 年第 9 期。

味着笨拙,或者意味着毫无讽刺和幽默。"①赫勒的这种解释学强调一种后历史解释模式。

五、语言范式与生产范式

现代社会,除了历史解释模式的变化外,哲学研究的范式也发生了变化,马尔库什试图探索后现代历史条件下哲学研究的范式问题。马尔库什在《语言与生产》中,介绍了当代哲学的两种主导性解释模式——生产范式和语言范式,二者虽然是互相对立的,然而它们要解决的问题却是一致的,即解决当前文化的困境,然而,由于忽视了文化的多元化特征,二者最终都走向了普遍主义。马尔库什在批判维特根斯坦语言哲学时道出了人类学家的困境。"人类学家的任务不是简单地走出一个社会并走入另一个社会,从而获得对另一种文化的亲身的内部体验;他必须使这种文化成为可以用一种普遍有效的方式理解的;他必须应用自己学科的概念工具和方法论工具完成这个任务。为了实现这个目标,他必须同时站在两种文化——外来的文化和自身的文化——的内部和外部。此外,这个目标具有一个使之带有实践性(至少道德性)后果的非常可悲的含义。这是因为,所涉及的这两种文化不仅是不同的,而且是敌对的。人类学家在他的学科中所代表的社会,在实践效果上破坏和摧毁了被他树立为理论目标并试图理解的文化。"②这也是马尔库什在分析人类学意义上的文化概念时对这种文化概念导致的悖论的阐述。"在西方文化的范围之内,激进形式的'辩论式对话'作为一种价值是历史性地定位的,对于那些自愿拒绝参加'对话'的人,否认他们的主体(至少'成熟'主体)地位、把他们排斥在任何类型的对话(Gespräch)之外——这种做法也许能得到支持;但是把这种观点推广到同其他文化的关系上则意味着把人类中的多数降格到不成熟的地位(文化上'原始'),意味着认可那

① Terezakis, Katie and Agnes Heller, Time out of Joint: An Interview with Agnes Heller, In *Radical Society*, Oct 2002.

② [匈]乔治·马尔库什:《语言与生产》,李大强、李斌玉译,哈尔滨:黑龙江大学出版社,2011年版,第24页。

些已经‘达到成熟的’、身为来自外部的‘教导者’的人的优越感。"①马尔库什认为,在这一点上,他与马克思、哈贝马斯的思想是一致的。

韦伯把现代哲学的发展称为"祛魅"的过程,在布达佩斯学派看来,现代哲学的发展不仅是这一过程本身,也是这一过程的结果。费赫尔高度评价韦伯对现代性的贡献:"在分析现代性的过程中,所有的路都是从韦伯开始和通向韦伯的。"②韦伯提出了启蒙和现代性的双面性,积极的一面和消极的一面。所谓"祛魅"指的是积极的一面,然而,启蒙运动并未像所期待的那样能够最终解释人的存在,而是导致了一种文化上的危机,这即是消极的一面。黑格尔使启蒙哲学及其所强调的理性发展到了顶峰,在这之后哲学家们就一致试图解决黑格尔哲学产生的理论和实践上的困境。马尔库什认为,在这个过程中产生了两种范式,二者都试图"通过客观化(和物化)的过程——个人在这些过程之中卷入了相互间的日常交往和日常的共同生活世界——实现主体性的主体间建构"③。这是看待世界的两个视角,即赫勒所说的视角主义,视角不同得出的结论也不同。然而,我们尚不能也不该创造一个新的包容这两种范式的思想体系,"两种范式都有普遍性的诉求,并不存在一种现成的标准供我们一劳永逸地划定它们各自的有意义的(或合法的、有成效的)应用范围"④,因此试图统一二者这种普遍性的诉求也是不可能的。马尔库什认为,在面对这种局面时很容易产生一种折中主义,即解构一切普遍性的断言,这是后现代思想家们普遍采取的态度。但是马尔库什本人并不是十分支持,他更支持生产范式,只不过是在批判的意义上的支持。马尔库什承认文化的多元化,但他认为,"承认理论和实践观点的多元化是我们文化的不可消除的属性,并不意味着我们没有必要在其中作出选择。不存在没有

①　[匈]乔治·马尔库什:《语言与生产》,李大强、李斌玉译,哈尔滨:黑龙江大学出版社2011年版,第132页。

②　Ferenc Feher,Weber and the Rationalization of Music,In *Culture and Society*,1(2),Winter1987.

③　[匈]乔治·马尔库什:《语言与生产》,李大强、李斌玉译,哈尔滨:黑龙江大学出版社,2011年版,"英文版前言"第2页。

④　[匈]乔治·马尔库什:《语言与生产》,李大强、李斌玉译,哈尔滨:黑龙江大学出版社,2011年版,"英文版前言"第3页。

'标准'的立场；在理智事物和实践事物中，混淆都不是美德"①。但是也不是进行盲目的选择，"这仅仅意味着，我们不得不作出审慎的、适应环境的、可调整的选择，即真正的选择（就这个词的真实含义而言），而不是单纯地接受某种超历史的必然性（例如逻辑的必然性）"②。基于此，马尔库什对现代哲学所面临的境遇表示出了担忧："各种哲学之间的对话是否可以在它们的多元性和它们内在的普遍性主张之间作出调和，这个问题将在很大程度上决定哲学是否适合作为我们一种可知的、独特的文化事业。然而，哲学所面临的这种困境不过是以理论结晶的形式反映了我们的文化和社会以实践方式摆在我们面前的这个问题：面对我们的信仰、利益和愿望的全部非偶然性的分歧，如何创造和保持人类团结的有效形式？"③这的确是摆在人们面前的一个问题，在多元文化的社会，在尊重多元性的同时，采取何种形式才能保持人类的团结呢？

马尔库什认为，20世纪哲学的典型特征之一可以概括为反主观主义，之二是语言学转向。20世纪中叶，这两种特征交织在一起构成了庞大的思想结构。"在其中，语言和语言沟通被视为一切形式的人类交往和人类客观化的普遍范式。"④马尔库什把波普尔的晚期哲学看作实证主义的代表，认为波普尔否定了自然的知识与社会的知识之间的差别。马尔库什这样概括波普尔的思想体系："以语言方式阐释的知识在自然科学的假说—演绎系统中达到了最高形式，而这种知识可以被视为一切社会客观性的范式和模型。如果我们考虑到人类行为的意外后果问题（波普尔也把这个问题视为社会科学的根本问题，就这个问题他甚至明确地援引了马克思的论述），那么接纳这种模型的后果就会更加明显。"⑤客观结果

---

① ［匈］乔治·马尔库什：《语言与生产》，李大强、李斌玉译，哈尔滨：黑龙江大学出版社，2011年版，"英文版前言"第4页。

② ［匈］乔治·马尔库什：《语言与生产》，李大强、李斌玉译，哈尔滨：黑龙江大学出版社，2011年版，"英文版前言"第4页。

③ ［匈］乔治·马尔库什：《语言与生产》，李大强、李斌玉译，哈尔滨：黑龙江大学出版社，2011年版，"英文版前言"第5页。

④ ［匈］乔治·马尔库什：《语言与生产》，李大强、李斌玉译，哈尔滨：黑龙江大学出版社，2011年版，第3页。

⑤ ［匈］乔治·马尔库什：《语言与生产》，李大强、李斌玉译，哈尔滨：黑龙江大学出版社，2011年版，第8页。

会超出主体的有意识想象。所以，波普尔主张，"有意义的哲学问题和社会科学问题只能指向'产品'，而绝对不能指向'生产'本身"①。波普尔"在一个更广的基础上，以一种在哲学方面比通常的逻辑经验主义认识论 – 方法论的论证所提供的方法更全面、更一致的方法，竭力替各种实证主义的基本信条——人类理性等同于工具理性——的有效性作辩护"②。然而这种工具理性恰恰已经被休谟证明是非常脆弱的，也正是韦伯所说的丧失了价值维度的技术理性。波普尔既证明了启蒙，却又质疑启蒙。

赫勒也认为，语言范式对于描述现代文化来说不确切，在《现代性理论》中赫勒说道："语言范式不能够适当地描述当代文化世界。在文化的巴别塔中人们不断地改变语言，语言由此失去了它的力量。力量存在于句子或说话者身上。在后一种情况下，人们必须问：谁在说话？ 在传统中这是一个众所周知的问题。……但就一个后现代的说话者来说，信息不是由说话者负载的——首先，因为没有任何信息以说话者为中介；其次，因为我们很难确定谁在说话。"③说话者的权威是因为只有他在说话，所以这种权威是空洞的。无所不包的现代文化的真正国王和王后总在更换他们的服装，他们的真实是他们的赤裸。"无所不包的文化的那些赤裸的国王和王后——无论他们使它登峰造极还是一直不为人知——就像那些单一文化世界的生物一样，受到同一种精神饥渴的驱使。那是他们（我们）试图去满足的对意义的饥渴。"④

布达佩斯学派在多维度的文化批判中得出了一种多元文化理论。无论是对"激进需要"与"激进哲学"、"道德"与"正义"、"政治"与"民主"这些外在问题的文化批判，还是对"历史意识"与"历史解释模式"、"语言范式"与"生产范式"这些内在范式、模式的研究，都是对同一性、普遍性的拒斥，都是对现代历史条件下文化各

① ［匈］乔治·马尔库什：《语言与生产》，李大强、李斌玉译，哈尔滨：黑龙江大学出版社，2011年版，第10页。
② ［匈］乔治·马尔库什：《语言与生产》，李大强、李斌玉译，哈尔滨：黑龙江大学出版社，2011年版，第13页。
③ ［匈］阿格尼丝·赫勒：《现代性理论》，李瑞华译，北京：商务印书馆，2005年版，第208页。
④ ［匈］阿格尼丝·赫勒：《现代性理论》，李瑞华译，北京：商务印书馆，2005年版，第211页。

方面变化的阐释,揭示了现代历史条件下,文化各方面的多元化趋向。布达佩斯学派的这些多元的文化阐释基于人的偶然性存在这一理论前提,由于人的偶然性存在,人可以自由地选择自己的存在。由于人的存在是偶然的,每一个个体都有自由选择的权利,然而人又是类的存在,如何使个体在类的存在中能够遵循共同的规则、规范,又是人类和谐相处的重要问题。所以,在阐释文化的多元化之前,布达佩斯学派对文化的多元化作了理论的预设,即每个个体都有自己的文化选择和文化需要。

哲学人类学基于这样一种理念,即人的生存是后天选择的结果。萨特、克尔恺郭尔等存在主义哲学家也是基于这样一种理念。这种理念成为人类学研究的一个逻辑前提——即人的偶然性存在。布达佩斯学派同样也基于这样的观点,赫勒在《人的本能》中阐述了人的第二天性:"人不是生来就具有不可剥夺的本能,这是因为人生来就根本没有本能。人也不是一张'白纸'可以根据随时受到刺激而将刺激的结果留于'纸上'。但是人也不是一个生来就具有类本质的化身,不是一个人的本质的化身。人确实有'第二天性',这一'第二天性'历史地得到了发展,并且在对象化中,在当今世界的个体中,作为一种相互影响而找到了化身。"①赫勒对人的本质来源于第二天性的看法恰恰说明人的本质是后天形成的,后天形成就代表一种偶然性,因为后天对人的本质的影响因素不同,最终形成的人的本质就不同。

赫勒与费赫尔在《后现代政治状况》中,进一步阐述了人的偶然性存在:"每个人都因出生而被抛入一个特定世界。在我们的生物结构或遗传天赋里没有什么预先确定了我们应该生在某一种特定的时代而不是另一种,生在某一种特定的社会而不是另一种,或者生在一个特定的社会阶层而不是另一个。"②就是说,人是偶然性的存在,然而,在前现代社会,这种偶然性意识是遭抵御的,断言人的本质是先天的最极端的例证就是上帝创世说。上帝创世说认为,世上一切都是按照上帝的意志来进行的,人发挥不了任何主动

① [匈]阿格妮丝·赫勒:《人的本能》,邵晓光等译,沈阳:辽宁大学出版社,1988年版,第125页。
② [匈]阿格妮丝·赫勒、费伦茨·费赫尔:《后现代政治状况》,王海洋译,哈尔滨:黑龙江大学出版社,2011年版,第19页。

性,因为上帝已经预先确定好了一切,人只不过是按照上帝的意志在执行着这一切。但也不能说在前现代社会不具有偶然性意识,其存在是伴随着命运的意识的,人的存在是由不同的命运决定的,命运的意识也带有偶然性的特征。在现代社会,一切都发生了变化,人的偶然性意识普遍觉醒了。现代社会个体都是偶然性的存在,他们自身也已经认识到了这种偶然性。然而,偶然性并不等于绝对地放纵,而是应该学会在偶然性的条件下生存,所以现在的问题已经不是确定偶然性的问题,而是把偶然性转化为自己的命运的问题了。"现代的个体意识到了他的或她的偶然性,但是对于这种意识并不感到快乐。然而,因为在今天我们已经意识到了我们的偶然性,所以一种启示性的口吻并不适合我们。在发表'终结'、'末日'声明的偶然的人身上也存在着小丑的某些东西;一个一开始就否认或者排除任何确信的先知,根据定义都是假先知。鉴于此,一个意识到他的或者她的偶然性的人仍然能够试图将这种偶然性转换成他的或者她的命运。在我看来,这条路仍然向我们自己的文化开放。"① 现代人是偶然的存在,他们自己也已经意识到了自身的偶然性存在。然而,如何在偶然性中确证自己的存在成为现代人面临的难题。赫勒提出,"只有通过生存的选择,他们才能够将他们的偶然性转化成他们的命运。然而,一旦他们已成功地这样做了,那么回溯性地出现在他们面前的整个生命将作为一个贯穿自由和必然的辩证的统一的进步性的自我发展的链条"②。通过生存的选择,既保证了文化的多元化,也保证了人自身的确定性存在。文化多元化能够实现的保证在于主体的多元化,这里布达佩斯学派有一个观点就是"视角主义",每个人从自己的视角出发看到自己的世界,这里带有主体创造和想象的色彩,主体从自身出发赋予对象意义。"在日常语言、对象用法的规范和规则中已经牢牢嵌入意义之网,并且以意义之网为中介,这些都在他环境的习俗中。像所有他之前的其他约翰们一样,约翰在弄清楚已接受的意义的意义中开始他的生活,同时也用他个人的经历填充已接受的

---

① [匈]阿格妮丝·赫勒:《现代性能够幸存吗?》,王秀敏译,哈尔滨:黑龙江大学出版社,2012年版,第40—41页。

② [匈]阿格妮丝·赫勒:《现代性能够幸存吗?》,王秀敏译,哈尔滨:黑龙江大学出版社,2012年版,第207—208页。

意义。尽管他与生俱来的动力被赋予了诸多对象（正如他饥饿时被赋予了适宜的食物），然而他还是发展了他自己的偏好。"①在现代生活中，一切都是个体选择的结果，个体根据具体情况作出选择，其他一切道德、正义、社会规范等等都是个体选择的辅助，不能决定人的选择。现代社会的价值多元主义决定个体需要根据需要作出选择，而如何选择才是道德的又需要借助其他社会范畴来进行。

以上关于布达佩斯学派多维度的文化批判的论述，主要选取除布达佩斯学派对文化的一般理解在现代性问题上运用的理论之外，还对布达佩斯学派各时期具有代表性的理论观点，沿着从宏观到微观、从早期到晚期、从外在到内在的逻辑顺序进行了梳理。布达佩斯学派思想的真正确立不是在宏观层面上进行的，而是在微观层面上进行的。布达佩斯学派早期对马克思主义的人道主义的强调虽然强调了政治、经济领域变革的重要性，但是这还不是布达佩斯学派真正确立自己理论研究方向的思想。布达佩斯学派的理论确定在文化革命的层面上，他们主要强调了微观层面需要结构、日常生活变革，在《社会主义的人道主义：布达佩斯学派论文集》中，就收录了布达佩斯学派成员对日常生活、需要，以及涉及人的生存方式的家庭、婚姻、性别等各种微观问题的探讨。布达佩斯学派认为，文化的问题产生于需要和日常生活等层面，并从微观层面对当时东欧社会进行了文化批判。在此基础上，布达佩斯学派强调应该建立一种理论作为需要的革命和日常生活革命的指导思想，即激进哲学，激进哲学的核心就是新的需要结构的生成。激进哲学为多元需要的满足提供了价值保障，为生活方向提供了道德拐杖。激进需要与激进哲学证实了价值的多元化，而在价值多元化的社会如何行为才是道德的成为一个重要的问题，布达佩斯学派进而对道德问题进行了探索，但是在道德问题的研究中如何区分好和坏十分重要，人在进行道德选择时应根据正义的原则来进行，这样就将正义问题引入，成为社会生活的本质性问题，成为衡量所有人类和所有文化的标准。正义的问题最终可归结为程序的

① ［匈］阿格妮丝·赫勒：《现代性能够幸存吗？》，王秀敏译，哈尔滨：黑龙江大学出版社，2012年版，第78页。

问题,在程序上布达佩斯学派强调民主,激进民主是真正的社会主义的民主形式,通过对民主问题的研究,布达佩斯学派得出现代性的文化危机是对民主的压制。在对现代性的研究中,布达佩斯学派把现代性放入历史的时间维度中,对历史哲学进行了阐释,而对现代性的历史研究又使布达佩斯学派看到了历史哲学的宏大叙事特征,转向了后现代主义的理论视域,强调后历史意识和后历史解释模式的生成。在对宏大叙事的批判中,马尔库什在哲学层面得出两种哲学解释模式:语言范式和生产范式。他倾向于以生产的范式超越哲学的宏大叙事。布达佩斯学派通过对现代文化给需要、道德、政治、历史、哲学带来的变革的分析,对社会文化危机进行了诊断,并试图通过后现代的文化批判解决这种危机。

第二节 布达佩斯学派多元文化理论的内在比较

一、家族内部的争论

以上本书描述了布达佩斯学派四位代表人物以文化作为研究范式,从不同角度进行的文化反思和批判。赫勒的个人理论关注点主要在需要、日常生活、情感、本能、历史和伦理道德问题上,她一般以系统化的方式进行理论阐释,如道德理论三部曲、历史哲学三部曲等,其理论的各个部分之间存在着连续性,一般是经过设计和深思的。费赫尔的主要理论兴趣在政治理论和历史解释模式方面,他经常通过对历史资料的分析得出文化与政治的结论。他对法国大革命这段政治历史十分感兴趣,对此进行了深入的分析,得出了法国大革命是历史上现代性诞生的标志,并提出了一种后历史解释模式。马尔库什的理论围绕哲学范式和文化现代性展开讨论,其对现代性的探讨主要致力于文化层面的研究。瓦伊达的思想可以概括为20世纪的古典哲学研究以及对极权主义的分析和批判这两个方面,尤其在对极权主义和民主的分析上作出了很大贡献,《作为群众运动的法西斯主义》与《国家与社会主义》主要是对极权主义和民主的分析。

然而,尽管存在这么多差异,布达佩斯学派还是作为一个学派而存在。之所以能称之为一个学派,是因为各成员间在理论上存在着一致性。首先,这种一致性表现在共同的生存境遇上,布达佩斯学派成员都在苏联模式的社会主义统治下和教条的马克思主义占据意识形态地位的时代生活过,他们所面临的问题都是一致的,即极权主义统治对自由与民主的压制。其次,表现在这些成员的密切关系上,赫勒、费赫尔、马尔库什、瓦伊达是亲密的战友、伙伴和同学。四人都是卢卡奇的学生;瓦伊达同时也是赫勒的学生,尤其在道德理论方面受赫勒直接的影响;赫勒与费赫尔的思想始终是交织在一起的,"不思考赫勒就理解不了费赫尔,反之亦然"①。赫勒谈论了布达佩斯学派在布达佩斯时期的每周一次或两次的讨论活动,"如果我们写完了一部作品,我们就会私下彼此讨论并且与学派每位成员交流,所以当时我写了一些曾经与费赫尔和瓦伊达讨论过的东西。我们也每周与瓦伊达见面两次进行讨论并一起写东西"②。可见他们具有共同的理论问题域。再次,表现在共同的理论出发点及理论旨趣上,布达佩斯学派成立之初都在卢卡奇的指导下进行哲学研究,都在"马克思主义的复兴"的口号的引导下从事哲学研究,目的都是实现社会主义的人道化。然而,随着布达佩斯学派理论阵地的转移,先是部分人员转移到澳大利亚,后来转移到澳大利亚的成员又有一部分转移到美国,这种理论阵地的变迁使各成员的思想在一个点上分别向不同方向扩散。但是这种扩散并非是理论观点的迥异,甚至是矛盾,而是各成员兴趣点及研究方法和视角发生了转变,但是他们遇到的问题和思考的问题还是具有一致性的。赫勒说:"我们不再生活在'主义'的时代,也不再生活在'学派'的时期。我们变成'异质'的思考者,就像我们同时代的其他人一样。但是我仍旧将这个学派的曾经存在看作是有意义的事情,看作是照耀黑暗时代人生道路的光芒的主要来源。"③这些成员分别从自己的理论兴趣领域采用不同的方法对社会问题

① Peter Beilarz, Ferenc Feher and Political Theory—Notes for a Biographer, In *Thesis Eleven*, 1995 42:1.

② Agnes Heller and Simon Tormey, Early Development and the Origins of the Budapest School, In "Simon Tormey Interviews with Agnes Heller (1998)" 1 February 2004. 2 December 2005, http://homepage. ntlworld. com/simon. tormey/articles/hellerinterview. html.

③ Agnes Heller, *A Reply to My Critics*, In John Burnheim eds. , *The Social Philosophy of Agnes Heller*, Amsterdam − Atlanta, GA, 1994, p. 311.

进行诊治,得出了社会在不同领域的病灶。在某种程度上说,布达佩斯学派各成员思想间的差异不是理论阵地上和立场上的,而是角度上的、方法上的。如赫勒、费赫尔和瓦伊达在《对需要的专政》中从三个角度论述了对需要的专政这一问题。布达佩斯学派成员最初从各自的理论视角出发,以文化作为一种研究范式对现存文化危机展开了批判,本书将其称作多维度的文化批判,包括需要、哲学、道德、正义、民主、政治、历史等等,各人的理论视角都不一致,每个人的兴趣点也有所区分,但都是以文化作为研究范式,解释了文化的多元内涵。所以,布达佩斯学派各成员思想间的差异可以看作是家族内部的争论。比如以下问题:

1. 费赫尔虽然与赫勒在思想上难分你我,他们有很多共同的作品,如《对需要的专政》、《东方左派和西方左派》、《后现代政治状况》等,赫勒的很多思想都是在与费赫尔的讨论修改中完成的,如《现代性理论》等,二人的很多作品都是由赫勒起草,费赫尔接着完成的。但是二人在研究上还是存在着差异。费赫尔的理论一般是比较随便的、梗要式的,较赫勒相比没有那么系统;费赫尔的分析一般都很具体,而赫勒则注重一般化的观点,赫勒说:"当你阅读到彻底的分析时那是费赫尔,不是我。当这些著作中出现的是一般的观点,那是我,不是他。"[①]费赫尔看待问题的角度也与赫勒存在着不同,费赫尔一般比较重视对问题的黑暗面的分析。"如果我们把赫勒的著作视为本质上是对现代性光鲜面的分析,那么费赫尔的项目就会被视为试图深入探索现代性黑暗面的努力。"[②]然而,在对人类未来问题上,赫勒往往属于人类学的悲观主义,而费赫尔却持一种相信人类会进步,会越来越好的弥赛亚的信念。虽然赫勒与费赫尔都不相信救赎政治,但是费赫尔却相信人类的救赎。

2. 在道德问题上,瓦伊达与赫勒存在着家庭内部的争论。瓦伊达对伦理的兴趣受赫勒的影响和引导。赫勒运用自己的道德理论三部曲——《一般伦理学》、《道德哲学》和《个性伦理学》,分别

---

① Agnes Heller and Simon Tormey, Early Development and the Origins of the Budapest School, In "SimonTormey Interviews with Agnes Heller (1998)" 1 February 2004. 2 December 2005, http://homepage. ntlworld. com/simon. tormey/articles/hellerinterview. html.

② Peter Beilarz, Ferenc Feher and Political Theory Theoryitical Theoryhe, In *Thesis Eleven*, 1995 42:1.

要去解决"道德由什么构成?""人应该如何行事?""如何塑造人固有的习性以使其达到道德的期望并确保与善的标准相一致的生活方式不遭受苦难和不幸的威胁?"这三部曲之间具有连续性和连贯性。而瓦伊达通过对赫勒的道德理论的研读,认为赫勒的道德三部曲之间不存在连续性和连贯性,第三部曲《个性伦理学》写了与前两部完全不同的内容,与赫勒最初写作伦理学的目的不一致。瓦伊达赞同《个性伦理学》对于现代道德的重要性,却不看好前两部作品,认为其未经批准就为道德预设了一个判断。而且根据个性伦理学的观点,"选择体面(善)不等于选择个性,而且意味着选择作为一个普遍性的个人主义。因此,选择体面(善)从个性伦理学的观点来看是不可能的"①。此外,瓦伊达认为,赫勒的道德理论回答不了"当别人是恶的并且只有恶能成功的时候,为什么不能够按照自己的利益行事?"同时,瓦伊达否定了赫勒的哲学讨论所要达到的关于真、善的共识的目的,他认为哲学讨论的目标是讨论本身,不应带有任何目的性。然而,尽管在道德问题上,二人存在着分歧,但是都是对现代社会道德问题的思索,都提倡个性伦理学对于解决道德危机的重要性。

3. 在对文化概念和文化悖论的态度上,赫勒与马尔库什展开了家庭内部的争论。我们在下一章会专门谈到赫勒与马尔库什对文化概念和文化悖论等现代性问题所进行的阐述,虽然这种论述总体上是一致的,赫勒的文化概念是在马尔库什基础上发展而来的。但是,还是存在着一些哲学观点上的差异。格鲁姆雷在《一个家族的争论:马尔库什与赫勒论哲学》中指出,这种差异表现在"马尔库什的历史的怀疑主义和赫勒的反思的后现代主义"上,在《探索无人居住的陆地的选择:赫勒与马尔库什关于现代文化悖论的研究》中,又把二人的区别归结为"赫勒选择了合理性的乌托邦的规范选项,而马尔库什更喜欢激进的历史主义的范畴"。虽然存在着这些差异,但两个人都批判宏大叙事,都不相信哲学可以成为普遍人类理性的代表。所以,这种争论仍然属于家族内部的争论。同时布达佩斯学派也表达了这种论争的重要意义。《文化与启蒙》中收录的瓦伊达对马尔库什思想研究的论文《哲学家的分裂》中,

① Mihaly Vajda, Is Moral Philosophy Possible at All? In *Thesis Eleven*, 1999;59;73.

瓦伊达赞同马尔库什对哲学导向性的认识,即认为哲学起着在历史处境中寻求导向的作用,然而,瓦伊达认为这种哲学需要一定的条件,即哲学必须去争论,在争论中,一边不断引入新的概念框架一边坚持旧的传统。

布达佩斯学派各成员间经常进行论争,他们也陶醉于这种探讨方式。尽管他们在对某些问题的看法上存在着不一致,但是理论的出发点和归宿具有一致性。他们从同一点出发,尽管中间经过的道路不同、观点上也有所差异,但是总能回到文化批判这一主题上。

二、发展和演变中的差异

虽然布达佩斯学派各成员探索问题的视角存在着差异,但是他们的理论出发点是一致的,即通过"马克思主义的复兴"实现社会主义的人道化。他们的思想随着布达佩斯学派的发展产生了变化。以赫勒为例,"最早赫勒相信马克思主义能够对所有的哲学基本问题给出答案,包括伦理学在内。她把整个一系列新主题介绍到马克思主义的对话中,是这一承诺的第一步。随着与马克思主义决裂后的新的理论研究,这个最初的目的变成了重新调查整个理论领域和为后马克思主义的激进哲学确定领域的勇敢尝试。然而,没有几年这个计划快速地转变成反思的后现代主义。当她认识到她的向多元主义的左翼激进许诺的意义时,她希望冠以后现代主义的署名。这种变化是种重新排列而不是一种断裂。为了充分表达其核心价值,她毫不犹豫地转移到了后现代的领域。然而这既不意味着向排他主义消极批判的投降,也不是自由和平等的价值的牺牲"①。

最初,布达佩斯学派在卢卡奇的引导下进行哲学研究,还没有形成自己的理论视角。他们对马克思主义早期思想的研究还属于在西方马克思主义的引导下的研究,还不是自己的哲学。赫勒说:"1956年以前,我是一个马克思主义者,尽管我读的马克思的作品还很少。事实上,我从不认为马克思是一个哲学家,而是将其看作

---

① John Grumley, *Agnes Heller: A Moralist in the Vortex of History*, London: Pluto Press, 2005, p. 9.

一个经济学家和'科学社会主义'之父。因为那时我接受的是占统治地位的观点,即科学已经代替了以黑格尔为集大成者的意识哲学。哲学对我来说是从马克思的观点出发的历史哲学,即从卢卡奇的观点出发的哲学。我在卢卡奇那里看到了唯一一个真正的马克思的解释者。"①可见,这时布达佩斯学派的哲学思想是受卢卡奇影响的,尚没有形成自己对马克思的理解,也没有形成自己的哲学观点。然而,布达佩斯学派成员最初仍是在马克思主义的范围内确立自己的哲学及哲学研究方向的。虽然赫勒的《文艺复兴的人》很少涉及马克思主义思想,但是赫勒认为这本书就是她早期对"马克思主义的复兴"这一口号最好的解释。赫勒把《日常生活》看作是自己哲学真正的转折点,是她开始自我哲学思索的开始。

之后,赫勒夫妇与马尔库什夫妇移民澳大利亚,开始对自己之前的理论进行反思,对社会主义进行反思。在费赫尔、赫勒和马尔库什合作的《对需要的专政》中,他们就表达了自己思想上所发生的变化。"我们不再试图找出'理想类型'(我们宣称即使历史条件发生变化,这种类型的作用仍旧不会削弱)和它的'经验类型'(这种类型那时我们已经开始谴责)之间的区别:我们要求真正的结构变革,这些变革是这种体制不能实现的诺言。"②虽然哲学只是再一次表现为密涅瓦的猫头鹰在黄昏之后起飞,但是至少它努力实践着实践哲学的要求:为了实践现实,他们从已经发生的事件中总结理论的结论。可见,布达佩斯学派在承认自己前期努力的结果基础上,已经开始了新的理论反思。对此,瓦伊达表示与费赫尔、赫勒、马尔库什的意见具有一致性。③ 这种反思主要表现为从道德层面的文化批判向结构性的文化批判转变。之前布达佩斯学派对社会主义人道化的强调只是试图从道德层面改变现存社会的非道德现状,在这时他们已经明确了哲学的基本问题是伦理学,即道德哲学。移居国外后,他们对自己早期思想进行了反思,并进行了道德

① Agnes Heller,*A Reply to My Critics*,In John Burnheim eds. ,*The Social Philosophy of Agnes Heller*,Amsterdam – Atlanta,GA,1994,p. 282.

② Ferenc Feher, Agnes Heller, Gyorgy Markus, *Dictatorship over Needs*, Oxford:Basil Blackwell,1983. Foreword,pp. Vii – Viii.

③ 瓦伊达在《"现实的社会主义"是对什么的回应?》[What is " Real Socialims" a Reaction to? (*Thesis Eleven*, 1985 12:156)]一文中,回应了费赫尔、马尔库什和赫勒对什么是社会主义这一问题的阐述,在文章的开始就表明了自己同意他们的这种看法的观点。

哲学的建构。同时由于布达佩斯学派早期哲学体系的建构也运用了传统宏大叙事的方法,在这一期间的反思中也涉及了宏大叙事问题,对历史哲学进行了研究,在历史哲学的研究中现代性问题也进入了布达佩斯学派的理论视野。

布达佩斯学派的文化批判可以被表述为现代性的批判,这种现代性的批判最初起源于马克思的批判精神,布达佩斯学派吸取了马克思和西方马克思主义的社会批判理论的精髓,对现实展开批判。由于生存环境的变化,布达佩斯学派的批判已经不是完全的资本主义批判,而是根据自身的生存境遇对苏联模式社会主义和资本主义进行的双重批判。这种批判后来又随着与西方社会的接触,演变为对现代社会文化的本质精神——现代性本身的批判。如布达佩斯学派步入西方社会后,特别是到了美国之后,政治思想观念也发生了变化,特别是在对民主的理解上,虽然布达佩斯学派一直都持社会主义需要民主的态度,早在《激进哲学》中就表达了对激进民主的渴望,但是这时对民主的理解是在马克思主义的意义上进行的,是匈牙利版本的继承了西方马克思主义的激进的民主。而澳大利亚、美国人对民主和自由的呼唤使他们看到了一个全新的民主,这种民主提倡用不同的声音说话,这对布达佩斯学派产生了很大的影响,使布达佩斯学派的民主思想转变为现代性的民主思想,即"对称性的相互作用原则"。

可以说,布达佩斯学派一直在思索现代性问题,以赫勒为例,赫勒的现代性理论以《阶级、民主、现代性》、《现代性理论》、《现代性的三种逻辑》形成了一个逻辑系列,以《历史理论》、《碎片化的历史哲学》、《现代性理论》又形成了一个逻辑系列,可见在赫勒的思想中,现代性思想占据着十分重要的位置。从 20 世纪 70 年代起,赫勒开始着重探索现代性问题,然而这在她的早期著作中就已经有了预示,随着其对教条的马克思主义的批判而逐渐沉淀下来。最初,布达佩斯学派对现代性的思索是在对教条的马克思主义批判的意义上进行的,教条的马克思主义把现代性看作是资本主义向社会主义的过渡,在布达佩斯学派看来,不仅资本主义,而且社会主义也是现代性的国家,在社会主义社会现代性以"对需要的专政"的形式表现出来。所以,布达佩斯学派在反思早期"社会主义的人道化"思想的批判的马克思主义阶段,就开始了对现代性问题的思索,只不过这时还没有形成对现代性的系统研究。赫勒早期认为,现代性既不是一个单一中心化的社会过程,也不是透明的。然而在19世纪各种理论思潮证明了单一的控制逻辑的天真幻想失败之后,现代性的矛盾核心的持久性和坚韧性需要对现代性有更为复杂的理解。苏联模式的社会主义体制是国家权力的极权主义版本。其体制在利益最大化和道德限制原则上没有改变。这些体制试图超越市民社会和民主的对抗趋势。为了压缩这些视角,赫勒强调非中心化的、复杂的现代性特征。然而,1989年后,情况发生了变化,对需要的专政退却了,赫勒的思想也发生了转变,对现代性的探讨转变为对现代性的精神和动力即社会格局的讨论,这在《现代性理论》中得到了充分的展示。到了20世纪80年代中期,赫勒逐渐放弃了其早期对马克思主义的坚守,开始从各个角度探索现代性问题,这主要是因为马克思主义的弥赛亚式和教条主义宣布了其失败。马克思主义对布达佩斯学派的影响逐渐削弱,赫勒在完成《马克思的需要理论》之后,在解构历史哲学宏大叙事的同时,离开了马克思主义的权威。虽然在她的著作中还是能看到马克思在历史理解等方面的影子,但是赫勒这时的理论已经是现代的了,受韦伯等现代思想家的影响要大于马克思对她的影响了,她对多元性和视角主义的强调反映了一种后现代的特征,对现代主义之后和极权主义之后的生活进行了思索。赫勒就是从后现代主义出发来分析现代性的本质的,在2001年的《现代性的三种逻辑》中可以很明显地看到这种后现代主义的身影。

第三节　布达佩斯学派文化理论的范式特征

布达佩斯学派通过多维度的文化批判,向我们展示了现代社会文化的多元性内涵。然而,这种多元性的文化内涵并未限于共时态的存在,而是逐步深入到社会生活的各个层面,成为推动或制约社会发展的主要力量,进而演变为历时性的存在。多元性与微观性是布达佩斯学派文化理论的范式特征,多元文化通过微观力量的发挥进入到了社会的内部结构中,试图从最基本的层面发挥重要的作用,而文化作用的发挥是通过日常生活进行的。这里我们可以从布达佩斯学派文化理论的范式特征——多元性与微观性出发,对文化进行多元阐释。

一、文化的多元性

布达佩斯学派立足于自己生存时代的理论和现实状况,对各种社会问题进行了反思和批判,形成了独具特色的文化批判理论。布达佩斯学派的整个反思过程并不是一成不变的,而是经历了一系列主题的变化,最后走向了现代性视域下的自律的个体,并对个体的多元价值取向进行了研究。布达佩斯学派批判了宏大叙事的历史意识,立足于绝对的现在进行研究,走向了后现代的理论视域,这必然会使其理论走向一种多元主义。这种多元主义也是多维度的文化批判的结果,多维度的文化批判构成了布达佩斯学派文化多元性理解的理论依据。布达佩斯学派通过多个角度对现代文化的危机和问题进行阐释,得出在新的历史条件下文化走向多元化的必然趋势,这样多维度的文化批判与文化的多元性阐释交相辉映,构成了布达佩斯学派共时性研究与历时性探索相结合的文化理论。共时性的研究指布达佩斯学派从各个角度对现实社会所作的文化批判,历时性的探索则是指对文化多元性的理论阐释。

文化与自然科学不同,李凯尔特很早就论证了文化科学和自然科学的区别,文化是最容易产生争论的地方,也是最可以被人接受有分歧的地方。因为,每种文化都有自己的特殊性,生活在不同文化中的人们的生活习俗不一致,自然会存在文化上的差异。所以,可以说,文化之中先验地包含着多元的内涵,不管是主张文化有优劣之分,还是主张文化是平等的学者,都承认文化间存在差异,文化本身是多元的。布达佩斯学派认为,多元性是文化的应有之义,"一般称做'文化'的共相一直有一种多元性的内涵"①。这种多元性与时代密切相关,由于现代社会是价值多元化的社会,文化自然具有多元性的内涵。

在布达佩斯学派看来,在多元文化的社会中共识只能是一种理想性的存在。"在一个多元文化和社会世界中,更大、更深、更完

① [匈]阿格妮丝·赫勒、费伦茨·费赫尔:《后现代政治状况》,王海洋译,哈尔滨:黑龙江大学出版社,2011年版,第156页。

全的共识不能被找到,只能是被强求或者强加给一些人。"①所以,在人们不能达成共识的情况下,也不应该把某种文化强加到其他文化上,而是应该达到在多元文化背景下的交往。然而,宏大叙事反对多元文化社会的商谈伦理。"西方文化的产物背叛了它们自己的传统并发展出自杀的倾向。绝对的文化相对主义者希望破坏、取消现代西方文化领域的差异。因为这种差异包含着被称为理性主义的推论模式出现在科学中,也出现在我们的生活方式中、政治中,所以死亡冲动反对理性商谈的发起者,即反对用他或者她自己头脑思考的个体。"②赫勒认为,具体的文化之间是存在差异的,如果这些文化要共同存在,就需要谈判和商谈。"如果栖居在那些完全不同文化中的男男女女不想集体自杀的话,那么他们必须欣然接受两种主要的替代方案:谈判和商谈。为了谈判或者进行商谈,他们需要彼此交谈。为了彼此交谈,他们需要一种共同的语言。没有哪种文化能够将它自己的语言附加在所有其他文化上。考虑到它们完全不同,其他的文化不会接受这种提议(绝对的绝对主义)。剩下的办法就是发明一种通用语,每种文化都把它作为其第二语言加以言说。这并不是说所有文化的整个母语都应该被转换成这种通用语,只是把能使每种文化中的公民用实践的术语谈论它们的冲突、共同寻求一种解决办法的那一部分语言转化成这种通用语。这就是他们发明'权利－语言'的方式。"③即使文化的多元化也带来了一些问题,"文化生活绝不可能还原为单一的主流文化,它始终包含着替代的和对立的,既是残余的也是新生的形式和元素"④。

二、作为文化的日常生活

布达佩斯学派的日常生活批判理论是其早期思想的主题,赫

① [匈]阿格妮丝·赫勒:《现代性能够幸存吗?》,王秀敏译,哈尔滨:黑龙江大学出版社,2012 年版,第 38 页。

② [匈]阿格妮丝·赫勒:《现代性能够幸存吗?》,王秀敏译,哈尔滨:黑龙江大学出版社,2012 年版,第 40 页。

③ [匈]阿格妮丝·赫勒:《现代性能够幸存吗?》,王秀敏译,哈尔滨:黑龙江大学出版社,2012 年版,第 189—190 页。

④ [匈]乔治·马尔库什:《隐喻的终结:基础与上层建筑》,载[匈]乔治·马尔库什:《马克思主义与人类学》,李斌玉、孙建茵译,哈尔滨:黑龙江大学出版社,2011 年版,"附录"第 203 页。

勒把文化的问题转变为生活的问题,拓宽了关于文化的理解,强调了文化已经内在于人的生存方式之中,这种对文化作用的强调奠定了其文化批判理论的前提。他们把文化等同于日常生活,文化与日常生活是同一的,探讨了文化已经深入到人生存的最基本、最微观的层面上发挥作用。布达佩斯学派对日常生活的分析与人的存在方式密切相关,而文化哲学意义上的文化也指代人的存在方式。在这种意义上,我们可以把日常生活看作是作为人的生存方式的文化。对日常生活这种存在方式具有的影响、规范、制约能力的探讨,实质上是对文化的微观力量的强调,日常生活批判把哲学的目光拉回到了微观层面,发生了向微观政治哲学的转变。

日常生活批判理论是赫勒在《日常生活》一书中提出的,也是布达佩斯学派其他成员在这一时期关注的主要问题。在《日常生活》中,赫勒对日常生活进行了界定,把日常生活划分为自在的类本质对象化领域,而把文化归属于自为的对象化领域。然而这种界定是从本体论出发的。表面上看,文化还是卢卡奇意义上的高级文化,但是如果对日常生活批判理论进行深入的挖掘就会发现,其实文化等同于日常生活,不是自为的对象化领域的狭隘的文化,它指代的是人的生存方式。赫勒指出,日常生活中不仅包含着自在的类本质对象化,而且包含着自为的类本质对象化,就是人的存在方式。这是一种文化哲学的理解方式,按照这种理解,文化是历史凝结成的人的存在方式,这样日常生活与文化就有了共通之处,因为日常生活正是人的一种生存方式。所以文化中包含的人的自在的存在方式就是日常生活。后来许多学者都认为,赫勒的日常生活批判理论与许茨的日常生活理论存在着某种一致性,许茨说:"我的日常生活世界绝不是我个人的世界,而是从一开始就是一个主体间际的世界,是一个我与我的同伴共享的世界,是一个也由其他他人经验和解释的世界,简而言之,它对于我们所有人来说是一个共同的世界。"[①]许茨把日常生活世界界定为文化的世界,赫勒也将日常生活等同于文化,二者的一致性就表现在文化与日常生活的同一性上。虽然赫勒的日常生活批判理论是在批判教条的马克

---

① [德]许茨:《社会实在问题》,霍桂桓、索昕译,北京:华夏出版社,2001 年版,第409 页。

思主义时期提出的,由于历史条件和理论视野的限制具有不成熟性,后遭到了许多学者的质疑,但正如赫勒在回应其他学者对其所作的批判时所说:"虽然,从许多方面来看,我的哲学框架已经完全发生了变化,就像我的哲学语言所阐述的,然而,我必须要承认某种旧的哲学立场仍旧是'我的'。所以我处于双重危险之中:当那些极力支持我从不是的那个哲学的'我'时,我感到不舒服;当那些极力反对我现在正是的那个哲学的'我'时,仍旧是这样。因为我毕竟是写了那些书的人。"①由此可见,她对哲学的基本界定依然可以作为对其理论的基础性阐释范畴。

赫勒从多个角度对日常生活进行了界定,然而无论从哪个角度讲文化都是日常生活。

首先,赫勒将日常生活"界定为那些同时使社会再生产成为可能的个体再生产要素的集合"②。个体的再生产包括人在日常生活中所从事的生产、消费、交往等一系列使人的再生产能够持续下去的活动,在这些活动中形成了人稳定的生存方式,不同地区或不同民族可能具有不同的风俗、习惯、规则、规范等活动图式,但每一地区或民族无疑都会形成自己独特的活动方式,这就是文化。这与文化哲学对于文化的定义不谋而合,"在文化哲学视野中,本体性的文化范畴包含两层含义:一方面,从人的生存的角度看,文化是历史地凝结成的稳定的生存方式。文化并不简单地是意识观念和思想方法问题,它像血脉一样,渗透在总体性文明的各个层面中,自发地左右着人的各种活动。另一方面,从社会历史方位来看,文化不是与政治、经济等相并列的特殊领域或简单的附属现象,而是一切社会活动和社会存在领域中内在的、机理性的东西,是从深层制约和影响每一个体和每一种社会活动的生存方式"③。所以,日常生活中形成的稳定的生存方式就是文化,就是"人的生存样法",文化就是对日常生活中人的存在方式的保留与展现,人在生产生

---

① Agnes Heller. *A Reply to My Critics*, In John Burnheim eds. , *The Social Philosophy of Agnes Heller*, Amsterdam – Atlanta, GA, 1994, p. 282.

② [匈]阿格妮丝·赫勒:《日常生活》,衣俊卿译,哈尔滨:黑龙江大学出版社,2010年版,第3页。

③ 衣俊卿:《日常生活批判:一种真正植根于生活世界的文化哲学》,载《学术月刊》2006年第1期。

活中所遵循的风俗、习惯、规则等也是在生产过程中形成的,在这种意义上可以说赫勒所理解的日常生活与文化具有同一性。"文化哲学致力探讨作为人的生存的基本方式与社会运行内在机理的、历史地凝聚成的自觉的或不自觉的文化模式或文化精神。这些文化模式或文化精神是以生活世界(或日常生活世界)为基本寓所和根基的;反之,生活世界(或日常生活世界)的本质规定性和内在机制,也正是文化所包蕴的价值、意义、传统、习惯、给定的规则等。"①赫勒从人的再生产出发,对日常生活的界定避免了对日常生活抽象化、理论化的理解,而是将日常生活与人的具体实践活动联系在了一起,也正是在实践中才形成了人的稳定的生存方式,才形成了能够影响自身存在的文化。日常生活与文化一样具有重要的地位,没有个体的再生产,社会不能存在,没有个体自身生产,个体也不能存在,因此日常生活是每个社会的必要组成部分,每个人都在过日常生活,不管他们在社会劳动分配中的位置如何。

其次,在把日常生活界定为人的生存方式之后,赫勒又对人的生存方式问题进行了进一步的追问,提出个体以多种形式使自身对象化,或自在、或自为、或自在自为地使自己的本质对象化,形成人类不同的生存方式。其中自在部分是赫勒认为生活中不可避免的部分,属于日常生活领域,这种方式是由于遗传先验决定人有时要按照经验、习俗去生活而产生的,经验、习俗等即是文化哲学意义上的历史地凝结成的人的生存方式。根据赫勒的这一思想,我们可以把人的存在方式划分为三个层面:形而上的层面、形而中的层面和形而下的层面。形而上的层面是科学、艺术、宗教、哲学的领域;形而中的层面是政治制度、法律、道德的领域;形而下的层面是人的生活习惯形成于其中的日常生活领域。每个领域各有其作用,"在某种程度上,制度性的系统总是寄生在基础性的和最高级别的领域上。基础性的领域永远都是人类条件的领域。没有这一领域就没有人类,但是没有'中间的领域',人类仍然能存在。最高的领域,这个给生活提供意义,或者给生活提供意义匮乏意识的领域,在服务于制度化的领域时履行同样的任务。它使这一领域合

---

① 衣俊卿:《日常生活批判:一种真正植根于生活世界的文化哲学》,载《学术月刊》2006 年第 1 期。

法并且与之相伴的是权力、统治和苦难的合法。最高领域的合法化作用在它进入制度化领域的过程中变得相当显著。正是在这一过程中,'呈现意义'本身也被制度化了。然而,'自为对象化'的领域不能被完全制度化,因为如果这样,那么它就不能为基础性的领域提供意义。而且,它也不能够吸收作为两种人类先验未完成衔接的结果而涌入这一领域的文化剩余。不用说,制度性的领域对其他的两个领域有影响却不能同化它们。在最后一种情况下,制度的领域寄生在其他两个领域中,而不是相反"①。可见,要通过政治力量改变形而上的自为的类本质对象化领域和自在的日常生活领域是不可能的,政治领域反而寄生在其他两个领域之中,受其他两个领域的制约。日常生活中既包含自在类本质的对象化,即人类生存不可避免的部分,其中也有自为的类本质对象化,其形成的文化对政治领域具有一定的制约力。三个领域分别需要不同的主体:基础的领域要求整体的人,制度性的领域要求专门化的人,自为的对象化领域要求人的总体,这也是对待三个领域的三种不同态度。日常生活不是脱离人的实践活动和社会历史进程的抽象的理论研究范式,而且日常生活本身恰恰就是人的实践活动和社会历史进程中形成的具体的生存方式。日常生活这种自在自发的生存方式是对人能产生最直接影响的存在方式,也是人类不可避免的存在方式,虽然在这样一种生存方式的指引下,常常导致人不自觉地陷入异化受动的生存状态,但是其不可避免性决定了它对人的现实生活具有巨大的影响。综合起来,日常生活是自在的对象化领域。日常生活的这种对象化是发生在"既成的世界"层面基础上的,这个对象化是发生在自在水平上的对象化,由三个部分组成:人造物、工具和产品的世界、习惯的世界和语言。这三个部分的对象化的积累又构成了人类文化,通过自在的类本质的对象化我们可以了解到社会整体所达到的发展程度。总体看来,日常生活是一种存在方式,一种自在的类本质对象化。其根本在于把生活世界理解为文化世界,这样就使日常生活与人的生存的意义和价值相关,同时日常生活作为个体生产和再生产领域,影响、制约

① [匈]阿格妮丝·赫勒:《现代性能够幸存吗?》,王秀敏译,哈尔滨:黑龙江大学出版社,2012 年版,第 54 页。

和规范着社会的生产和再生产。

最后,在得出日常生活是人的自在的生存方式的基础上,赫勒进一步划分了日常生活,认为日常生活这种自在的生存方式由两种先验构成:"遗传先验"和"社会先验"。"社会先验"使人具有了特殊性,这种特殊性表现在人通过自己的方式整合已经存在的社会习俗、规则,形成人的新的生存方式。"每一个人通过出生的偶然被抛进一个具体的社会规则网络中。文化负责将这种偶然性转换成命运或者天意(providence),可以被理解为有机嵌入性(embeddedness)。社会法规和遗传独特性因此早于人类经验。为了被称为'人类'(human being)的固定独特体系得以发生,社会和遗传先验(a priori)需要被衔接(dovetailed)。人类经验就在这种衔接过程中起飞。"①人类个体就是在社会先验和遗传先验衔接的过程中产生的。而日常生活包含着固定的特征和易变的特征,固定的特征即遗传先验的特性,易变的特征即社会先验的特性。人类条件栖居于日常生活的固定特征中,虽然"人类条件首先可以确定(规定)为社会法规(social regulation)代替本能法规(instinct regulation)"②,在人的成长过程中,社会规则不断取代本能的规则、习惯、习俗而逐渐处于优势地位,但是遗传先验具有固定性,人类条件就是从前代人那里流传下来的习惯、规则、习俗,"包含着所有活着的人必须共享、逝去的人曾经共享、未出生的人必将共享的一切事情"③。人类条件对人的生存有着巨大的影响。人总是自觉不自觉地按照前人遗留下来的传统规则、习惯、习俗来生活,所以赫勒说:"如果日常生活的某些易变特征消失了,那么人类生活的混乱、终结将不会发生。然而,如果固定的特征面临着危险,那么像这样的日常生活将达到它自己的极限,将达到秩序和混乱之间的模糊区域(the twilight zone)。"④在赫勒的理论中,日常生活中的遗传先验

---

① [匈]阿格妮丝·赫勒:《现代性能够幸存吗?》,王秀敏译,哈尔滨:黑龙江大学出版社,2012年版,第47页。

② [匈]阿格妮丝·赫勒:《现代性能够幸存吗?》,王秀敏译,哈尔滨:黑龙江大学出版社,2012年版,第47页。

③ [匈]阿格妮丝·赫勒:《现代性能够幸存吗?》,王秀敏译,哈尔滨:黑龙江大学出版社,2012年版,第45页。

④ [匈]阿格妮丝·赫勒:《现代性能够幸存吗?》,王秀敏译,哈尔滨:黑龙江大学出版社,2012年版,第46页。

是与日常生活的固定的特征相连的,人不能通过后天的对象化活动使之消失,它的存在是不可避免的,不能消除只能调节。

综上所述,日常生活和文化密不可分,赫勒看到人的生存方式的变革最终表现在文化上。所以,日常生活批判可以看作是对人存在于其中的文化的批判,这种批判是最直接的,不是借助于形而上的幻想,也不是借助于形而中的社会制度的改变,而是从人的衣食住行开始,从最基本的生活习惯开始进行批判。因为日常生活是最微观的、最具体的、最形而下的生活,这种生活是每个人都要进行的,人有可能会缺乏形而上的、形而中的生活层面,但是不可能缺少形而下的生活。因为人可能不过哲学的、政治的生活,却不可能不过文化的生活。人可以不作为思想的动物、政治的动物而存在,但只要存在于社会中就不能不是文化的动物。习惯对人有重要的作用,人在生活中总是不能脱离经验习惯,要靠这种经验习惯来安排自己的生活。"人们通过他人的眼睛审视自己,以规范的原则来判断自己,有意识地社会化自己的影响,形成自己的道德个性:这就是文化的意义,这就是文化人的行为。"①日常生活层面的革命也最大众化的、能普及到所有人的革命,像宗教改革之于文艺复兴,是日常生活方面的变革才使革命大众化,所有人都受其影响,参与其中,这样才能保证人的生存方式得到实质性改变。

在现代社会,日常生活已成为意义的唯一贮藏地,意味着形而上的层面,哲学和宗教的领域已经被制度领域所侵吞。只是涉及人类生活琐事的、根据它人们已经形成习惯的日常生活领域还未完全被制度领域所侵吞。故而只能通过作为历史凝结成的生存方式的文化保存意义。这也是现代文化的危机。赫勒与费赫尔在《后现代政治状况》中说道:"日常生活不能被视为一个制度。每个人都是在日常环境下长大的,在其中他学习使用普通的语言,适用人造的物体并获得某一种包括事实和价值的背景知识,并准备观察规范和规则。尽管制度侵占了日常生活,尽管科学话语对我们美好生活的观念产生了巨大的影响,尽管生活世界(也就是,共享文化和规范类型的总和)变得多元化且冗长,日常生活仍然作为一

① [匈]阿格妮丝·赫勒:《格奥尔格·卢卡奇和伊尔玛·塞德勒》,载[匈]阿格妮丝·赫勒主编:《卢卡奇再评价》,衣俊卿等译,哈尔滨:黑龙江大学出版社,2011 年版,第64 页。

个独立的领域脱颖而出。在这一领域发生的冲突属于我们基本生活经验,并且它们可能在我们身上发展出我们即将要求的需要。文化和规范类型没有被制度或机构领域(被理解为几个互相连接的制度的组合)吸收。"①赫勒和费赫尔还分析了存在主义、异化和后现代主义三次文化浪潮对日常生活的影响。认为,这三次浪潮都延续了文化的多元性思想,这三次浪潮体现了社会革命由意识形态化的革命向多元性的日常生活变化的趋势。

三、文化的微观性

根据文化哲学对文化的理解,文化是历史凝结成的稳定的生存方式和活动方式,这种对文化的理解使文化具有了微观性的范式特征。这种微观的范式特征指文化不是独立于、外在于事物之外的,而是内在性的、机理性的,渗透到社会生活的各个层面,制约着人和社会的发展进步。首先,文化对于人来说既是一种推动力量,又是一种阻碍力量。文化对人的规定是第二天性赋予人的,这种第二天性使人超越了先天存在,成为其所是,推动了人的进步;同时,每一时代形成的文化又组成一种阻碍人的发展的力量。这种推动和阻碍作用又通过个人作用于社会。人受文化所制约,这种文化既是人在活动过程中创造出来的,又成为人们自觉不自觉遵循的规范和规则,对人的活动和社会的运行具有内在的制约力和驱动力。现代社会,文化更是以弥散化的、多元化的方式渗透到经济、政治等诸多领域,成为一种内在机理和图式,指导和制约着人的活动及社会的运行,展现出了一种微观性的范式特征。文化的微观内化作用的发挥也是现代性的结果,现代性使文化内在作用的发挥得到了很好的确证。"作为文化的现代性不是一个外在于政治、经济等社会领域的独立存在的、同质的整体或总体,而是作为个体生存和社会运行内在的多维度的文化机理或微观权力机制,弥散于现代社会的各个方面。这就是我们反复强调的,现代性作为理性化的文化精神和社会机理不是偶然地、单维度地附着于现代社会的某些领域或层面,更不是作为单纯的、无形的精神气质

① [匈]阿格妮丝·赫勒、费伦茨·费赫尔:《后现代政治状况》,王海洋译,哈尔滨:黑龙江大学出版社,2011 年版,第 38 页。

漂浮于社会或时代的天空,而是内在地、深层次地,甚至是'致命地'渗透到现代社会和现代主体的每一个方面或每一个向度,体现在价值规范层面、文化精神层面、主体意识层面、制度安排层面、社会组织类型等各个方面。"①

　　文化是对人类产生巨大影响的内在因素,文化精神是对人类生存模式的集中显现。文化的影响能够渗透到社会生活的各个领域发挥作用。文化权力取得了主导地位有着深刻的历史文化原因,由于历史条件的变化,文化已经取代了政治经济的地位在社会生活中发挥着主导作用。这已经被西方马克思主义理论家所证实了,如葛兰西对东西方社会的市民社会的分析,凸显出文化的重要性,这种分析显示了时代的变化导致的社会起作用的机制的改变,现代社会起作用的机制是文化的影响、规范和制约力量。费赫尔论述了无产阶级从政治上没有地位,到获得了参与权,不断取得政治上的领导权,而且从法国大革命开始通过市民社会层面建立了民主、自由等文化权力。政治、法律、美学、经济、宗教等并列的文化领域,"每一个领域的相对独立性源于现代性的再生产,而且它也是现代性再生产的前提条件。每个领域包含着内在于它自身的规范(norms)和规则(rules)"②。这些规范和规则行使着自身的权力,对人类社会产生着重大的影响。现代社会,文化已经不是狭隘的与政治经济相分离的、独立的、由经济基础决定的文化精神,而是成为人的生存的方式,渗透到人的生存的各个领域起作用的机制性的东西。在现代社会,不能说宏观权力完全不起作用,而是说越来越多的分散的、弥散化的微观权力对社会生活产生了巨大的作用。现代社会,"文化不再是与政治经济相分离的、外在的、相对独立的、被决定的精神文化,而是真正成为人类生存的自觉方式和社会各个领域内在的机理和图式"③。弥散的、多样的、不确定的微观权力即是文化权力。在现代性的纯粹模式中,微观权力体现在

　　① 衣俊卿:《现代性的维度》,哈尔滨:黑龙江大学出版社,北京:中央编译出版社,2011年版,第28页。

　　② [匈]阿格妮丝·赫勒:《现代性能够幸存吗?》,王秀敏译,哈尔滨:黑龙江大学出版社,北京:中央编译出版社,2012年版,第4页。

　　③ 衣俊卿:《现代性的维度》,哈尔滨:黑龙江大学出版社,北京:中央编译出版社,2011年版,"总序"第14页。

社会制度中。赫勒同意福柯对于微观权力的论述,她认为,这个社会不只边缘人和下层阶级的成员是制度性支配的受害者,每个人都避免不了微观权力的压迫。

布达佩斯学派后来认识到,通过扬弃政治经济的异化而达到日常生活人道化,这只是启蒙或宏大叙事的幻想。所以他们开始探寻日常生活层面渗透的微观政治力量,即日常生活的影响、规范和制约作用,文化的微观力量。布达佩斯学派开始注重文化这种微观权力,注重日常生活领域的微观控制机制的作用。衣俊卿教授指出:"日常生活批判范式的要点在于,它不再孤立地探讨和强调政治、经济等宏观社会历史因素的决定作用,而是把所有的社会历史因素都放到生活世界的文化意义结构中加以审视和评价。"①也就是不再单独强调宏观社会历史因素的决定作用,还强调微观因素的重要作用,批判遮蔽微观的宏观。这也是布达佩斯学派后期日常生活批判理论的主旨。日常生活在现代社会的影响越来越大,使日常生活已经不仅限于自在的类本质对象化领域,日常生活的影响已经扩展到自为的对象化领域和自在自为的对象化领域。"'自在的对象化'领域给男男女女们提供诸种意义(meanings),如一套复杂的规则和规范、符号和语境的含义、混合含义。正是这种(复数形式的)意义是它所提供的。然而,它提供的并不是单数形式的意义——整个事业的意义、它的存在的意义、生活的意义以及我们自己生活的意义,它所包含的一切东西的意义。从这个视角上看,人类条件包括并且预设另一个意义领域的存在作为它必要的(本体论的)要素。我将这一领域称为'自为的对象化'(objecti-vation for itself)领域。这是意义(meaning)被提供的领域。"②赫勒指出,现代性已经扩展到允许日常主体直接进入到以前被少数禁忌和风俗所限制的各种各样的文化资源当中,特别是现代"文化认同鼓舞了日常生活中扩大人类整体的各要素。在这种意义上,赫勒承认现代性促进了现代主体直接进入到高级的对象化领域,在

① 衣俊卿:《现代性焦虑与文化批判》,哈尔滨:黑龙江大学出版社,2007 年版,第393 页。

② [匈]阿格妮丝·赫勒:《现代性能够幸存吗?》,王秀敏译,哈尔滨:黑龙江大学出版社,2012 年版,第50—51 页。

文化领域与日常生活之间来回摆动"①。日常生活与非日常生活交织在一起,日常生活也成了为人的存在提供意义和价值的领域。

布达佩斯学派的日常批判理论从宏大叙事转向日常生活层面的微观革命的主要原因在于社会历史条件的变化。他们区分了前现代社会和现代社会:

首先,前现代社会遮蔽了日常生活。"在前现代社会格局中,日常生活和制度化生活之间的差别是模糊的,或者说还没有充分表现出来。在日常/非日常之间总是有严格的区分,一方面是实际的世界,另一方面是一个更真实的世界(神圣的、神性的、施行合法化的、宇宙的世界秩序)。非日常的世界对生活进行完全的合法化。"②赫勒前期的日常生活批判理论也是在寻找通过非日常生活对日常生活的渗透来达到改造日常生活的目的,这是一种理想化的追求。这种理论在某种程度上也可以看作是一种宏大叙事的理论,尽管她的日常生活批判理论是在强调对微观层面的忽视会导致一系列问题。正是前现代社会提倡的社会历史理论把日常生活的微观视域遮蔽了,使一切都消融在普遍性和同一性之中,完全抹杀了代表人存在的意义与价值的日常生活世界。

其次,现代性的危机凸显了日常生活。赫勒把前现代世界比作一个金字塔,每个人都有固定的位置,受固定的等级压迫,而现代世界金字塔被摧毁了。现代社会"生活意味着成为你自己——意味着放弃安全感,放弃日常生活的网络,去适应功能性的劳动分工。生活意味着承担一项要活下去就必须承担的功能,而这开启了竞争、成功和失败的领域"③。针对现代社会的危机,现代人肩负着全新的使命,即"一个人可以生活在现代性中;他可以借助于技能而不是文化成功地再生产自身。但是,给现代人提供一个世界的是文化,负载并传递指向技术想像(象)之外的历史意识的也是

① John Grumley, *Agnes Heller: A Moralist in the Vortex of History*, London: Pluto Press, 2005, p. 117.

② [匈]阿格尼丝·赫勒:《现代性理论》,李瑞华译,北京:商务印书馆,2005 年版,第 87 页。

③ [匈]阿格尼丝·赫勒:《现代性理论》,李瑞华译,北京:商务印书馆,2005 年版,第 88 页。

文化"①。由此可见,微观层面的日常生活或文化对社会历史发展和变化起到了提供意义的作用。"任何社会理论想要'解放兴趣',进而达到对现状的批判,必须对现实人的根本需要、情感和感觉敏感。换句话说,必须以对日常生活的彻底理解为基础,这些潜在于能够生长出包括哲学、艺术和道德在内的高级人类成就的日常生活中。"②

再次,制度化领域的极度膨胀摧毁了日常生活所包含的人类条件。"与前现代条件相比,制度化领域在现代世界中极度膨胀。如果假设有一种系统,或者两种系统,把所有的制度都作为它们的子系统而加以囊括,吞没它们、影响它们并且决定它们的发展和扩张的逻辑,那么,考虑到人们根据他们在制度内履行的职责被层级化的情况,我们对现代世界的看法实际上一定是完全悲观的。'自在的对象化'领域越是使所有的人生而平等和自由,这些人反抗各种支配系统压力的机会就越少。这是否定辩证法的模式。一旦发展到极致,它也可能充当人类条件自我毁灭的模式。"③

通过对作为文化的日常生活的力量在现代社会中的作用的分析,赫勒宣扬了自己的微观革命论:"暴力不是与政治革命必然相连的,只有旧体制不能通过改革转变其自身的时候,才需要暴力革命来打破这种阻力。政治革命并非必然需要暴力,只是在特殊条件下,暴力和政治革命才结合在一起。"④暴力革命不是必须的,因为,当历史条件发生变化,社会的变革可以不通过暴力的形式来推翻旧体制时,暴力与政治的结合就不再起作用了,而这时文化的作用就凸显了出来,文化与政治的结合可以促使旧的体制发生内部转变。这与葛兰西对东西方社会所作的分析有相似之处。可见,"富有意义的社会变革不是单单指涉大规模的制度和结构;它也必须关涉日常生活世界的转变以及把'关怀伦理学'投射到交互主体

① [匈]阿格尼丝·赫勒:《现代性理论》,李瑞华译,北京:商务印书馆,2005 年版,第 132 页。

② Michael E. Gardiner, *Critiques of Everyday Life*, Routledge, 2000, p. 155.

③ [匈]阿格妮丝·赫勒:《现代性能够幸存吗?》,王秀敏译,哈尔滨:黑龙江大学出版社,2012 年版,第 57—58 页。

④ Agnes Heller and Stefan Auer, An Interview with Agnes Heller, In *Thesis Eleven*, 2009;97;99.

性最基本的形式上"①。

综上所述，我们可以从赫勒的日常生活批判理论中得出，在本质上讲作为人的生存方式的日常生活就是文化，这种文化直接影响着人的生存，是人的存在层面最微观的层次，从人的衣食住行开始寻求如何去调节日常生活，如何进行生存方式的选择，从而使文化与政治结合，发挥日常生活的微观力量。赫勒对日常生活微观权力的探寻，对社会的内在区分和多元的鼓励，目的是要勾画出一种更具体的方式来克服劳动分工和技术工具的实用主义逻辑，扭转现代性对道德价值的实用主义诋毁，从而在微观层面上克服现代性的危机。赫勒的日常生活批判理论的微观转向的目的就是强调在现代社会，文化已经不是在日常生活之上的高级文化，而是内在于人的社会生活的生存方式，即日常生活。文化已经渗透到社会生活的各个层面，直接影响人的生存和发展。

四、日常生活批判与微观政治哲学的合流

20 世纪，哲学开始向日常生活世界回归，各种理论思潮都从不同角度出发批判以宏大叙事为特征的意识哲学。向生活世界的回归使哲学不再孤立地探讨和强调政治、经济等宏观社会历史因素的决定作用，而是把所有的社会历史因素都放到生活世界的文化意义结构中加以审视和评价。"即使在常规化的社会生活中和在人们习以为常的日常生活中，现代人也面临着一种文化生存上的窘境：社会各种力量被异化的文化所整合，形成一种新的统治形式，它似乎无所不在，但人们真正面对时，又好似'无物之阵'，不同于经济剥削和政治压迫那样具体。显然，这是一种总体性的、微观的文化统治机制，传统的宏观政治学对此似乎束手无策，它需要一种全方位的，然而是微观的反抗。"②布达佩斯学派认为，要实现社会的人道化和民主化，除了需要在宏观层面上推进激进民主制外，还需要在微观层面上进行日常生活批判。这种对微观层面的强调已经在卢卡奇的基础上发展了。虽然卢卡奇已经强调哲学的微观文化转向，但还是试图以马克思的宏观视域统摄微观，总体性贯穿

① Michael E. Gardiner, *Critiques of Everyday Life*, Routledge, 2000, p.155.
② 衣俊卿：《20 世纪：文化焦虑的时代》，载《求是学刊》2003 年第 3 期。

于其整个理论之中。但是布达佩斯学派与卢卡奇不一样，他们更注重微观，强调微观的文化权力。事实上，微观政治哲学权力走到微观层面就是一种文化权力，所以在这里可以说日常生活与微观政治哲学合流了。之所以这样说是因为微观政治哲学"不是一个独立的哲学研究领域，更不是政治哲学的一个分支，而是一种蕴涵于当代哲学社会科学诸多研究领域之中，对当代社会历史理论的发展具有重要影响的研究范式或者理论方法论的东西"[①]，"微观政治是指内在于所有社会活动和日常生活层面的弥散化的、微观化的权力结构和控制机制"[②]。微观政治作为一种微观的权力结构和控制机制与日常生活对人的活动和行为方式的影响是一致的，都是微观的权力机制，都是一种文化权力，都对人的生活产生决定性的影响，微观政治本身就存在于日常生活当中。而且"微观权力主要表现为日常生活世界中的各种控制机制，例如，氏族、家庭、家族、宗族、血缘网络、乡里制度、民间组织及与此相适应的家规家法、习俗习惯、礼俗乡约、道德纲常等自发的规范体系。这些控制机制既表现为政治权力，也表现为文化权力"[③]。所以说，在微观层面上，日常生活所表现出的微观文化权力与政治权力具有相同的作用，日常生活批判与微观政治哲学走向合流。

日常生活比政治、经济、科学、艺术等更真实地影响着人类的文化历史，一切非日常生活的存在都是建立在日常生活基础上的。赫勒认为，具体的日常思维与抽象的非日常思维的不和谐（资本主义精神、道德、文化、价值观念、社会准则和社会规范等没能跟上高速的经济发展，与经济之间的距离越来越大），导致革命的爆发，革命的产生不只是由于利益的冲突，而且是由于基本需要使人要求改变现有的生存方式。在需要系统中反映的恰恰是生活方式，需要系统的变革同时也就是对生活方式的变革。"赫勒的需要理论是完全革命的概念，不仅意味着政治体制和生产关系的变革，更重

① 衣俊卿：《现代性的维度》，哈尔滨：黑龙江大学出版社，北京：中央编译出版社，2011 年版，"总序"第2 页。

② 衣俊卿：《现代性的维度》，哈尔滨：黑龙江大学出版社，北京：中央编译出版社，2011 年版，"总序"第4 页。

③ 衣俊卿：《现代性的维度》，哈尔滨：黑龙江大学出版社，北京：中央编译出版社，2011 年版，"总序"第5 页。

要的是人的日常生活的变革。"①20 世纪哲学的重要贡献就在于把日常生活世界拉回到人们的视野内,促使理性自觉地向生活世界回归。也有很多学者通过对各种现代性批判理论和西方马克思主义的后现代转向的分析,阐释了从文化批判向政治批判回归的基本理论逻辑。"应当说,这种以追逐普遍性的宏大叙事为特征的哲学社会科学范式有其存在的合理性,因为,理性的反思性本身就具有抽象性和普遍性的本质特点。在人类历史由自发走向自觉的时代,对日常的微观的生活现象进行理论抽象,有助于在偶然的、差异的、个别的、多样化的社会现象中把握人类历史运行中的某些规则性和普遍性的机制。但是,当宏观的哲学社会科学把人具体地生存于其中的生活世界完全视作无足轻重的、平庸的日常琐屑而加以蔑视时,当以价值和意义为特征的人的生活世界完全被以必然性和普遍性为特征的自然世界所消解时,这种遗忘生活世界的社会科学理论范式之弊端就充分显现出来。"②

布达佩斯学派以文化为研究范式和解释模式,对现代文化危机进行了多维度的批判和反思,总结出多元化是现代社会的出路,揭示出文化已经深入到社会生活的各个层面,对社会生活进行影响、规范和制约。在共时态上,布达佩斯学派多维度的文化批判主要可以概括为需要理论、道德理论、政治理论、历史理论、哲学理论等几个维度。他们论述了现代社会的重大变化:激进需要与人的需要的多元化、个性道德与道德的多元化、激进民主和政治的多元化、后历史与后现代主义的多元化、普遍主义范式批判与理解的多元化。从这些维度出发,布达佩斯学派确定了文化理论的多元化特征。本书在对布达佩斯学派共时态的多维度的文化批判阐释的基础上,对布达佩斯学派的多元文化理论进行了内在的比较,包括布达佩斯学派家族内部的争论及布达佩斯学派思想在发展演变中的差异。在历时态上,布达佩斯学派也通过多元性和微观性的结合揭示出了文化的多元化。多元性与微观性是现代文化的范式特征,现代社会文化已经渗透到社会生活的各个领域发挥作用,多元

① John Grumley, A Utopian Dialectic of Needs? Heller's Theory of Radical Needs, In *Thesis Eleven*, 1999, (59:53).

② 衣俊卿:《现代性的维度》,哈尔滨:黑龙江大学出版社,北京:中央编译出版社, 2011 年版,"总序"第 9 页。

文化通过微观力量的发挥进入到了社会的内部结构中,其作用的发挥是通过日常生活实现的。现代社会文化具有多元性的理论内涵,并且已经深入到人的生存的最基本的层面发挥作用,文化与日常生活同一了。日常生活作为人的存在方式,具有影响、规范和制约的力量,也就是意味着文化具有微观的力量。人的生存方式的变革最后表现在微观层面的文化变革,日常生活批判就是人存在于其中的文化批判。在这种意义上可以说布达佩斯学派的日常生活批判理论已经与微观政治哲学合流了。

第四章　布达佩斯学派对现代性的文化反思

如果说上一章是对布达佩斯学派多维度的文化批判,以及对在此基础上得出的多元文化观的论述,这一章主要阐述的是布达佩斯学派关于文化的一般理解在当代人类和当代社会的焦点性问题上的集中展示和实际应用;如果说上一章是把文化作为一种理论研究范式进行现代性批判,这一章则是对文化的现代性解读。在上一章中文化是以隐性的方式出场的,而在这一章中文化是以显性的方式出场的,充分展示了现代性对文化造成的直接冲击。如果说前一章"布达佩斯学派多元文化理论"是布达佩斯学派对文化的一般性反思,这一章则是前一章关于文化多样性思想的最充分展示,是布达佩斯学派文化批判理论的现实聚焦点。考虑到文化的多样性(多元性)最充分的展示、最深刻的悖论和危机都集中体现在现代性的文化逻辑之中,因此虽然现代性的文化反思也属于文化批判的范畴,但本书仍然单列一章对布达佩斯学派的现代性的文化反思进行深入分析,揭示出布达佩斯学派文化批判理论的现实维度。

布达佩斯学派肯定了卢卡奇对人类文化家园的追求,在继承了卢卡奇的文化理论旨趣的基础上,也对卢卡奇的文化理论进行了批判,把卢卡奇的文化理论归结为"理性主义一元文化论"。因为卢卡奇的文化理论追求的是一种统一性的实现,然而对生活与心灵、个体与类、理论与实践的统一的追求使得卢卡奇的文化理论陷入了理性一元论的怪圈,其对文化的理解只是对社会文化分裂的文化现象的阐释,没能将历史引入文化理论。布达佩斯学派在卢卡奇的基础上把文化引入历史,对文化进行了历史性思索,而一旦对文化进行历史性的思索,现代性问题自然会浮出历史的水面,由此布达佩斯学派通过对文化的历史性分析展开了对现代性的批判。现代性正是现代社会的文化模式,这种文化模式支配下依然存在着很多现代性的危机。以文化作为研究范式思考现代性问题,是对现代性展开的深层次的思索,因为文化是一个时代的精神实质,特别是在现代社会,文化已经深入到社会生活的各个层面上发挥着重要的作用。因此,从文化出发对现代性进行反思和批判才能从根本上理解现代性问题,才能找到最根本的抵御现代性危机的道路。布达佩斯学派把文化反思与现代性批判结合了起来,20 世纪的现代性批判等于对当时社会的文化反思,因为反思到的正是现代性问题,在对现代性的批判过程中完成了文化反思的任务。

第一节 对文化的系统界定

虽然布达佩斯学派的思想可以被称作"文化批判理论",文化也一直是布达佩斯学派关心的问题和倾向于批判社会现实的视角,但是对文化的一般界定与基本理解却是与其对现代性问题的阐述、对现代性危机的批判同时进行的。在对文化的一般界定与基本理解中包含了其对现代性的理解,文化的概念是从文化层面对现代性问题的总结。马尔库什和赫勒都把文化的概念与现代性结合在一起进行思考,对文化进行了一般的界定。马尔库什说:"在过去的 20 到 25 年来,我的兴趣基本上转向了文化问题,它既是现代性这一计划的内在张力和矛盾及其在西方社会现实化的一种表达,同时也是这一过程的促成者。"[①]这表达了布达佩斯学派在现代性的历史境遇中对文化的思索,揭示了文化在现代性发展过程中的重要作用。

一、基于现代性的文化概念

在赫勒和马尔库什看来,文化是典型的现代概念,文化是伴随

---

① [匈]乔治·马尔库斯:《现代性高级文化的困境》,孙建茵译,载《中外文化与文论》2011 年第 20 辑,第 158 页。

着现代性产生的。

马尔库什毕生都从事着文化问题的研究,文化现代性理论是其理论后期的关注点,也可以用"文化现代性"来概括马尔库什的整个理论。马尔库什认为,起源于启蒙设计的文化有两种明晰的意义。"一方面,'文化'指的是某些社会实践活动以及它们产生的结果所能渗透到的所有方面:在当代的理解中,它是意义承载和传播的维度,是所有社会的表意系统(signifying system)(广义的、人类学(anthropological)意义上的文化)。另一方面,它指的是一系列限定的、特殊的实践活动——像艺术、科学等等——它们在西方现代性的条件下成为自主的,也就是自身被社会地设定为有价值的,并且具有自己原生‐内在的规范和评价标准的活动(狭义‐部分的、'价值标示的'(value‐marked)文化概念)。"①首先,文化的意义在于与动物不同的存在方式,文化包含在社会活动当中,与自然现象的无意义相比,人类在物质和精神层面的对象化过程中承载和传输着意义,文化的出现打破了自然的迷信和偏见;其次,文化是现代性条件下作为掌握知识的权力和实用工具而存在的,文化为了制造规范和重塑价值而被创造出来,为人类实践创造一种新的规范。可见,文化是现代性的产物,在现代性的历史条件下,一方面承载和传输着意义,另一方面制造着规范和标准。"可以说,文化概念就孕育在启蒙之中,人类学的文化概念与价值标示的文化概念反映了同一个启蒙计划的两个方面。一方面,批判性、否定性的启蒙要推翻传统'迷信'和'偏见'的迷魅,建立一种全新的思考和行为方式,另一方面建设性、肯定性的启蒙要为理性支配的未来寻找一种精神力量。由此,在语义上似乎存在'混乱'的两个文化概念,虽然完全不同,却可以共存于同一个词语之下,原因正是由于启蒙这一计划的两个方面最终必然的融合。"②

现代性条件下的文化问题也是赫勒始终关注的问题,早在《文艺复兴的人》中,赫勒就分析了文化现代性的早期演变。在《日常

---

① [匈]乔治·马尔库什:《马克思主义和文化问题》,载[匈]乔治·马尔库什:《马克思主义与人类学》,李斌玉、孙建茵译,哈尔滨:黑龙江大学出版社,2011年版,"附录"第103页。

② 孙建茵:《文化悖论与现代性批判——马尔库什文化批判理论研究》,哈尔滨:黑龙江大学出版社,2011年版,第63页。

生活》中，又阐述了对于文化的基本理解。在卢卡奇的影响下，赫勒认为，文化可以作为反抗政治压迫和社会同一化的力量。后来在《人的本能》中，赫勒从文化的角度，提出人具有"第二天性"，即人不是直接地具有自己的本能，而是在对象化的过程中历史地生成的"第二天性"中获得自己的本质的，断言文化对人的影响大于先天遗传。20世纪70年代后，赫勒越来越关注文化问题，在《羞愧的力量》、《历史理论》中也都涉及了文化问题。随着整个后现代思潮对现代同一性的质疑，赫勒也提出了反对现代化进程中"无所不包的文化"对人的同化，文化问题伴随着现代性问题日益凸显出来，赫勒正是在对现代性问题的研究上，系统研究了文化问题，提出了对文化的独特理解，这种研究是在现代性批判的基础上形成的，与现代性问题紧密相连。赫勒在马尔库什的基础上，也提出文化不是一种独立的现代性逻辑，认为有三种文化的概念：作为"高级文化"的文化、作为"文化话语"的文化和人类学的文化。"文化的三种概念（我即将谈到）包含、讨论并描述了——有时是辩护性的，有时是批判性的——几种被认为是属于文化的相互关联的现象。"[①]无论是马尔库什总结的两种文化概念，还是赫勒在此基础上提出的文化的三种概念都表达了现代性的存在，都是对文化现代性的研究，都是对现代性在文化层面的表现的阐释。

二、现代性文化的悖论性存在

由于现代性本身就是悖论的存在，正如伯曼在《一切坚固的东西都烟消云散了》中所表述的："现代生活就是过一种充满悖论和矛盾的生活。"[②]文化无疑在现代社会以悖论的形式存在着。"现代人处身在一个悖论上。这就是现代世界的格局：它基于一个原理，这个原理从原则上讲并不是任何东西的根据；它建立在一个普遍价值或观念上，这个普遍价值或观念从原则上使基础变得无效。经过反思的后现代意识思考这个悖论；它并没有忽视它，它与它生

---

① [匈]阿格尼丝·赫勒：《现代性理论》，李瑞华译，北京：商务印书馆，2005年版，第163页。

② [美]马歇尔·伯曼：《一切坚固的东西都烟消云散了》，徐大建、张辑译，北京：商务印书馆，2003年版，"前言"第13页。

第四章 布达佩斯学派对现代性的文化反思

159

活在一起。"①赫勒与马尔库什都分析了文化在现代社会的悖论性存在。

（一）人类学的文化概念

人类学的文化概念在马尔库什理论中又被称为"人类学意义上的文化概念"，这两个概念在理论实质上是一致的，即对现代性理解的经验性层面。之所以称为人类学的文化概念，是因为这一文化概念是建立在人类学对文化的理解基础上的。人类学的文化概念是现代化的产物，马尔库什认为，这种文化概念保证了社会成员共同享有文化，这种共享可以使他们在一个通常意义的世界中以互相理解的方式行动。"人类学的文化概念基于一种一体化的社会形象（integrative image of society）：文化是一个社会的全体成员共享的东西，对文化的参与可以使他们在一个通常意义的世界中以互相理解的方式行动。此外，它也是那些共享的意义，在这些意义的基础上，个体形成了共有的一致性，其时间上的持久又确保了社会持续的统一。"②赫勒对人类学的文化概念作了解读，认为这种文化概念是现代化的产物，是在现代社会格局出现后产生的。"在人类学概念的意义上，所有的人类社会都是文化，因为它们向它们的居民提供规范、法则、叙事、形象、宗教等等。"③这种文化承认所有文化的价值，其前提是每一个民族都有自己的生存方式，都有自己的文化，且每一种文化的价值都是同等的，没有谁比谁更高级。"如果所有的生活方式（和亚生活方式）都是文化，它们就都必须以它们自己的方式、凭它们自身的权利来加以研究并得到理解。一旦它们以它们自己的方式、凭它们自身的权利得到理解，就无法证明它们中的一个同其他的相比更高级或更低级。"④这种文化概念指代的就是人的生存方式，这种对文化平等价值的强调是完全现

---

① ［匈］阿格尼丝·赫勒：《现代性理论》，李瑞华译，北京：商务印书馆，2005年版，第27页。

② ［匈］乔治·马尔库什：《马克思主义和文化问题》，载［匈］乔治·马尔库什：《马克思主义与人类学》，李斌玉、孙建茵译，哈尔滨：黑龙江大学出版社，2011年版，"附录"第103—104页。

③ ［匈］阿格尼丝·赫勒：《现代性理论》，李瑞华译，北京：商务印书馆，2005年版，第188页。

④ ［匈］阿格尼丝·赫勒：《现代性理论》，李瑞华译，北京：商务印书馆，2005年版，第189页。

代的,是现代化的产物。然而,同时,这种文化概念也强调差异,差异意味着"要形成一个特殊的社会单位,就必须形成使之与其他社会单位区分开来的那些特征的复合体"①。即是说人类学的文化概念强调各种文化之间的平等的前提是对各种文化的区分,认为各种文化是存在差异的。这样,人类学的文化概念就既强调普遍性又强调差异性,表现出了悖论性的存在:"独特的差异性概念和统一的'文化'概念再一次证明宏大文化同一性思想是一种不稳定的理想化建构的体现。"②

赫勒也陈述了这一悖论,"由于人类学的概念并不知道有高级/低级的两极对立,而是通过经验——以及非规范性——普遍来运作的,悖论将会通过对立两极(普遍/差异)的主题化(thematization)而出现"③。当人们运用人类学概念的文化时就会感觉到张力的存在,因为如果承认了每一种文化都具有同等的价值,就必须要承认没有一种文化比其他文化更高级,最后差别就会变成无差别的多元主义。"因此,人类学的文化概念——它把文化的概念扩展为作为差异的经验普遍性——也使之变狭窄了,因为它排除了规范普遍性的方法以及差异之间的标准区分。"④但是这还不是悖论,因为人类学的文化概念承认所有文化的同等价值,是彻底的现代的,所有的前现代文化都可以看作是种族中心主义的,然而"只有那些承认所有文化都有权要求得到承认的文化才可能是种族中心主义的"⑤,欧洲人正是通过构造人类学意义上的文化先使自己相对化,再把自己变为可以接受的作为规范的普遍经验。赫勒认为,这才是人类学的文化概念的悖论,从反对绝对到走向绝对,结果是"极端主义的理性主义启蒙(作为普遍进步的现代性概念的全球

---

① John Grumley, Exploring the Options in Nno - Man's Land: Heller and Markus on the Antinomies of Modern Culture, In *Thesis Eleven*, number75, november2003, 25 - 38.

② Gyorgy Markus, *Culture*, *Science*, *Society*: *The Constitution of Cultural Modernity*, Leiden, The Netherland; Boston: Brill, 2011, p. 641.

③ [匈]阿格尼丝·赫勒:《现代性理论》,李瑞华译,北京:商务印书馆,2005年版,第190页。

④ [匈]阿格尼丝·赫勒:《现代性理论》,李瑞华译,北京:商务印书馆,2005年版,第193页。

⑤ [匈]阿格尼丝·赫勒:《现代性理论》,李瑞华译,北京:商务印书馆,2005年版,第194页。

化)和极端主义的浪漫主义(欧洲文化的相对化)一起出现"①。通过这种方式,欧洲人其实是以文化相对主义的姿态为自己的文化特殊性作辩护。然而,赫勒并没有宣布欧洲文化的死亡,在《后现代政治状况》中与费赫尔一道提出欧洲文化正冲出自己的藩篱,形成了新的包容其他文化的伞形文化,新的欧洲文化正在形成。

（二）价值标示的文化概念

马尔库什将现代性基础上存在的第二种文化概念称为"狭义－部分的、'价值标示'的文化概念",这种文化概念与人类学的文化概念的广义性不同,是狭义性的存在。这种文化概念被赫勒称为"作为'高级文化'的文化概念"。无论是什么名称,都是在一种狭义上的理解,都具有价值标尺的作用,本书在这里把二人对这种文化概念的理解统称为"价值标示的文化概念",有时在与低级文化区别的意义上也将其称为"高级文化"。

价值标示的文化概念也是现代性的存在,虽然与人类学的文化概念的悖论不同,但是,价值标示的文化概念也具有理论上的困境。这种困境就表现为这种文化概念包含二分的特征,最后把文化推向了高级文化的领域,产生了高级文化与低级文化之间的悖论。"如果'高级'文化概念本来代表了启蒙这一充满希望的计划,那么随即跟随着它的一种流行的、'低级'意义上的文化则用它启迪'民众'的无力,宣布了它的落空和幻灭。"②价值标示的文化概念在现代已经变成了分裂性的存在,导致现代性在创造了高级文化的同时,同样也创造了摧毁高级文化价值的低级文化。现代性的发展,使艺术品成为商品,而商品化所提供的趣味选择使低级文化侵入了高级文化的领域。"高级文化可以是一种巨大的保护力量,堪称'经典'的体现,它自己便能保护濒临灭绝的本土的(或更广泛的西方的)同一性,以此抵制一个时尚驱动的曾经更国际化的、因此是'异化的'商业文化的不稳定性。同时,它也可以表现为激进批判或乌托邦观念唯一的承载者,因为它的原则——自律

① ［匈］阿格尼丝·赫勒:《现代性理论》,李瑞华译,北京:商务印书馆,2005 年版,第 194 页。

② Gyorgy Markus, *Culture, Science, Society: The Constitution of Cultural Modernity*, Leiden, The Netherland; Boston: Brill, 2011, p. 645.

性——本质上否定了利润的普遍支配，这种支配已经不仅渗透到文化产业，而且渗透到了社会的各个阶层。"[1]

在马尔库什看来，高级文化"是指那些其结果被设定为普遍有效的社会实践，而这些活动本身被认为本质上是自律的。也就是说，它们的发展基本上是由这些实践本身内在的规范和标准来指导的"[2]。然而，高级文化又是矛盾的概念，因为其包含的科学和艺术领域，既是对立的又是互补的。启蒙与浪漫主义就是现代性之初产生的既对立又冲突的包含在高级文化概念之下的文化领域。高级文化应该是自律性的，然而现代科学内在的社会结构却无法保证其自律性，因为现代科学的发展受投资的限制，只有经济和政治权力的国家才能为科学发展提供长期巨大的资金。所以科学已经变成他律的了。并且科学技术越发达，越可能制造出摧毁整个人类文明的武器。同样，艺术也存在着困境。高级艺术在现代性中最早是与低级艺术一起出现的。"高级艺术品，是完全与工具性目的无关的一种愉悦的资源，同时这种愉悦能净化并提升接受者，准备好去代表更高级的、非功利的目的。"[3]然而，高级艺术的发展使艺术品最后完全变成自我指涉的了，不考虑接受者了。这样，高级艺术所具有的赋予每个人生活以意义的功能就消失了，高级艺术现在只能引起一个相对小众接受者群体的兴趣。马尔库什认为，现代性的文化关系既是赋予权力的又是抑制性的，所以是悖论的。"现代文化不仅将自身设定为对每个人来说都是内在有价值的和有重要意义的，而且还是'非凡的'：也就是高级文化。这种'高级'和'大众'文化之间的对立，根本上不同于我们在前现代社会中在'精英的'与'平民的'或'低级的'文化之间作出的划分。在后者的情况中，对于那些社会来说，所涉及到的实践活动并不被理解为同一种实践；它们在归属上属于不同的社会力量并且具有相当不同的、不可比较的功能和重要意义。只有在现代性的条件

---

① Gyorgy Markus, *Culture, Science, Society: The Constitution of Cultural Modernity*, Leiden, The Netherland; Boston; Brill, 2011, p. 646.

② ［匈］乔治·马尔库斯：《现代性高级文化的困境》，孙建茵译，载《中外文化与文论》2011 年第 20 辑，第 159 页。

③ ［匈］乔治·马尔库斯：《现代性高级文化的困境》，孙建茵译，载《中外文化与文论》2011 年第 20 辑，第 160 页。

下——由于文化作品基本上专指向一个社会学上非特指的公众，由于市场机制使它们的分配普遍地均质化等等——以往一直不同的问题才开始转化为如此构成的文化领域的内部矛盾。"①

赫勒在马尔库什的基础上得出，价值标示的文化概念作为高级文化的文化概念"包括心灵、双手以及想像（象）力的创造物"②，在这种意义上，价值标示的文化概念即是黑格尔意义上的绝对精神：有代表性的艺术作品、神学、哲学和科学。高级文化不是在任何情况下都成立的，这种文化的存在需要两个条件："（a）拥有'高级文化'需要有现代性的动力，（b）需要有能够（允许）向其同化的、作为一种相对开放的生活方式范例的'他者'，以培养进入这种被认为较高级的（但一开始是相异的）生活方式的意愿。"③可见，高级文化的产生首先需要现代性作为背景，在此基础上还需要现代世界的文化融合，需要人运用文化判断力去区分高级文化和低级文化。赫勒认为，现代世界符合这两个条件，所以现代世界存在高级文化，而前现代世界由于不符合这两个条件，不存在作为"高级文化"的文化概念。赫勒对高级文化的悖论进行了阐释，但是这种阐释是从趣味的概念上进行的。她认为，既然存在高级，肯定就要有低级的存在。那么高级文化和低级文化区分的标准是什么呢？在前现代时期，通过有趣味和没有趣味来区分文化的高级和低级；而到了现代时期，"重要的不是'有趣味'或'没有趣味'，而是有'好'趣味或有'坏'趣味"④。那么又是谁决定了文化趣味的好坏呢？休谟对这一问题进行了回答，认为是文化精英的趣味决定了文化的高低，反之，只要有好的趣味就是文化精英。然而，赫勒认为，休谟的这种论断是存在悖论的，"休谟式的趣味标准观念本来就是悖论性的，但人们能够带着这种悖论生活。而民主化使

① [匈]乔治·马尔库什：《马克思主义与文化理论》，载[匈]乔治·马尔库什：《马克思主义与人类学》，李斌玉、孙建茵译，哈尔滨：黑龙江大学出版社，2011年版，"附录"第116页。

② [匈]阿格尼丝·赫勒：《现代性理论》，李瑞华译，北京：商务印书馆，2005年版，第164页。

③ [匈]阿格尼丝·赫勒：《现代性理论》，李瑞华译，北京：商务印书馆，2005年版，第167页。

④ [匈]阿格尼丝·赫勒：《现代性理论》，李瑞华译，北京：商务印书馆，2005年版，第169页。

多元文化阐释与文化现代性批判——布达佩斯学派文化理论研究

得这种悖论越来越不可忍受,而且它将会受到更严重的挑战"①。现代性的民主导致了趣味标准的悖论,因为民主化不能区分好坏。所以,趣味标准最后会走向悖论。但是如果不存在趣味标准,那么高级艺术和低级艺术就不能区别开了,那样作为"高级文化"的文化概念就又不成立了。所以文化的悖论必然存在,它既是现代性的结果,又是现代性的前提,"那些在高级和低级艺术(或文化)之间作出区分的人之所以能够这么做,是因为他们继承了第一种文化概念;否则,这种区分就没有意义,因为对这种区分的否定(消除)就假定了这种区分的存在。然而,高级和低级艺术(或文化)的区分不再是不证自明的。在一个民主世界中,每个人的信念都值得考虑"②。所以说现代性带来了民主,也带来了文化的悖论。在现代性民主的条件下,每个人的趣味都是同等重要的,因而作为"高级文化"的文化概念是不民主的。社会格局的转变影响了高低文化之间的区分,"在前现代社会格局中,一个人在阶层划分中所占据的地位决定了他所行使的职能。在现代格局中则正好相反:一个人所行使的职能决定了他在阶层划分和社会等级体系中的位置"③。在前现代社会,高级的人是有高级文化的,人们依据自己的社会位置划分高级和低级;而现代社会,"就新的文化精英而言,是他们所行使的职能(善于培养和运用好趣味的标准)使他们在预先判断(prejudgment)上处于相对较高的地位,尽管并不必然在收入和社会等级上也处于较高地位"④。可见,现代性的产生使文化有了高低之分,同样是现代性使这种区分走向悖论。

同时赫勒还提出对文化的高级和低级的划分所导致的后果,18、19 世纪,资产阶级群体总是要改良自己小圈子的文化,形成了文化优越性的主张,文化优越性的主张尽管与社会地位的优越性不一定相等,但是文化的这种优越性在某种程度上掩盖了社会的

① [匈]阿格尼丝·赫勒:《现代性理论》,李瑞华译,北京:商务印书馆,2005 年版,第 171 页。
② [匈]阿格尼丝·赫勒:《现代性理论》,李瑞华译,北京:商务印书馆,2005 年版,第 172—173 页。
③ [匈]阿格尼丝·赫勒:《现代性理论》,李瑞华译,北京:商务印书馆,2005 年版,第 175 页。
④ [匈]阿格尼丝·赫勒:《现代性理论》,李瑞华译,北京:商务印书馆,2005 年版,第 175 页。

阶级划分。"一种小圈子内的文化是一种分离(separation),其中分离的行为暗含着优越性的主张,尽管不一定是社会的优越性和特权的主张。文化的优越性更是弥补社会劣等性的一个工具。伴随着文化优越性主张的文化分化要求生活方式的培养,这种生活方式并不或者并不完全与它所形成的框架内的阶级的一般生活方式相配。"①

人类学的文化的悖论与高级文化的悖论一样,都可以看作是现代性的基本悖论的表现形式,都是对现代性的反映,但是又有区别,人类学的文化概念是经验性的,包括实际存在的一切事物;价值标示的文化概念是规范性的,提供标尺;这两种文化概念最后都会导致文化的悖论,然而其悖论本身就是现代性的存在机制。

第二节　克服现代性文化危机的努力

马尔库什与赫勒都提出了人类学的文化概念和价值标示的文化概念,并断言这两种文化概念在现代社会都是以悖论的形式存在的,悖论是这两种文化的基本存在方式,也是现代性在文化层面的一种表现。虽然二人都是站在反思现代性的立场上对文化进行深入剖析,但是角度却存在着分歧;都是从文化悖论切入问题,但是引入的路向却有所差异。马尔库什对文化悖论的解释主要是试图解释现代性的动力逻辑,认为文化悖论正是现代性的动力,这种悖论是不能克服的,对文化悖论的克服意味着社会发展的停滞。而赫勒在此基础上提出了"文化话语"的文化概念,这种文化概念正是要克服现代文化概念核心的悖论。但是即使这样我们依然不能否认二人的理论宗旨都是对现代性的反思及对现代性文化危机出路的探寻。

一、保护文化悖论,免受同一性的威胁

马尔库什认为,人类学的文化概念和价值标示的文化概念与现代性的产生一样源于启蒙,悖论是这两种文化概念的根本存在

① ［匈］阿格妮丝・赫勒:《现代性能够幸存吗?》,王秀敏译,哈尔滨:黑龙江大学出版社,2012 年版,第 97 页。

方式,是不可避免的,文化悖论的根源正是现代性的历史和逻辑,现代性产生了文化悖论,文化悖论也代表了现代性的存在状态。悖论也是现代性的基本存在方式,悖论包含了正反两面,正反两面的矛盾斗争是推动现代性发展的内在动力,在这种矛盾冲突中现代性才能够得到发展,所以文化悖论是推动现代性发展的动力因素。"正如文化概念所表现出来的悖论张力一样,现代性的文化深处存在着多重悖论现象,它们彼此纠缠,并存并斗争着,这种现象是现代性最有代表性的特征,也是现代性文化的表现特征。"①恰恰是文化悖论中包含的矛盾性使得批判和反思成为可能,能够推动现代性向前发展,文化悖论正是克服现代性危机的力量。然而,现代性正在试图抹平这种悖论,以同一性的原则改变文化的这种悖论性的存在。在马尔库什看来,在前现代社会,宗教的作用是为人的存在提供意义和价值,现代社会宗教的这种作用丧失了,宗教在理性面前失去了权威的地位,而理性在成为全新的权威后并没能接替宗教赋予人的存在以价值和意义的职能。现代社会,文化接替宗教完成着传递价值和意义的职能,而文化这种作用的发挥要通过文化内部悖论的相互斗争,使人能够进行反思和批判,在这种反思和批判中获得意义。理性同一性试图用同一性消解文化悖论,马尔库什认为,在推动现代社会发展上,除了文化悖论之外,没有可以作为这种推动力的力量了。文化悖论中的相互对抗的多元主义正是现代的动力,所有试图克服这种悖论的企图不但不会克服现代性的矛盾,反而会遗弃现代性本身。

文化悖论是现代性的存在方式,它提供矛盾、反思的方式,是推进现代化前进的力量,然而,现代社会文化悖论的存在受到了威胁。这种威胁来自同一性原则、技术逻辑的扩张,这种对文化悖论的摧毁使文化作为价值与意义的作用得不到发挥,产生了现代性文化的危机。事实上,正是通过悖论这种存在方式,才使文化具有批判的功能,如果文化的悖论性存在方式受到威胁,那么文化将会丧失批判的维度,丧失作为人存在的意义与价值贮藏地的作用。马尔库什总结了现代化进程中调和文化悖论的两种理论尝试,即

---

①　孙建茵:《文化悖论与现代性批判——马尔库什文化批判理论研究》,哈尔滨:黑龙江大学出版社,2011 年版,第 65 页。

启蒙主义和浪漫主义,并对这两种理论进行了批判,"文化悖论式的存在体现了文化补偿性的功能,并从积极的意义上肯定了现代性的文化悖论所提供的批判视角,正是两种力量的对抗和竞争为现代性的进程提供了根本的动力"[①]。启蒙主义和浪漫主义都试图用一致的、不变的理念来统一社会、规划社会,这对于社会来说是危险的,因为这只能导致社会的停滞不前。取缔文化的任何一面,无论是高级、低级,还是普遍、特殊,都会引发片面性的危险,取缔任何一面都会使文化丧失批判的力量。

二、克服文化悖论,走向合理的乌托邦

赫勒在马尔库什的基础上,伴随着自己对现代性的思索,继续从文化入手对现代性进行批判。在马尔库什的基础上,赫勒还提出了作为"文化话语"的文化概念,正是这种文化概念能够作为抵御现代性危机的力量。通过对文化悖论的剖析,以及对"文化话语"所具有的乌托邦力量的挖掘,赫勒剖析了现代化进程的精神底蕴,试图从文化精神出发找寻解决现代性危机的路径。赫勒虽然也承认现代社会文化的悖论性存在,但是与马尔库什不同,赫勒试图避免这种悖论。赫勒认为,文化肩负的是意义的使命,一个人可以借助于技术而不是文化生产自身,然而,给现代人提供一个世界的是文化,负载并传递指向技术想象之外的历史意识的也是文化。所以,对于现代人来说,文化的作用是为了防止技术的滥用侵蚀人存在的意义与价值领域。然而,现代性遏制了文化的作用的发挥。所以,需要弄清文化的作用是如何被限制的,是如何被销毁的,文化在现代性中是如何存在的,只有厘清文化在现代性中的作用以及作用的消失过程,才能在根本上找到问题的症结所在,进而找寻到解决危机的方法。

赫勒非常确定地把普遍性归因于每种文化概念。"经验的文化概念在包围每件事的意义上是普遍的,高级文化概念在设定标准的意义上是普遍的,而文化话语的文化概念是因为提供了'机会

[①] 孙建茵:《文化悖论与现代性批判——马尔库什文化批判理论研究》,哈尔滨:黑龙江大学出版社,2011年版,第87页。

均等',所以也是普遍的。"①现代社会的发展,使文化变得越来越无
所不包,赫勒看到了"无所不包的文化"对人的威胁,以权威左右人
的趣味,控制文化工业,导致文化产品的同质化,消解了质的差别,
结果就是高级文化的消失。这在赫勒看来就是一种"文化的枯
竭"。然而这还不是最严重的,最严重的是文化合理化和职业化导
致的文化交流的碎片化,文化交流的参加者的范围已经缩小到只
是从事这种行业的人了。结果文化交流碎片化为小型的、孤立的、
偶然的、流动的微型讨论,不但没有讨论的标准,而且也没有交流
的共同文化经历,即家园的缺失。在这种情况下,赫勒重新提出了
"文化话语"的文化概念,她认为,"没有文化交流人也能生存,但是
没有文化交流却不能过上好的现代生活"②。"作为文化话语的文
化概念"与无所不包的文化不同,它恰恰是要克服文化的无所不包
性的。"我们称为'文化'(或一般文化)的东西,是与技能和职业
的专业化同时降生的。即使是文化的概念(以及德语概念 bil-
dung),也首先是由那些意识到专业化之不可避免的思想家在现今
的意义上构造和运用的。文化(kultur)被当做反对专业化的一件
武器,不是因为它消灭专业化(它不能),而是因为它能够被所有
那些意识到专业化之有害后果并不想臣服于它的人所利用。"③这
种文化概念提倡沟通与理解,尊重差异性,通过对多样性与差异性
的强调,在多样性共存的情况下,能推动现代社会的发展和进步。
所以,它既保存了文化的多样性与文化的多元层面,又使这些多样
性能够彼此交流,达到一种理解和尊重,保持多样性的存在就能够
使文化重拾批判和反思的功能,重新获得传递意义和价值的作用。
"以这种概念来看,一个'文化人'不是一个写诗或作画的人,而是
一个对于诗歌或绘画有趣味的人,一个能够明智地谈论诗歌或绘
画的人,在他的生活中,阅读、聆听和观赏高级文化的产品占据着

---

① John Grumley, Exploring the Options in Nno – Man's Land: Heller and Markus on the Antinomies of Modern Culture, In *Thesis Eleven*, number75, november2003, 25 – 38.

② John Grumley, Exploring the Options in Nno – Man's Land: Heller and Markus on the Antinomies of Modern Culture, In *Thesis Eleven*, number75, november2003, 25 – 38.

③ [匈]阿格尼丝·赫勒:《现代性理论》,李瑞华译,北京:商务印书馆,2005 年版,第 132 页。

最重要的地位。"①

　　作为"文化话语"的文化强调文化的交谈作用,这种交谈不在于是否要达成共识,而是在于交换观点和解释,这种交谈本身就是目的。作为"文化话语"的文化主要针对现代性的发展使文化变得无所不包这一情况提出的,正是文化的交谈可以抵制现代性的强制同一性。同时,在避免狂躁、商业化和商品化的意义上,文化交谈使其他两种文化悖论变得迟钝了。赫勒认为,在这种文化概念的意义上,文化可以说是现代性的动力的主要载体。哲学就应该是对自由与平等价值的表达,虽然这些价值之间也存在着张力,但是这些张力却是现代性的动力,同时也是可以被调节的。格鲁姆雷指出,"赫勒是一个充满激情的哲学家,因为她已经把自己的生命赋予了这个角色。哲学家就应该去表达现代生活所有的冲突和矛盾,然而,同时也要保护好允许其彻底思索这些问题的价值贮藏地和理性工具"②。

　　现代社会是理性的世界,但是文化的三种概念和文明的各种概念是否符合理性仍然悬而未决。在价值标示的文化概念下,理性和无理性的区分没有意义。根据人类学的文化概念,要么所有文化都是理性的,要么所有文化就都不是理性的。现代世界的合理性的特征只在特殊意义上符合作为"文化话语"的文化概念,"话语"采取的形式并不重要,重要的是辩论的公开性。文化讨论的参与者要牢记自由不仅是理性的条件,而且是理性的限制。赫勒认为,现代文化有两种合理性:理性的合理性和智力的合理性。二者必须在某种程度上相互适应,"现代性非常需要这两种合理性之间的家庭式争吵,就正像它需要这两种合理性一样。这只不过是以另一种说法表明,现代性需要让自身保持在刻板和混乱这两个极端之间"③。这种对"文化话语"的强调是一种合理的乌托邦建构,赫勒认为,哲学不在历史之外,其目标和乌托邦,与历史现状有关。

　　① ［匈］阿格尼丝・赫勒:《现代性理论》,李瑞华译,北京:商务印书馆,2005 年版,第 180 页。

　　② John Grumley, *Agnes Heller: A Moralist in the Vortex of Histor*, London: Pluto Press, 2005, p. 10.

　　③ ［匈］阿格尼丝・赫勒:《现代性理论》,李瑞华译,北京:商务印书馆,2005 年版,第 239 页。

"既然我们生活在一个世界 – 历史意识的阶段,那么我们必须也历史地反思我们自己的理想。我们必须意识到,我们的合理性的乌托邦是关于我们时代的乌托邦。"①以赫勒为代表的布达佩斯学派把哲学理解为"合理的乌托邦",这种乌托邦不得不为了消除日益增长的、无处不在的关于哲学家在提供乌托邦见解方面不比别人好的质疑声而奋斗。格鲁姆雷指出,"欧洲高级文化的爱好者也不得不以其极强的主观主义和'品味'侵蚀正视现代'杂食文化'。赫勒极力坚持普遍价值和对历史和文化多元性的深刻认知"②。也有研究者指出,"赫勒和费赫尔继续保卫着乌托邦的传统遗产,用以抵抗欧洲后现代主义和后结构主义,如鲍德里亚、凡蒂莫(Vattimo)、福柯和其他人的悲观主义。然而,当赫勒建立了一个具体的乌托邦形式——她称为'合理性的'或'激进的'乌托邦——她和费赫尔也关注确定许多乌托邦景象能够共存和繁荣的条件,而不是寻求将一个特殊的价值立场强加给社会整体"③。

文化不是独立的现代性领域,它已经渗透到现代性的各个方面。赫勒从启蒙计划的历史发展中,找到了作为"高级文化"的文化和人类学意义上的文化悖论产生的逻辑根源,正是现代性导致了文化悖论,赫勒在此基础上提出了作为"文化话语"的文化这一乌托邦力量,她把这种文化看作抵御现代性的原则,是现代同一性、量化、工具主义这些现代性问题的解药。每个人必须以自己的标准去判断,每个群体都有自己的文化选择和文化需要。"在任何一个既定的情境中,当出现悖论并不可避免地要作出选择(在行动上和判断上)时,人们选择悖论的一面或另一面作为自己的决定的依据。在任意一种情况下,这都不是一种逻辑的选择,而是一种伦理—政治的选择。而这意味着作出这一选择的那个男人或女人在为他或她的选择负责任。"④赫勒强调"文化话语"交谈的力量,强

---

① [匈]阿格妮丝·赫勒:《激进哲学》,赵司空、孙建茵译,哈尔滨:黑龙江大学出版社,2011 年版,第 58 页。

② John Grumley, *Agnes Heller: A Moralist in the Vortex of History*, London: Pluto Press, 2005, p. 10.

③ Michael Gardiner, A Postmodern Utopia? Heller and Feher's Critique of Messianic Marxism, In *Utopian Studies*, Wntr 1997, 8(1): 89(34).

④ [匈]阿格尼丝·赫勒:《现代性理论》,李瑞华译,北京:商务印书馆,2005 年版,第 197 页。

调对个体的文化选择和文化需要的尊重,目的都在于要为个体选择提供一个多元化的平台,赫勒的这种现代性语境下的文化理论也可以被看作是多元的文化理论,这与后现代思潮的多元化主题不谋而合,其实质是对现代性的一种反思和批判。

布达佩斯学派对人类学的文化概念和价值标示的文化概念都进行了解读,揭示了这两种文化概念的悖论性存在。马尔库什认为,文化的悖论性存在保存了文化的反思和批判功能,它是现代社会发展的动力因素。然而,现代社会文化的悖论性存在受到了威胁,现代性的一体化进程已经深入到社会的各个层面,最终进入了文化层面,力图用现代性的原则和规则来统一文化所包含的彼此矛盾的方面。这种做法使文化丧失了反思和批判的功能,使其作为人的意义和价值的载体的意义失效了,所以,文化在现代社会的存在受到了威胁。赫勒在这一理论前提下,提出了作为"文化话语"的文化概念。她虽然也承认文化悖论的存在,但是她的观点比马尔库什要乐观许多,在赫勒看来,虽然伴随着作为"高级文化"的文化和人类学的文化概念产生的悖论作为现代性的基本存在方式不可能消除,但仍可以尝试使之变得迟钝,避免它。赫勒认为,正是"文化话语"提供了理论上克服现代性悖论的方法。她指出,"文化话语"的文化与作为"高级文化"的文化概念紧密相连,高级文化概念是由文化话语概念产生的,但是文化话语概念不能合并到高级文化概念当中。在这种作为"文化话语"的文化中,通过交谈真正体现了机会均等的观念。"正如这种文化概念避免了两极对立、商业化和商品化,它也避免了第一种和第三种文化概念的命运。它被证明不是悖论性的。自由在这里不是悖论性的。在两种意义上(不受限制和不取报酬)自由地发表和交换意见使一种弱气质成为必要,而且,这种弱气质(例如悬置利益)并不要求有一个基础。然而,问题是,如何才能够避免真理的悖论(它随着自由的悖论而来)。"①赫勒认为,通过部分地悬置可以避免悖论,因为"关于部分悬置理论追求:没有人可以证明真理,但仍然相信自己的判断是正确的。关于部分地悬置实际追求:没有行动本身;言语行为仍然不

① [匈]阿格尼丝·赫勒:《现代性理论》,李瑞华译,北京:商务印书馆,2005 年版,第 186 页。

产生后果,但有一种弱气质(weak ethos)把所有参与者结合在一起。正是通过部分地悬置这些要求,真理的悖论将得以避免"①。所以,在"文化话语"的意义上,文化悖论是可以避免的。但是赫勒同时也提出了自己的忧虑,即"文化话语"的文化"看起来非常有吸引力。但这个概念也有其令人沮丧的一面。由于交谈以自身为目的,并且一切都可以成为反思的交谈的话题,文化交谈可以转变成'闲话',转变成闲聊。进而言之,以讨论自身为目的的讨论是一种对别人不负责任或只负很小责任的实践"②。所以赫勒最后得出结论:在避免了自由和真理的悖论的同时,作为"文化话语"的文化概念无法避免陈腐或琐碎的指责。因为,这种文化交谈属于任意性的活动,这种商谈伦理学需要悬置人的兴趣。虽然话语交谈也有其弊端,但是对于生活来说还是必要的。"对赫勒来说,文化是精神生存的来源,没有文化交谈也可以生活,但没有它却不可能有'好'的生活。"③那么,在赫勒与马尔库什对文化概念的解读中,我们也应该看到,作为"文化话语"的文化是乐观的,它提供了平等参与文化讨论的机会。然而这种文化的交谈需要一定的历史前提,即批判的讨论已经植根于日常生活,并承担其批判的功能,这样才能使文化变为现代性动力的载体。然而,现代这种历史前提还未形成,所以赫勒的这种探讨也只是理论上的一种尝试,最后也只能是一种乌托邦的信念。

第三节　现代性的危机与重建

现代性问题随着启蒙步入了历史的舞台。现代性问题虽然伴随启蒙而来,却又不能等同于理性和启蒙,哲学开始对现代性进行思索是认识到启蒙的恶果之后的事,启蒙的恶果引起了人们对现代性的反思,现代性问题正式进入哲学研究的视野。自此之后,现

---

① [匈]阿格尼丝·赫勒:《现代性理论》,李瑞华译,北京:商务印书馆,2005 年版,第 187—188 页。

② [匈]阿格尼丝·赫勒:《现代性理论》,李瑞华译,北京:商务印书馆,2005 年版,第 188 页。

③ John Grumley,Exploring the Options in Nno – Man's Land:Heller and Markus on the Antinomies of Modern Culture,In *Thesis Eleven*,number75,november2003,25 – 38.

代性进入了哲学的主题域,很多哲学研究都围绕着什么是现代性,现代性的危机是什么,人们该如何应对现代性的危机,现代性危机能够解除吗,现代与后现代的关系是什么等一系列问题。对于这些问题,20世纪许多哲学家都提出了自己的理解,韦伯、哈贝马斯、福柯、利奥塔、吉登斯、霍尔、威廉斯、凯尔纳和贝斯特、卡林内斯库等人都是现代性问题的阐释者,然而这些人的理解却多种多样。

首先,人们在精神文化层面从对启蒙的理解中抽出了现代性的本质。韦伯、福柯等人从康德将启蒙理解为人类脱离自己加之于自己的不成熟状态中得出了对现代性的理解。一方面,韦伯与哈贝马斯从启蒙出发,论述了启蒙分化出来的现代性是以理性化或合理化为特征的,在发展过程中丧失了价值或意义的维度转变为一种技术理性或工具理性;另一方面,福柯认为,"启蒙的历史事件没有使我们成为成熟的成人,我们还没有达到那个阶段"①,他"把现代性想象为一种态度而不是一个历史的时期"②。当然也有与此相反的理解,如凯尔纳和贝斯特把现代性看作一个特定的历史时期。其次,从社会政治层面阐释现代性的理论,如吉登斯就提出,"现代性指社会生活或组织模式,大约十七世纪出现在欧洲,并且在后来的岁月里,程度不同地在世界范围内产生着影响","在外延方面,它们确立了跨越全球的社会联系方式;在内涵方面,它们正在改变我们日常生活中最熟悉和最带个人色彩的领域"。③ 再次,将现代性描述为一个复杂的多重建构过程,现代性不仅存在于思想领域,而且已经融入政治、经济、社会、文化各个领域,成为一种推动力量。正如霍尔所说:"政治、经济、社会与文化进程是现代社会形成过程的一组'马达'。"④这些只是简要地对现代性的诸种理解的描述,事实上存在着更多的关于现代性的理解,这些理解都似乎清晰明了地展示了现代性,然而,即使是这样,我们依旧不能确切地说出什么是现代性。"现代性问题依旧晦暗不明,根本没有

多元文化阐释与文化现代性批判——布达佩斯学派文化理论研究

---

① [法]福柯:《什么是启蒙?》,汪晖译,载《天涯》1996年第8期。

② [法]福柯:《什么是启蒙?》,汪晖译,载《天涯》1996年第8期。

③ [英]吉登斯:《现代性的后果》,田禾译,南京:译林出版社,2000年版,第1、4页。

④ [英]霍尔:《现代性的多重建构》,吴志杰译,载周宪主编:《文化现代性》,北京:中国人民大学出版社,2010年版,第44页。

真正露出其清晰的地平线,依旧是一个开放的、相互冲突的、相互关联又纠缠不清的'星丛'。"①尽管这些人的观点间往往存在着差异,他们对现代性的理解也不一致,但是不管这些研究者之间有什么样的差异,出于什么样的立场、什么样的角度阐释问题,这些理论在实质上都是对现代性本身所进行的反思、对这个时代的危机所作的思考。这是因为每个时代思想家遇到的问题都是一致的,无论从哪个角度进行思索,产生什么样的分歧,最终要解决的问题都是一致的。

虽然现代性是不确切的,现代性问题是"晦暗不明"的,可依然是 20 世纪哲学研究不能也不会回避的问题。虽然现代性是一种时空概念,但同时也可以作为一种文化理解方式、体验方式,进而作为一种文化模式而存在,可以标志现代这一时段的本质特征。现代性作为现代社会的文化模式已经实质上深深渗透进社会生活的各个层面,在各个层面上发挥着主导性作用,搭建着现代社会的堡垒。然而,现代性在建构现代社会的过程中也打碎了前现代社会赋予人的安全感和归属感,正如伯曼运用马克思的话形容的那样,"一切坚固的东西都烟消云散了"。布达佩斯学派正是看到了现代性作为一种文化模式对人类社会生活产生的巨大影响,以及现代性原则的广泛运用带来的一系列威胁人的生存的危机:世界性的战争灾难、道德规范的丢失、精神家园的缺失、异化的普遍化和深化等等,深刻感受到了现代性的列车并未像其当初允诺的那样载着乘客驶入幸福的终点站,反而驶向了奥斯维辛、古拉格群岛这样的车站。正是基于这样的理论前提,布达佩斯学派开始了现代性批判和现代性重建的旅途。

一、现代性危机的表现

(一)人存在的意义与价值的失落

在价值层面,赫勒认为,现代性以同质化和差异化原则摧毁了一切文化的差异,碾碎了价值的独特性。赫勒把现代性比作压路机,她这样形容现代性的压路机的特征:"如果有什么给每一种生

① 衣俊卿:《现代性的维度》,哈尔滨:黑龙江大学出版社,北京:中央编译出版社,2011 年版,第 2 页。

活方式都施加沉重的压力的话,这就是经济压路机。"①现代性的压路机采取同质化和普遍化的原则,特别是通过经济方式以不可抵挡之势摧毁了一切差异,消除了一切与现代性不一致的事物,把一切统合到理性化的进程当中。现代化的历史进程中,理性取得了权威性的地位,渗透到社会生活的各个层面发挥作用,使各个领域都走向同一化的历史进程,现代性成为现代化进程中的内在推动力量。如果现代性作为一种推动力量推动人和社会向积极的方向发展的话,就不会产生现代性的问题了,现在的问题是:现代性在推进社会发展的过程中,使人存在的价值与意义丧失了,价值虚无主义成为主导性原则。格鲁姆雷说:"现代化的进程威胁并削弱了文化为人的生存提供意义和方向的传统作用,现代世界,即使是最高的价值观念——自由也不能够重新点亮希望,文化充当了无以计数的人类意义的必不可或缺的载体。这样赫勒进入了现代性的核心,触及了价值、真实、意义、时空感、完善和幸福等基本问题。"②可见,赫勒认为,文化成为现代化过程中唯一能传递意义和价值的载体,因而现代性的重建需要在文化的层面上进行。文化在现代性中肩负的是意义的使命,一个人可以借助于技术而不是文化生产自身,然而,给现代人提供一个世界的是文化,负载并传递指向技术想象之外的历史意识的也是文化。所以,对于现代人来说文化的作用是为了防止技术的滥用侵蚀人存在的意义与价值的领域。

在现代社会人存在的意义与价值缺失的情况下,赫勒提出了保护文化记忆的问题。"文化记忆是构建和维持特性。只要一群人维持和培养一个共同的文化记忆,这个群体就能够持续存在","无论何时文化记忆丢失了,一群人就会消失,无论是历史或是缺乏"。③文化记忆存在于三个方面:首先,包含在对象化中,以集中的方式储藏文化,意义被共享。其次,包含在有规律的重复和可重

① [匈]阿格尼丝·赫勒:《现代性理论》,李瑞华译,北京:商务印书馆,2005 年版,第 82 页。

② John Grumley, *Agnes Heller: A Moralist in the Vortex of History*, London: Pluto Press, 2005, p. 244.

③ Agnes Heller, A Tentative Answer to the Queston: Has Civil Society Cultural Memory? In *Social Research*, Vol. 68, No. 4 (Winter 2001).

多元文化阐释与文化现代性批判——布达佩斯学派文化理论研究

复的实践中,如节日、典礼和仪式。再次,文化记忆如个人记忆一样,与地点相连,即有意义的或重大的事件发生的地方,或是重大事件重复上演的地方。在这种意义上可以说,文化代表了人的生存与动物不同之处,也是保证人的生活质量的基础。而在现代化过程中,市民社会与政治国家分离,政治国家夺取了作为文化记忆载体的功能,导致市民社会失去了建立和维持文化记忆的功能。正如伯曼所说:"现代市民社会在扩大的同时,又分裂成众多的碎片,说着互不相通的私人化语言,用无数碎片方式构想的现代性观念失去了它的生动性、共鸣和深度,失去了它组织人们生活和给予生活意义的能力。"①市民社会只能部分地选择性地呈现从某种文化记忆中继承的碎片,用以建造自己的文化记忆。文化记忆对于市民社会来说又是十分重要的,所以赫勒提倡在现代性条件下市民社会要重拾文化记忆。现代科学成为现代社会的统治性的解释方法,缺乏文化记忆,而宗教和艺术活动在现代社会所发挥的作用与启蒙之前的科学所发挥的作用是一致的,即一种批判的功能。所以,现代社会文化记忆的建立和维持要依靠宗教和艺术活动。

　　赫勒还论述了在现代性的背景下,同意义和价值的缺失相伴随的"家园的缺失"。现代人不再能感受到家园提供给人的安全感。家园应该具有空间和时间的双重维度,然而,全球化背景下现代人生活在同样的时间、同样的历史中,时间维度单独掌控了家的经验,家园的空间维度的重要性弱化了。这样就使家园丧失了因为是经验的/感觉的所以产生的那种情感的愉悦。现代人完全处于一种偶然性的存在状态,能够自由地选择自己的生存状态,然而,"现代人在建构自己和自己的世界的过程中,很容易失去提供意义的中心,导致意义的丧失和家园的迷失"②。人的偶然性的确定使人与其他人的联系及与历史之间的联系都被切断了,而缺少了与他人的联系、没有了历史,我们就不能生存。赫勒在《我们的家园在哪?》中分析了两种类型的现代家园:一种人没有离开自己出生的地方,生活在具有熟悉感、安全感的空间家园中,他虽然知

　　① [美]伯曼:《现代性——昨天,今天和明天》,周韵译,载周宪主编:《文化现代性》,北京:中国人民大学出版社,2010年版,第23页。

　　② Maria R. Markus, In Search of a Home in Honour of Agnes Heller on Her 75 th Birthday, In *Critical Horizons*, 5, no. 1 (2004): 391–400.

道其他世界,但是他不能了解其他世界,他是生活在被指定的、被限制的家园中,所以不能够发挥自己的偶然性存在,这种家园不是现代性的家园。还有一种人来往于世界各地,各地对他来说都是熟悉的,但是没有一个中心,这是世界性的家园,他四处为家但四处都不是他的家。现代性在使人获得了自由的同时,也使人丧失了空间感觉的家,丧失了对共有经验和感觉的分享,丧失了历史。所以,赫勒想要在现代找到能够成为世界的中心,能够弥补绝对的现在的意义缺失的状态的地方,即现代人的家园。她认为,能够作为现代人的家园的有两种:一种是"绝对精神"或欧洲的高级文化,另一种是北美的民主。然而北美的民主作为一种体制在欧洲不适用。所以,只有"文化"和"文化的讨论"能为现代人提供一个"自然家园"。这种文化的讨论就是指哈贝马斯意义上的主体间的交往,也是她在马尔库什理论的基础上提出的作为"文化话语"的文化概念。

(二)文化多样性与丰富性的丧失

在文化层面,马尔库什将现代性与现代文化联系在一起来考察,从文化层面来考察现代性,现代文化呈现出来的是悖论性的特征,文化既强调普遍又强调差异、既是高级文化又是低级文化,造成了从反对绝对走向绝对、从反对同一到走向同一。马尔库什提出了起源于启蒙的文化的两种概念,即关于人类学的文化概念和狭义－部分的、"价值标示的"文化概念,悖论是这两种文化概念的根本存在方式,是不可避免的。因为文化悖论的根源正是现代性的历史和逻辑。现代性产生了文化悖论,文化悖论也是推动现代性发展的动力因素,二者互为因果。恰恰是文化悖论中包含的矛盾性使得批判和反思成为可能,推动了现代性的发展。也正是文化悖论能够作为克服现代性危机的力量。这种克服并不是指抛弃和消除文化悖论的存在,恰恰相反,马尔库什的文化批判是要对那些试图消除文化悖论、统一现代文化的做法进行批判,因为统一现代文化最终必然导致社会理性的极度膨胀和文化危机的普遍化。他这样形容道:"启蒙运动的宏大哲学把理性视为人类个体的内在属性或内在能力,致力于在理性之中寻求一种同等可靠的基础,从而把意义和价值赋予我们的活动。它们试图用一种理性上统一的、可以找到的世俗'文化'(这个概念就是启蒙运动发明的)来取代宗教的意义创造功能以及因此而具备的社会整合功能,并将某种单一的人类完满方向强加给某个充满生机的社会中所发生的一切变化过程。"①这种统一现代文化的做法才是其要批判的对象。能够打破现代文化同一性,就能克服现代文化的危机,而打破同一性的力量是文化悖论,因为文化悖论的存在能够维护文化的多样性。赫勒在马尔库什基础上提出的作为"文化话语"的文化概念,也正是要通过沟通和交流维护文化的多样性。虽然二人在对待文化悖论的态度上存在着分歧,但是最终的目的都是对文化多样性的强调。因为现代性,文化霸权得以形成。由于启蒙运动起自西方,欧洲成为最发达的地区,现代性的成就在这里体现得最为明显,然而,也恰恰因为这样,欧洲文化总是试图确立其特殊的地位,将这种文化强加到其他文化上。布达佩斯学派要抵御的正是理性同一性对文化多样性的威胁。

总的来说,在布达佩斯学派的现代性批判中,现代性危机产生的主要原因是现代性的扩张,现代性已经深入到社会生活的各个层面企图发挥统治作用。现代性的扩张产生了两个后果:首先是多样性的丧失,同一性吞并了人存在的多样性与丰富性的位置;其次是平等、自由这些人类价值核心维度的丧失,现代性吞并了人存在的价值与意义领域。这些都是现代性的危机及其体现,要弄清现代性危机的原因及其解决路径,我们必须对现代性进行追本溯源,挖掘现代性是如何发挥作用的。

二、现代性的动力与现代性的社会格局

现代性的动力和现代性的社会格局是现代性的两种成分。二者的关联就是现代性的本质。首先,现代性的动力促使现代社会格局得以形成,是现代社会格局的助产士。现代性的动力是非辩证法的辩证法,可以被理解为启蒙,既是毁灭性的,也是自我毁灭性的,能够摧毁一切,并在这之后毁灭自己。如果要遏制这种毁灭,就需要在现代性的动力之外寻找阻遏的力量。"双面的启蒙用它的一张嘴告诉我们,我们最好意识到我们的有限性和短暂性;而

---

① [匈]乔治·马尔库什:《语言与生产》,李大强、李斌玉译,哈尔滨:黑龙江大学出版社,2011年版,"英文版前言"第2页。

用它的另一张嘴告诉我们,作出好和坏之类的区分毫无意义,并不存在真理。它摧毁了所有的有限性,因为它摧毁了有限性的所有条件:区分的可能性和等同的可能性。启蒙因此变成虚无主义。"①启蒙的虚无主义产生了现代性的所有悖论——自由和真理的悖论,自由和真理的悖论产生了其他所有悖论。经过反思的后现代人往往不是躲避悖论,而是直面悖论。正是这种悖论产生了现代社会格局。其次,一旦现代性的社会格局形成,不管有没有现代性的动力,都会扩张,都会被输出。社会格局指的是社会地位的分配、劳动的社会分工等。前现代社会格局与现代社会格局的差异主要表现在社会地位分配方式、劳动社会分工方式的不同,"在前现代社会格局中,人们所执行的社会功能多数是由社会分层等级体系在他们出生时所分配给他们的社会地位决定的。相反,在现代社会格局中,人们在分层等级体系中最终占据的地位是他们自己取得的,靠的是他们的工作以及在特定制度中运用他们的能力去实现特定的功能"②。在现代社会格局中,使现代社会格局得以发展的力量是现代性辩证法,即动态正义。如果没有动态正义,现代社会格局就会走向僵化。动态正义作为一种现代性动力,在社会内很好地运转。然而,这样也产生了问题,动态正义越是发展,破坏性的虚无主义也就越为严重。现代社会格局形成之后,现代性运用压路机的方法以普遍性、同质化消除了一切与现代社会格局不一致的事物。尽管赫勒不同意马克思对于经济基础的论述,但是赫勒依然认为马克思把握了现代性压路机的主要特征。马克思在《共产党宣言》中就表达了对资本主义的这种理解:"迫使一切民族——如果它们不想灭亡的话——采用资产阶级的生产方式;它迫使它们在自己那里推行所谓的文明,即变成资产者。一句话,它按照自己的面貌为自己创造出一个世界。"③马克思阐释的是资本主义生产方式对其他文明的同化,赫勒进一步将这种生产方式、经济方式理解为一种现代性原则。赫勒说:"如果有什么可以迅速

① [匈]阿格尼丝·赫勒:《现代性理论》,李瑞华译,北京:商务印书馆,2005 年版,第 71 页。

② [匈]阿格尼丝·赫勒:《现代性理论》,李瑞华译,北京:商务印书馆,2005 年版,第 76—77 页。

③ 《马克思恩格斯文集》(第 2 卷),北京:人民出版社,2009 年版,第 35—36 页。

被输出的话,这就是技术;如果有什么给每一种生活方式都施加沉重的压力的话,这就是经济压路机。尽管现代性作为一个压路机远不同于资本主义经济,资本主义经济和经济全球化的结合却迅速推进。各种独特的文化必须牺牲它们绝大多数不能与这种经济相一致的东西。"①

赫勒通过对现代性的动力和现代社会格局关系的阐释,揭示了现代性的本质特征。在此基础上,赫勒从两个方面区分了现代社会格局与前现代格局:

首先,作为社会化的工具,现代社会格局把遗传先验和社会先验结合了起来。我们前面说过,人的生存方式由两种先验构成,这基于人是偶然性的存在,人在社会化过程中,其遗传禀赋是"遗传先验",被抛入的具体世界是"社会先验",两种先验的结合构成了人的社会化过程。遗传先验和社会先验之间总是存在着某种张力,但是张力的存在并不意味着两种先验之间不能相适应,这种张力可以被解释、处理和协调。这种张力其实是历史内在的张力,其存在是人和社会得以存在和发展的基础,是文化的根源。如果遗传先验和社会先验完全吻合,二者之间的张力消失了,那么就会产生人类存在的危机。② 在前现代社会格局中,遗传先验起主导作用。赫勒比喻说前现代社会"遗传先验被放进信封里,信封被寄往等级制社会的一座城堡"③。被抛入等级制度社会中的一个确切位置的个人行使的职能是被指派的,已经被刻进其前现代社会格局中了,个人所做的一切都是社会格局规定的。而现代社会格局,情况发生了变化。"遗传先验仍然被放在一个信封里,并且被扔进一个邮箱。但信封上没有写地址——它仍然是空白。"④这样社会先验起了主要作用,人要通过自己的活动将偶然性转换成自己的命运。这是现代状况的典型写照。

其次,作为社会结构,现代社会格局是对称相互关系系统。赫

---

① [匈]阿格尼丝·赫勒:《现代性理论》,李瑞华译,北京:商务印书馆,2005 年版,第 82 页。

② 参见 Agnes Heller, *General Ethics*, Oxford: Basil Blackwell Ltd, 1988, pp. 21 – 22。

③ [匈]阿格尼丝·赫勒:《现代性理论》,李瑞华译,北京:商务印书馆,2005 年版,第 84 页。

④ [匈]阿格尼丝·赫勒:《现代性理论》,李瑞华译,北京:商务印书馆,2005 年版,第 84—85 页。

勒把前现代社会格局比作金字塔，每个人在社会等级中都有自己的位置。在金字塔的各层及其居民之间存在着相互关系，这种关系是不对称的。而现代社会格局是对称相互关系系统。根据对称相互关系，赫勒描述了前现代社会格局和现代社会格局日常生活的变化。在前现代社会格局中，日常生活与制度化生活之间的差别是模糊的，日常生活与非日常生活之间的区别是现实世界与真实世界的区分，非日常的世界对日常生活进行完全的合理化。"在这里，男人和女人们所要做的一切都可以在一个单一的世界里被学习、吸收和创造，这个世界是男人和女人们与他们的环境、他们的对等者和他们的不对等者所共有的。从经验中，也从故事和神话中，他们学到他们要懂得的东西和要做的事情。"①而现代社会格局中，日常生活被裁截了，仅仅包括家庭内部和邻里之间的生活，而在赫勒看来这又根本不是生活。只有当人在家庭之外占据位置时生活才开始，生活意味着放弃日常生活提供的安全感，去适应功能性的劳动分工。"生活意味着承担一项要活下去就必须承担的功能，而这开启了竞争、成功和失败的领域。"②现代社会是机构的网络，而不是日常生活建立起的社会等级，建立起不对称的相互关系。所以，现代社会人们可以通过改变自己的职能改变自己的阶层。

现代性的动力借助于"人人生而平等"的口号，摧毁了前现代社会格局的"自然骗局"，通过赋予每个人以自由和平等，彻底摧毁前现代社会格局中每个人生而具有不同的阶层和位置的骗局。自由和机会均等组成了现代社会格局的模型。然而，自由和机会均等又永远不可能实现，"一个人越是适当地（有效地或合乎道德地）运用他的理性，保证起点平等或保证对起点不平等进行补偿的制度越是合理，他就越是能够更好地利用同等机会以最终到达不平等等级秩序的顶点"③。可见，现代社会格局中自由是一种悖论性的存在。现代社会格局是一种异质的、相对独立的领域，存在着各

---

① ［匈］阿格尼丝·赫勒：《现代性理论》，李瑞华译，北京：商务印书馆，2005年版，第87页。

② ［匈］阿格尼丝·赫勒：《现代性理论》，李瑞华译，北京：商务印书馆，2005年版，第88页。

③ ［匈］阿格尼丝·赫勒：《现代性理论》，李瑞华译，北京：商务印书馆，2005年版，第93页。

种相对独立的趋势,它们相互支持、相互交叉,甚至相互冲突。而且现代性的本质,即现代性的动力与现代社会的格局之间的关系,在现代性的三种逻辑中也会呈现出不同的样态。现代性得以存在就是在诸多异质中维持了一种平衡。

三、现代性的逻辑与想象机制

自由虽然是现代社会格局不能称之为基础的基础,然而自由在现代社会中是以悖论的形式存在的。自由的悖论产生了其他所有悖论。为了解决这种悖论,康德划分了现象世界和自在之物,黑格尔则发明了绝对精神。然而,这些解决办法都不适合于现代。自由的悖论打断了所有的现代想象,自由一方面意味着所有的界限都应该被超越,另一方面像生命这样的问题没有界限意味着死亡。自由这一问题体现了现代想象的双重约束。

(一)现代想象机制的双重约束

现代性的想象①机制由技术想象和历史想象构成:技术想象是"现代科学的主要想象机制和真理的现代概念的载体,真理的现代概念把真理与真知识(与真理对应的理论),与知识、技术和科学的无限进步相等同","历史的现象在提出历史的真理/非真理的过程中,通过解释的方式为现存世界提供意义"。② 技术想象以未来为定向,在这种想象机制的作用下,最后的最晚近的才是最好的;而历史想象与技术想象的方向相反,以过去为定向,在历史想象机制作用下,事物越是古老越珍贵。"投射和怀旧是两个极端,但它们是一体的,因为现在是靠(最近的)未来和(最近的)过去来滋养的。"③赫勒把技术想象机制等同于理性主义启蒙,而把历史想象机制等同于浪漫主义启蒙,启蒙的这两种理路恰巧在现代性的两种想象机制中得到了体现。现代性并非是单一的想象机制作用的结

---

① 赫勒对现代性的想象机制的论述集中于《现代性理论》一书,在《现代性理论》中统一用"想像"这个词语,根据想象的现代语言用法,本书在运用和引文中统一将"想像"改为"想象"。

② Agnes Heller,The Three Logics of Modernity and the Double Bind of the Modern Imagination,In *Thesis Eleven*,Number 81,May 2005:63 - 79.

③ [匈]阿格尼丝·赫勒:《现代性理论》,李瑞华译,北京:商务印书馆,2005 年版,第 201 页。

果,单凭技术想象并不能使现代性得以存在,还需要历史的想象,使我们的文化最终能变为无所不包也是历史想象的成果,"正像无所不包的文化继续从不受限制的阐释中得到滋养一样,最初使得过去向阐释开放的历史想像(象)也变得含混,或者说相当的自我反思"①。技术的逻辑主要与技术想象相对应,而其他两种逻辑有时与技术想象相连,有时与历史想象相连。传统的工具的战争来源于技术想象,而现代战争由于更加意识形态了,又因为意识形态更多与历史想象相连,所以现代性不能抛弃两种想象中的任何一种。现代社会,技术想象和历史想象总是不可分的,赫勒说:"看一下现代世界:无所不包的想象是技术想象,但是你可以把生态学运动看作是一个完全浪漫的世界末日的情境。另一方面,有很多把进步和幸福看作是对所有需要的满足的人。假如每个人的需要结构都相同,这也是一个完全浪漫的情况。"②

（二）现代性的逻辑

现代许多思想家在探讨现代性的成就的同时,也看到了现代性的罪行,因而总结出了现代性的双重逻辑,即建设性与破坏性的共存。布达佩斯学派通过对现代性的三种逻辑的分析既展现了建设性与破坏性的现代性逻辑,又体现了如何通过三种逻辑间的平衡来使现代性能够继续存在,防止破坏性的扩张。

赫勒与费赫尔在《阶级、民主、现代性》、《被冻结的革命》、《现代性能够幸存吗?》和《现代性理论》中,都阐述了现代性的三种逻辑。在《现代性能够幸存吗?》中,赫勒这样描述道:"第一个是现代技术的发展。第二个是社会分工的功能,我使用社会分工是指一种社会安排,这种社会安排不是作为规定人们在社会中应该执行哪种功能的准 - 自然的等级类型的社会分工,而是人们实际执行的功能使他们层级化。第三个是为了普遍的或者准 - 普遍的以及有效的价值而进行的治国方略(statescraft)的实践。在西方的现代性中,这三种逻辑一直以工业化、竞争的市场社会(资本主义)和自

① [匈]阿格尼丝·赫勒:《现代性理论》,李瑞华译,北京:商务印书馆,2005 年版,第 202 页。

② Agnes Heller and Simon Tormey,Recent Intellectual Development,In"Simon Tormey Interviews with Agnes Heller (1998)"1 February 2004. 2 December 2005,http://homepage. ntlworld. com/simon. tormey/articles/hellerinterview. html.

由主义的民主形式被具体化。对第一种逻辑的总体重新定义现在正在进行,对第二种逻辑的重新定义正在某些地区兴起(例如,在斯堪的纳维亚半岛)。所有的三种逻辑都是以未来为取向的(future - oriented)。"①这与赫勒和费赫尔在1983年的《阶级、民主、现代性》中对现代性的三个逻辑、三个因素的表述一致,他们认为,现代性关系的三个因素的共存和相互关系,即资本主义、工业化和民主,这三个因素是理解现代性的关键,现代社会这三个因素同时出现,三者之间的互动就是现代性。费赫尔在《被冻结的革命》中,也表述了作为雅各宾主义前提的现代性的三种逻辑:"我理解雅各宾主义的前提是现代性理论,它区分了其内在的三个'逻辑':工业化、作为经济生活组织原则的资本主义和产生民主的进程[也就是说,政治(political)自由,或者是'共和国']"②,即工业化的逻辑、资本主义的逻辑和民主的逻辑。这些逻辑创造了一个多元论的幻想。三种逻辑间的互动创造了多元价值的社会,这在法国大革命中已经充分地表现了出来。

在《现代性理论》中,赫勒把现代性的三种逻辑扩张为:技术的逻辑、社会地位的功能性分配的逻辑以及政治权力的逻辑(统治与支配的制度),扩大了她前期所阐释的现代性的三种逻辑的范围。赫勒说:"我重新定义了它们,不是因为我改变了主意,而是因为我听到人们很多时候都在说苏联社会不是现代的,而是生产的亚洲模型。我认为它们都是现代社会,所以我需要发展现代性理论将苏联社会也囊括进去。"③通过扩大现代性三种逻辑的范围,赫勒用社会地位的功能性分配代替了资本主义,用政治权力的逻辑代替了民主,用技术的逻辑代替了工业化的逻辑。现代性的三种逻辑共同支配着人类社会的发展。赫勒根据这三种逻辑对现代性进行了解读,采取的是视角主义的方法,从三个不同的视角对现代性进行解读。之所以采取视角主义的立场,是因为赫勒认为"现代性不

① [匈]阿格妮丝·赫勒:《现代性能够幸存吗?》,王秀敏译,哈尔滨:黑龙江大学出版社,2012年版,第144—145页。

② Ferenc Feher, *The Frozen Revolution*: *An Essay on Jacobinism*, Cambridge : Cambridge Univ. Press, 1987, p. 11.

③ Agnes Heller and Simon Tormey, Recent Intellectual Development, In "Simon Tormey Interviews with Agnes Heller (1998)" 1 February 2004. 2 December 2005, http://homepage. ntlworld. com/simon. tormey/articles/hellerinterview. html.

应被视为一个同质化和总体化的整体,而应被视为一个有着某些开放但并非无限制的可能性的片断化世界"①。三种逻辑可以说明现代世界的异质性。三种逻辑不仅是相互支持的,而且是相互限制的,甚至是相互冲突的,只有三种逻辑间达到一种平衡,现代性才能够存活。

第一,技术的逻辑在现代性中占支配地位,技术在本质上不是技术性的,存在于技术想象中。赫勒认为,现代性的逻辑扎根于现代性的想象之中,现代人以双重的方式受到框范,现代性的两种想象机制,技术想象机制与历史想象机制并不契合,二者在一种持续不断的相互作用中并生。所以,由于现代性的想象机制的作用,现代性的三种逻辑才处于平衡状态。"支配性的技术想像(象)机制不可能完全支配政治或社会—功能的领域。至少是到目前为止,政治的逻辑和社会地位功能划分的逻辑并没有完全被科学或一般性的技术想像(象)所支配。"②技术想象以知识的积累为特征,其目标在于解决问题;而历史想象则是用意义呈现代替知识,用解释问题代替解决问题。"正是由于历史想像(象),现代人的自我理解和自我解释往往存在着许多种可供选择的方式。"③现在,技术想象却侵蚀了历史性的领域。同样,历史性也已经侵入了科学。现代社会格局中,科学代替了宗教,行使解释世界的职能。"科学作为支配性的世界解释在力量上并没有被削弱,因为'规范化'的实践已经让位于其他的、有时是对立的实践——如反精神病学,放任教育等等。因为程序仍然是一样的。按合法化的程式,人们改变实践是因为科学如今已发现先前的实践是不正确的,而且它现在生产出了正确的实践。"④

第二,现代性的第二种逻辑是现代性的核心,其各种制度本身是异质的,它们把分配地位、功能和资源的制度推向或拉向不同的

① [匈]阿格尼丝·赫勒:《现代性理论》,李瑞华译,北京:商务印书馆,2005年版,第96页。

② [匈]阿格尼丝·赫勒:《现代性理论》,李瑞华译,北京:商务印书馆,2005年版,第105页。

③ [匈]阿格尼丝·赫勒:《现代性理论》,李瑞华译,北京:商务印书馆,2005年版,第106页。

④ [匈]阿格尼丝·赫勒:《现代性理论》,李瑞华译,北京:商务印书馆,2005年版,第115页。

方向,是否是正义的或合理的很大程度上取决于评议者。这种逻辑具有独立性,如果其独立性在现代性中受阻,那么在所有层面都会出现功能丧失。第二种逻辑越是自由地发展,压制和支配的力量就会越多地从政治领域转移到社会领域。人受到双重的约束,既受到技术想象的约束,也受到历史想象的约束。现代性的第一种逻辑和第二种逻辑本身不需要历史想象,不需要作为"历史想象"的历史想象,需要的是作为"技能"的历史想象。然而,现代性通过个人历史意识侵入按功能划分的制度性等级体系中。"双重约束是自由的,因为一个人并不是被单独一种排他的表意想像(象)机制所约束,因为一个人同两者都保持着一段距离,而且可以服从于两者。这是作为自律的自由,但这也是一种缺乏自由的自由,因为它是对双重约束的自由接受。正是通过双重约束,自由的各种悖论显现出来,作为有关现代人的自由的悖论性的真理而显现出来。"①

第三,政治权力的逻辑,这一概念是从社会的立场,特别是从经济的立场思考国家的。政治权力的逻辑应该相对地限制第二种逻辑,政治权力的干预不能危及第二种逻辑的相对独立性。政治权力小了,社会平衡就会被打乱,独裁就会取代民主政权;政治权力大了,社会就会停滞不前。赫勒认为,第三种逻辑需要历史想象,这种历史想象既不能从现实中演绎,也不能由合理性来解释,务必使之不受技术想象的框范,这样第三种逻辑才能行之有效。

赫勒认为,现代性有三种逻辑:技术的逻辑、社会地位的功能性分配的逻辑和政治权力的逻辑。这三种逻辑之间本该相互影响、相互制约,只有三种逻辑间的相互制约才能使现代性持续存在,如果三种逻辑间出现了不平衡,自然会导致现代性的危机。"当两种或三种现代发展逻辑或这些逻辑内的构成成分发生冲突时——这是现代性的牌戏中不断会碰到的可能性——就会最终达到一种界限。没有这些限制以及行动者对这些限制的意识,现代性很快就会摧毁其自身。"②这种失衡表现在三个方面:第一,往往

---

① [匈]阿格尼丝·赫勒:《现代性理论》,李瑞华译,北京:商务印书馆,2005 年版,第 137 页。

② [匈]阿格尼丝·赫勒:《现代性理论》,李瑞华译,北京:商务印书馆,2005 年版,第 96 页。

技术逻辑在取得了话语霸权之后，会取代其他逻辑地位，这样就会产生三种逻辑间的不平衡。第二，社会地位的功能性分配逻辑本来是现代性的核心，但是在很多时候受阻，丧失了其功能，也会导致现代性的危机。第三，政治逻辑也总在扩张和侵害其他逻辑，尤其是政治权力对社会地位的功能性分配逻辑的侵蚀，使社会地位的功能性分配逻辑丧失了其核心地位，丢失了异质性，一旦政治权力的逻辑渗透进了技术逻辑和社会各个领域，个人将丧失自由，整个社会将陷入灾难，现代极权主义国家就是这种形式的典型代表。

四、后现代政治状况下的文化反抗

布达佩斯学派在对现代性的批判过程中，得出现代性的危机表现在两个方面：一是多样性的丧失，二是人存在的价值与意义维度的丧失。同样我们也得出现代性危机只有在文化当中才能够被克服。那么在克服现代性的过程中，我们要如何对待现代性？是完全抛弃现代性完全走向后现代，还是要进行现代性的重建？现代性犹如一枚硬币，有正反两面，人们怎样"看待"现代性就会怎样"对待"现代性，看到硬币的哪一面就会倾向于怎样对待现代性。对待现代性的态度有两种：一种态度是只看到现代性硬币的反面，坚持现代性已经终结。另一种态度看到了现代性硬币的两面，认为现代性尚未终结，只有在现代性中才能找到解决现代性危机的路径。布达佩斯学派持第二种态度，他们追求的是在现代性中克服现代性的危机，他们肯定现代性的价值与意义，认为应该在现代性中发掘多元主义的潜力；同时他们又认为应该结合后现代的政治状况，使之成为适应后现代政治状况的多元主义。所以，布达佩斯学派对现代性的批判不是要抛弃现代性，而是要对现代性进行重建，是在后现代政治状况中进行重建。

在批判现代性的过程中，许多人都走向了后现代，他们通过多元、差异、相对、怀疑、解构等一系列与现代主义相对应的范畴回应了现代主义。布达佩斯学派从哲学层面解读了后现代，把后现代看作是在现代性中孕育出来的，是现代性的完成。费赫尔说："如果我们'居住于后现代'，我们关切的是什么？这个问题比寻求一个后现代的'定义'更重要。因为后现代既不是一个历史时期也不是一个特征清晰的趋势。后现代被那些对现代性心存疑虑或质疑现代性的人(和审美现代主义)、那些想要把它当任务的人和那些发现了现代性的成就及其未解难题的人描绘为更广阔的现代时空内的私人 – 公共时空(private – collective time and space)。选择居住于后现代的人仍然居住于现代和前现代中间。因为后现代建立在空间和时间的多元性基础之上。它是一个异质的中间地带的网络,既不是一个时代也不是一场同质化运动。至少它是一个独特的(生活方式或艺术的)风格。因此,列出这些关切将会成为在现在的半 – 不透明性中前进的更好方法,比列举任何可疑的成分要好。"①后现代不是现代性到来之后的一个阶段,而是由于对现代性的忧虑而产生的,是现代性的延续,是对现代性的反思,后现代是现代性以苏格拉底认识自己的方式反思自己的结果,它的理论核心就是反对现代性的宏大叙事,张扬生活方式的多元化。布达佩斯学派认为,后现代的政治状况就是以文化的多元化和对话的多元性为理论前提的。

布达佩斯学派对现代性问题的思索虽然已经步入了后现代主义的理论视域,但又不同于后现代主义,因为在他们看来后现代也存在着误区,一味地高扬后现代贬低现代,会导致一种极端相对主义的形成。早在《个性伦理学》中,赫勒在提到其视角主义思想时就指出,视角主义并非是相对主义:"每个视角都代表其本身。从不同的视角出发看世界都会得出不同的世界,但是这些世界尽管不同,仍是可以分享的;由于我们生活在一个共同的世界,我们可以彼此理解。"②视角主义属于后现代理论视域中的多元,但是多元并不等于相对,赫勒对文化多元化的理解并未满足于不同文化包含不同的价值这种相对主义观点,而是要达到更为综合的、吸收更多价值的多元文化。赫勒和费赫尔说:"对现在的绝对否定(不可否认,比后现代性所提供的还要多)很可能以彻底丧失自由或彻底毁灭而告终。"③布达佩斯学派认为,在重建现代性的过程中,既要避免现代性的宏大叙事,也要避免后现代极端的相对主义的误区,

① Ferenc Feher, The Status of Postmodernity, In *Philosophy Social Criticism* 1987, 13:195.

② Agnes Heller, *An Ethics of Personality*, Oxford: Basil Blackwell Ltd, 1996, p. 113.

③ [匈]阿格妮丝·赫勒、费伦茨·费赫尔:《后现代政治状况》,王海洋译,哈尔滨:黑龙江大学出版社,2011年版,第13页。

最好的办法就是找到一个连接点,在后现代政治状况允许的程度上重建现代性的统一。"我们探索'后现代政治状况'的主要推动力不仅在于登记现代性中呈现的新兴异质,一个几乎无法,或只能强制地,被继续存在的,满是缺陷的'宏大叙事'同化的异质。相反,我们开始着手寻找那个仍然能够把我们的世界连结在一起的纽带,寻找一个据我们猜测也许已经熬过分裂过程的思潮,一个能成为绝对相对主义的玩世不恭的解药的思潮。总之,我们试图弄清甚至在后现代政治状况中还有多少普世主义保持不变。"① 费赫尔就提出了我们关注后现代的三个方面:"我们不是生活在现在而是之后","对具有差异性的我们的偶然存在的重新发现","解释学文化得到凸显"。② 后现代政治状况并不是一个新的政治时期,因为在后现代,宏大叙事解构了,没有能够作为普遍的、包罗万象的解释原则,文化是多元的,对话是这一时期的重要问题。在后现代政治状况下,重建现代性的统一是重要的历史任务。总之,布达佩斯学派的现代性批判的理论宗旨不是抛弃现代性,而是要重建现代性。这种重建又不是回到现代,而是在后现代政治状况的全新历史条件下进行重建。赫勒与费赫尔在《后现代政治状况》中提出,民主政治原则和道德准则所体现的自由、正义、平等等概念都能够成为后现代政治状况的多元主义的共识。

  本章主要阐述了布达佩斯学派关于文化的一般理解在当代人类和当代社会的焦点性问题上的集中展示和实际应用,即对现代性的反思和批判。布达佩斯学派把现代性看作现代社会的文化模式,以文化作为研究范式对现代性问题进行思考,揭示现代性问题是如何在文化中展现出来的。布达佩斯学派总结了文化的概念,得出了对文化的一般理解,这种理解就是在理论层面对社会问题的总结。基于对现代性的理解,马尔库什提出了文化的两种概念:人类学意义上的文化概念和狭义 - 部分的、"价值标示"的文化概念,这两种文化概念最终都会导致文化的悖论,但是这种悖论本身就是现代性的存在机制。赫勒同样分析了这样两种文化概念在现

  ① [匈]阿格妮丝·赫勒、费伦茨·费赫尔:《后现代政治状况》,王海洋译,哈尔滨:黑龙江大学出版社,2011 年版,第 14—15 页。

  ② Ferenc Feher, The Status of Postmodernity, In *Philosophy Social Criticism*, 1987, 13:195.

代社会的悖论性存在。马尔库什与赫勒都运用文化概念对现代性进行了反思,马尔库什认为,文化的悖论性存在恰恰是现代性的动力机制,而赫勒则在此基础上总结了第三种文化的概念,即作为"文化话语"的文化概念,认为这种文化概念能够克服文化悖论。虽然路数存在区别,但是二人都致力于探寻现代性危机的出路。通过文化,布达佩斯学派向人们展示了现代性的文化危机,分析了现代性的动力和格局、现代性的逻辑与机制,并提出了在后现代政治状况下重建现代性之路。

第五章　对布达佩斯学派
文化理论的当代反思

　　布达佩斯学派的文化理论在 20 世纪国际学术界具有重要的影响，与 20 世纪许多其他的文化理论思潮一道，深刻地反思了 20 世纪的文化焦虑和危机，推动了人类文化自觉的历史进程。这种文化批判理论在当今依然具有重要的意义和价值，无论对于我们以文化作为哲学研究范式反思当下问题，还是对于文化层面的社会批判都具有重要的参考价值。

第一节　布达佩斯学派文化理论对
马克思思想的继承和发展

　　布达佩斯学派之所以被称为东欧新马克思主义的一支，是因为其理论与马克思思想之间具有连续性。在卢卡奇把马克思主义的正统定义为"方法"的意义上，布达佩斯学派无疑是马克思主义的继承人，他们在继承马克思的人道主义批判传统的同时，试图超越其历史形式，运用"方法"对资本主义和社会主义展开了双重批判。布达佩斯学派早期受卢卡奇的影响，在"马克思主义的复兴"的口号下进行理论研究。他们的理论与马克思思想有着千丝万缕的联系，他们大多数人有很扎实的马克思主义理论功底，对马克思的思想进行了深入的研究。可以说，马克思的思想是布达佩斯学派的主要理论来源。在布达佩斯学派的作品中，充满了与马克思思想的深刻交流，特别是布达佩斯学派的文化理论与马克思的社会历史思想密切相关。

一、布达佩斯学派的文化理论是对马克思人本主义思想的继承

布达佩斯学派对马克思人本主义思想的继承体现在两个方面:一方面,从人的存在出发,布达佩斯学派继承了卢卡奇从马克思早期思想中吸取理论资源的做法,对马克思的思想进行了深入的解读与发展,特别是马克思早期关于人的本质、异化、实践和自由等人道主义思想对布达佩斯学派产生了巨大的影响。另一方面,从历史出发,马克思所强调的根源于人的现实生活的人本主义思想也为布达佩斯学派所继承。

在马克思的早期著作中,特别注重人的价值维度,追求人的自由、解放和类本质的实现。马克思通过对人的本质的分析揭示出现存社会人的异化存在状态,并对异化进行了批判,确定了人类解放的理论宗旨,畅想了未来共产主义的状态:"共产主义是对私有财产即人的自我异化的积极的扬弃,因而是通过人并且为了人而对人的本质的真正占有;因此,它是人向自身、也就是向社会的即合乎人性的人的复归,这种复归是完全的复归,是自觉实现并在以往发展的全部财富的范围内实现的复归。这种共产主义,作为完成了的自然主义,等于人道主义,而作为完成了的人道主义,等于自然主义,它是人和自然界之间、人和人之间的矛盾的真正解决,是存在和本质、对象化和自我确证、自由和必然、个体和类之间的斗争的真正解决。它是历史之谜的解答,而且知道自己就是这种解答。"[①]这种人道主义思想对布达佩斯学派产生了很大的影响,他们认为,"对私有财产的废除和异化的扬弃不是马克思共产主义的目标本身,而是实现'人道的'社会的手段和过程"[②]。他们批判现实社会对人的自由、平等的压抑,以及当时东欧的苏联模式社会主义各种不人道的问题,重新阐释了马克思关于人的本质、异化等思想。这些都是对苏联模式社会主义违反了马克思人道主义思想本

① 《马克思恩格斯文集》(第 1 卷),北京:人民出版社,2009 年版,第 185—186 页。
② Andras Hegedus, Agnes Heller, Maria Markus, Mihaly Vajda, *The Humanisation of Socialism: Writings of the Budapest School*, Allison&Busby Limited 1976, p.1.

质的批判。布达佩斯学派认为，"马克思唯物主义首先意味着，拒斥一切被当做社会主义转变的基本工具的、关于文化道德'再教育'的理论和(或)关于(单纯的)政治革命的理论。这意味着无情地批判把观念或国家实质化为独立的社会力量的做法，否定了它们的自主性和专断地位"①，这意味着国家完全吞噬了市民社会，马克思早在《德法年鉴》时期就批判了这一点，提出不是国家决定市民社会，而是市民社会决定国家。通过马克思的人道主义思想，布达佩斯学派对苏联模式社会主义的计划经济体制和国家社会主义政治管理模式进行了批判。同时，布达佩斯学派还继承了卢卡奇从马克思思想中总结出的现实批判的方法。马克思被布达佩斯学派看作是现代性批判和文化批判的先驱，虽然马克思从未直接运用现代性批判、文化批判这样的词语，但是他对资本主义社会的文化洞察表明了，对现代性文化的批判是马克思哲学的基本理论关怀。一方面，马克思对于资本主义社会的异化和价值缺失问题，也即资本主义社会最深刻的文化问题的批判，就是他对于现代性发展给人类社会带来的成绩与灾难的洞见。另一方面，马克思也极力寻求通过阶级斗争的方式来改变人被压制、被奴役的生存状况，为人类的解放寻求解决之道。这种批判的精神恰恰是一种现代性批判。布达佩斯学派在马克思的基础上发展了这种批判理论，运用马克思的方法不仅对资本主义进行文化批判，而且对社会主义进行文化批判。可以说，布达佩斯学派继承了马克思批判理论的精髓，即"批判"。所以，布达佩斯学派早期关于人本质和异化问题的探讨，对自由和实践的强调都是对马克思人道主义思想的继承和发展。

在《关于费尔巴哈的提纲》中，马克思提出人是社会的人，"人的本质不是单个人所固有的抽象物，在其现实性上，它是一切社会关系的总和"②，从社会的人出发，得出了自己的思想是立足于人类社会的理论。紧接着在《德意志意识形态》中，马克思、恩格斯对人的社会存在进行了进一步阐述，"全部人类历史的第一个前提无疑是有生命的个人的存在"，"个人怎样表现自己的生命，他们自己就

① [匈]乔治·马尔库什:《语言与生产》，李大强、李斌玉译，哈尔滨:黑龙江大学出版社，2011年版，第53页。
② 《马克思恩格斯文集》(第1卷)，北京:人民出版社，2009年版，第505页。

是怎样。因此,他们是什么样的,这同他们的生产是一致的——既和他们生产什么一致,又和他们怎样生产一致"。① 历史存在的前提是个人的存在,个人的存在又取决于人的生产,由此可以得出人类历史的基础是人的现实的生产生活。这是马克思社会历史思想的第一个方面,即阐释了历史的基础是人的现实生产生活,即实践。从此出发,马克思、恩格斯对唯心史观进行了批判:"迄今为止的一切历史观不是完全忽视了历史的这一现实基础,就是把它仅仅看成与历史进程没有任何联系的附带因素。因此,历史总是遵照在它之外的某种尺度来编写的;现实的生活生产被看成是某种非历史的东西……某种处于世界之外和超乎世界之上的东西。这样,就把人对自然界的关系从历史中排除出去了,因而造成了自然界和历史之间的对立。"②可见,马克思反对脱离人的现实生活的社会历史思想。除此之外,马克思的社会历史思想还包含着对历史发展规律的一般陈述,在《德意志意识形态》中,马克思、恩格斯阐释了世界历史演变发展的五个阶段:部落所有制、古代公社所有制、封建的或等级的所有制、资本主义所有制、共产主义所有制。在马克思后期的理论中,也有根据理论的需要对人类历史发展是生产力与生产关系、经济基础和上层建筑的矛盾运动的结果的论述。对人类历史发展规律的归纳是马克思在特殊的历史条件下对普遍性和特殊性的强调,这并不是社会历史思想的全部内容,然而却恰恰为后来的马克思主义片面地发展了。后来第二国际的马克思主义仅仅把马克思、恩格斯的思想理解为一种历史决定论,而忽视了马克思在总结历史发展规律时所处的特殊历史条件。马克思在《给〈祖国纪事〉杂志编辑部的信》中说:"一定要把我关于西欧资本主义起源的历史概述彻底变成一般发展道路的历史哲学理论,一切民族,不管它们所处的历史环境如何,都注定要走这条道路,——以便最后都达到在保证社会劳动生产力极高度发展的同时又保证每个生产者个人最全面的发展的这样一种经济形态。但是我要请他原谅。(他这样做,会给我过多的荣誉,同时也会给我过多的侮辱。)"③可见,单方面强调社会发展规律方面,而忽视历史

---

① 《马克思恩格斯文集》(第1卷),北京:人民出版社,2009年版,第519—520页。
② 《马克思恩格斯文集》(第1卷),北京:人民出版社,2009年版,第545页。
③ 《马克思恩格斯文集》(第3卷),北京:人民出版社,2009年版,第466页。

发展的基础是人的现实生产生活方面,最后会使马克思的思想重新返回到马克思所批判的旧唯物史观。

布达佩斯学派在对教条主义的马克思主义的历史决定论的批判中,在对马克思早期社会历史理论的研读中,注重历史根源于人的现实生产生活方面的思想,强调根源于生活世界的历史的丰富性内涵。在马克思那里,社会历史思想是源于现实生活、在日常生活中产生的。人的现实的生产生活是历史的前提,这与布达佩斯学派强调日常生活的基础作用是一致的。马尔库什这样形容马克思的社会历史思想,即马克思思想的核心范式是生产范式,正是生产范式使马克思得出了历史唯物主义这样的理论,并对这一结论进行了论证和说明。"在 20 世纪的理论争论中,关于如何把握马克思思想的核心范畴或者马克思社会历史理论的研究范式的问题,一直是众多新马克思主义流派、马克思学家和其他理论研究者关注的重大问题,这一问题的解答关系到对马克思全部思想的理解。在这种意义上,马尔库什对这一基本争论作了很好的梳理,并且建构了自己的基本理解。"①马尔库什认为,马克思的社会历史思想就是建立在生产范式基础上的,马克思的理论属于生产范式,重视生产对历史发展的重要性,马尔库什在对语言范式和生产范式批判的基础上,表达了其理论的生产范式倾向,只不过不再局限于生产力的发展一定意味着生产关系的进步而已。布达佩斯学派基于马克思社会历史思想对现实生活生产的强调,在人的日常生活中得出了自己的文化理解。

二、布达佩斯学派文化理论是对马克思社会历史思想的丰富

马克思的人道主义思想主要是对现存社会的政治、经济进行批判,布达佩斯学派继承了马克思的人道主义的批判本质,对社会现实的丑陋进行批判,但不局限于政治经济层面,而是进一步深入到文化层面上。赫勒认为,那种为了实现人道化的日常人类关系

① [匈]乔治·马尔库什:《语言与生产》,李大强、李斌玉译,哈尔滨:黑龙江大学出版社,2011 年版,"中译者序言"第 8 页。

首先必须废除经济和政治的异化的观念，只是启蒙以来形而上学的幻想。① 格鲁姆雷这样评价赫勒的思想：她在"走向在共产主义的许诺和现存社会主义现实之间的张力中建构自己的哲学。她逐渐从为'真正的'马克思辩护，最终走向认清马克思本身的缺点和不足"②。因为社会历史条件发生了变化，从卢卡奇开始就阐述了社会批判理论的文化转向，布达佩斯学派继承了卢卡奇的这种思想，发展了马克思主义。马克思所处的时代是宏观的政治经济占主导作用的年代，而布达佩斯学派面临的是文化权力居于主导地位的时期。资本主义的政治经济体制与东欧国家高度集权的政治统治都与马克思提出社会历史思想时期的历史条件不同了，社会对人的控制已经深入到日常生活和需要的层面上了，通过对日常生活的批判和对需要的专政的拷问，布达佩斯学派开拓出了一条微观的文化批判之路。

社会历史思想是马克思理论的核心部分，从政治经济学角度对资本主义进行了深刻的批判，虽然是从政治经济学角度出发的，但这其中贯穿着对资本主义社会文化领域的关注，其理论来源德国古典哲学、英国古典政治经济学、法国空想社会主义等都是社会文化的缩影。马克思的社会历史思想从现实社会生活出发对资本主义文化进行了深入的研究，这种研究成为布达佩斯学派文化批判理论的来源。马尔库什认为，"历史唯物主义的'社会物质生活条件'和'人在社会中的物质生活活动'，首先不是作为社会结构及其变化的理论解释原理，而是作为以正在到来的彻底的实践性的社会转变为目标的、决定性的社会斗争领域加以设定的。在马克思看来，在这个领域内可以发现人类苦难的根本来源以及消除这个来源的力量，并且可以指明革命性变化的条件和基本方向"③。然而，历史唯物主义强调作为历史发展基础的生产是宏观的经济和权力，是生产力和生产关系的矛盾运动，这与布达佩斯学派强调

---

① 参见 Andras Hegedus, Agnes Heller, Maria Markus, Mihaly Vajda, *The Humanisation of Socialism: Writings of the Budapest School*, Allison&Busby Limited 1976, p. 50。

② John Grumley, *Agnes Heller: A Moralist in the Vortex of History*, London: Pluto Press, 2005, p. 23.

③ ［匈］乔治·马尔库什:《语言与生产》,李大强、李斌玉译,哈尔滨:黑龙江大学出版社,2011 年版,第 52—53 页。

日常生活基础的生产有所不同。马尔库什试图通过马克思的生产范式来解决历史条件的变化对历史唯物主义的冲击问题，强调应该从生产范式出发进行激进化的尝试。认为"马克思的生产范式不仅表现为对一种有关彻底的历史主义与人类有限性意识统一起来的观点的概念化阐释。它不仅提供了对于人类自我创造过程的历史的理解——人类不是无中生有地(ex nihilo)产生的，而是基于'偶然地'给予的自然材料，在一个永无止境的从'自然的界限'中解放出来的过程中产生的。……同时提供了一个范畴框架，借助于这个范畴框架，在每一个历史情境之中区分出预先给定的社会环境的方面和要素(人类同自然的实践关系作为要被同化的基本的事实性而对象化在这些方面和要素中)与另一类方面和要素(人类相互关系在这些方面和要素中物质化，人类的有意识集体活动可以并且应当彻底地评判和转化这些方面和要素)才成为可能(至少在原则上成为可能)"①。生产范式蕴含着对人类历史无限发展的观点的肯定，生产意味着对无限可能性的创造，布达佩斯学派试图从生产出发进一步推进马克思社会历史思想的发展。

布达佩斯学派的文化理论以文化哲学的研究范式对社会现实进行了深刻的反思，为理解人的存在和历史提供了全新的理解视角。文化作为一种哲学研究范式，已经渗透入社会生活的各个层面发挥作用，包括政治、经济等层面，基于文化的内化对社会现实问题的研究，实际上是从微观维度出发对人、社会和历史所进行的深刻思索。布达佩斯学派的文化理论既探讨了社会的各种文化现象，同时也对作为社会精神气质的文化进行了探索，使这种文化理论成为一种重要的历史理论和历史解释模式，这在某种程度上是对马克思社会历史理论的丰富。因为马克思的社会历史理论强调对社会现实的反思和批判，只不过马克思主要强调在政治、经济层面上来进行，强调通过政治、经济的革命达到人类的最终解放。但是马克思并未使这种理论脱离人的生活世界，同样强调人的现实生产生活对人、社会和历史发展的重要作用。所以，可以说马克思已经开启了社会历史理论的微观维度，只不过没有对此进行深入

① ［匈］乔治·马尔库什:《语言与生产》，李大强、李斌玉译，哈尔滨:黑龙江大学出版社，2011年版，第78—79页。

探讨而已。赫勒说："一个毋庸置疑的和经常被强调的事实是马克思不仅看到革命是通过无产阶级革命抓住权力,而且认为所有这些(私有财产的消极废除)是他定义的私有财产的积极废除,因此也是异化的扬弃的过程的前提。这也意味着对日常生活的激进重建。"[1]布达佩斯学派在马克思社会历史思想的基础上,通过西方马克思主义,特别是卢卡奇这一中介,强化了文化的重要性,认为现代社会仅凭借政治、经济的革命不能达到人类的自由和解放,因为现代社会对人的生存方式起决定性作用的是文化,所以布达佩斯学派在马克思理论的基础上,主要从微观文化层面对社会现实进行文化批判。如赫勒区分了三种革命:经济的革命、政治的革命和日常生活的革命,前两种属于解放身体的运动,而日常生活革命属于解放思想的运动,是革命实践后来兴起的新的方面,是真正的解放。日常生活属于微观的文化层面,可见,微观文化层面对于布达佩斯学派的重要意义。布达佩斯学派的整个理论体系都是以文化作为哲学研究范式进行的,探索了文化在现代社会作为一种内在机理,已经渗透到社会生活的各个领域中发挥作用,同时布达佩斯学派还对文化的这种内化作用的现实聚焦点——现代性进行了深入的探讨,得出了微观维度的文化批判理论。所以,可以说布达佩斯学派的文化批判理论是对马克思社会历史理论的丰富,丰富了马克思社会历史理论忽视的微观维度。

第二节　以文化哲学的研究范式同
意识哲学展开论争

自"范式"概念被库恩提出以来,"范式"的概念得到了哲学家们的重视,他们开始运用范式进行哲学分析,对哲学范式进行总结和研究。那么什么是哲学范式呢? 衣俊卿教授总结道:"哲学范式不是指某种具体的哲学分析方法,而是指哲学的总体性的活动方式,涉及到哲学理性活动的各个基本方面,是指哲学理性分析、反思和批判活动的最基本的方式和路数。在很多时候,对于哲学研

① Andras Hegedus, Agnes Heller , Maria Markus, Mihaly Vajda, *The Humanisation of Socialism*: *Writings of the Budapest School*, Allison&Busby Limited 1976, p. 43.

究而言,重要的不仅在于研究什么,更在于如何研究。"①文德尔班在"对形成哲学对象的那些问题的整个范围"的检查中,得出了哲学史上作为哲学对象的两种问题:理论问题和实践问题。理论问题"是指那些一部分属于对现实世界的认识问题,一部分属于对认知过程本身的研究问题"②,具体指代形而上学和认识论;而实践问题"一般是指在研究被目的所决定的人类活动时所产生的问题"③,具体指代伦理学、道德哲学、狭义的社会哲学、法律哲学、历史哲学等。这两种问题是对哲学对象的总体分类,研究这两类问题的哲学也就是两种基本的哲学研究范式,即意识哲学范式和实践哲学范式或文化哲学范式。意识哲学范式是古典哲学的研究范式,主要寻求普遍性的知识;实践哲学则是与意识哲学相对的,强调美德、实践智慧的知识。哲学在最初的发展过程中既包含着理论问题,也包含着实践问题,并未区分二者。只是随着哲学的发展以及对意识哲学普遍科学知识的强调,哲学分化了,意识哲学成为主流的理论,而实践哲学则逐渐被遮蔽了。而随着意识哲学对理性的过度追求使人存在的意义和价值被完全忽略,造成了文化的危机。针对意识哲学过度强调理性忽视人存在的意义与价值所造成的文化危机,文化哲学,即实践哲学,作为对意识哲学的一种反抗被重新提了出来。文化哲学提倡在概念体系、研究方法、思维体系方面进行改革,从而彰显人存在的意义和价值。所以本书中文化哲学主要指代与强调凸显人存在的意义和价值的哲学。

从 19 世纪末开始,就兴起了许多理论思潮对意识哲学展开批判,如生命哲学、唯意志论、现象学、精神分析、存在主义、哲学人类学、文化哲学、西方马克思主义等等。这些理论思潮都从不同角度对意识哲学展开了批判,或是批判意识哲学对非理性的忽视,或是强调意识哲学所导致的意义和价值的失落,或是批判意识哲学远离生活世界,等等,这些都是对意识哲学的反抗和对实践哲学的强

---

① 衣俊卿:《马克思主义哲学演化的内在机制研究》,载《哲学研究》2005 年第 8 期。

② [德]文德尔班:《哲学史教程》(上),罗达仁译,北京:商务印书馆,1987 年版,第 31 页。

③ [德]文德尔班:《哲学史教程》(上),罗达仁译,北京:商务印书馆,1987 年版,第 32 页。

调,强调哲学向关注人存在的意义和价值的生活世界的回归。

20 世纪的实践哲学、生活世界理论,是批判意识哲学的一支主力军。马克思的实践哲学①是意识哲学的最彻底的批判者,马克思关注现实的人及人的现实活动,强调人及历史的生成性,批判脱离人的现实生产生活、脱离生活世界的抽象的思辨哲学。与马克思对资本主义社会的政治经济批判的理论线索平行,存在着另一条批判德国古典哲学的逻辑线索,马克思在多部著作中都对德国古典哲学进行了批判,通过对德国古典哲学的批判确立了自己哲学的方向:"德国哲学从天国降到人间;和它完全相反,这里我们是从人间升到天国。这就是说,我们不是从人们所说的、所设想的、所想象的东西出发,也不是从口头说的、思考出来的、设想出来的、想象出来的人出发,去理解有血有肉的人。我们的出发点是从事实际活动的人,而且从他们的现实生活过程中还可以描绘出这一生活过程在意识形态上的反射和反响的发展。"②这样马克思就表达了自己的实践哲学与意识哲学是完全相反的,强调哲学不能脱离人的现实活动。生活世界理论在 20 世纪产生了巨大的影响,胡塞尔提倡向"前科学的和前哲学的生活世界"回归、维特根斯坦强调"生活形式"的重要性、海德格尔关注"日常共在的世界"、卢卡奇晚年提出的"日常生活本体论"、列菲伏尔分析了"现代世界的日常生活"状况、科西克提出"伪具体性的世界"都是对远离生活世界的意识哲学的批判。布达佩斯学派也是 20 世纪文化批判理论的一支重要力量,其以文化哲学的范式批判了意识哲学对意义、价值的遮蔽及其一元论的文化指向,立足于现实生活世界对人的现实生存境遇进行批判,提倡人存在的意义与价值及多元文化的发展。可以说布达佩斯学派的文化理论一方面回归了马克思的实践哲学传统;另一方面对于超越意识哲学范式作出了重要贡献。布达佩斯学派文化理论对意识哲学的超越主要表现在以下几个方面:

首先,布达佩斯学派批判了意识哲学对人存在的意义与价值领域的遮蔽,将自己的哲学定位于对人的意义与价值的探索。意

---

① 本章涉及到两种实践的概念,一个是亚里士多德意义上的实践,指代一种道德行为或政治活动;另一个是马克思意义上的实践概念,来源于费尔巴哈,指代人的实际活动。

② 《马克思恩格斯文集》(第 1 卷),北京:人民出版社,2009 年版,第 525 页。

识哲学的发展在近代与自然科学相结合达到了一种极致状态,意识哲学"把自然科学所揭示的因果现象、必然性、线性决定特征、还原性、可计算性、普遍性等,放大为统一的、一元的、无限的世界的普遍规律,由此建立起以理性逻辑、绝对真理、普遍规律为核心的形而上学和认识论体系;同时,又通过抽象化除去生活世界、伦理道德世界、人的历史领域的特殊性和个别性,使之成为数学化和理念化的无限自然世界图景中的一个案例"①。意识哲学的理性与自然科学的结合使理性的价值层面被遮蔽,变为单向度的技术理性,遮蔽了人存在的意义和价值。韦伯就对工具理性与价值理性、技术理性和目的理性进行了区分,并阐释了意识哲学对工具理性、技术理性的过度强调所导致的道德危机;马尔库塞在《单向度的人》中对技术理性的批判,也是对意识哲学所导致的人的单面性的批判;还有许多其他的哲学家都批判了意识哲学对人的意义和价值的遮蔽。总之,技术理性不但没有像理性当时允诺的那样推动人类社会走向幸福和美好,反而用一种无所不包的体系将一切普遍化、抽象化,走向了价值虚无主义。在理性化哲学的掩盖下,能够体现意义与价值的、作为人的日常生活的文化层面未引起关注,加之宏观政治经济在社会生活中处于决定性地位,文化作为内在的东西常常被表象所掩盖。布达佩斯学派正是从意识哲学的这种弊病出发,着重在日常生活、道德、美学、政治等方面进行探索,这种探索正是对人生活的价值和意义的关注。

其次,布达佩斯学派批判了意识哲学的宏大叙事。在叙述方式上,意识哲学采取宏大叙事的方式,而布达佩斯学派以文化哲学范式对意识哲学的宏大叙事展开了批判。利奥塔将现代性理解为一种宏大叙事,将宏大叙事看作现代性的标志,布达佩斯学派赞同这种对现代性的理解。在布达佩斯学派看来,现代性首先表现为宏大叙事,宏大叙事是以一种无所不包的、全面的、系统的和整体的方式解释世界和一劳永逸地解决社会问题的独特方式。这里包含两方面的含义。一方面,在横向上采取全面的、系统的方式,这种方式既是现代性取得成绩所采取的方式,也是现代性走向困境的根本原因。宏大叙事的方式虽然在现代化进程中起到了重要的

① 衣俊卿:《关于人学研究内在局限性的反思》,载《江海学刊》2005 年第 5 期。

推动作用,然而也正是现代性的无所不包的、全面统一系统的方式使理性囊括了一切领域,然而事实上,"我们无法看到一个普遍的、包罗万象的能应对每个困境,并在所有关键时刻指导我们的原则"①。另一方面,在纵向上采取一劳永逸地解决社会问题的方式。现代主义的宏大叙事假装知道未来人类会遇到什么,可以一劳永逸地解决所有问题,现代主义从过去的经验中获取关于未来的知识,从而找寻克服未来问题的答案。从这种观点出发,现在是不重要的,只是一个过渡阶段,唯一存在的现在仅仅是个人的。然而,历史证明时间仅仅为人而存在,对人来说只有现在才是重要的,人只需要为现在负责。宏大叙事借助于未来赋予现在以合法地位,给人类允诺了美好的未来,然而历史的经验表明现代性未能像其当初允诺的那样把人带向美好的未来,反而给人带来了无限的烦恼。布达佩斯学派对意识哲学的宏大叙事特征进行了激烈的批判,得出了不同于意识哲学的文化哲学研究范式。

再次,布达佩斯学派还批判了意识哲学的一元论倾向。与意识哲学的文化一元论相反,布达佩斯学派对文化进行了多元阐释。意识哲学试图以理性统一人们的生活,统一人们的思想,进而使人丧失批判和反思的维度,这是对人的自由的压制,对人的主体本性的扼杀。资本主义和苏联模式社会主义都属于意识哲学的一元论,是对人的自由的压抑。布达佩斯学派正是以多元的文化理论反对意识哲学的一元论。布达佩斯学派对需要、道德、正义、民主、哲学、历史等问题都进行了深入的研究,揭示了现代社会文化的多元化倾向。这些多元文化理论的共同特点就是企图用多元代替一元,因为在布达佩斯学派看来,现代哲学不能再追寻绝对真理,历史也不能限于终极解释,即使文化霸权也不能统一所有文化,多元化的社会已经来临了,多元的文化理论居于主导地位。

20世纪文化哲学的特征之一就是对人的生存境遇的关注及对人的生存危机的反思和批判,布达佩斯学派的文化理论正切合了文化哲学这一主题,因而是一种典型的文化哲学,它从文化层面切入了现代性的主题,以文化哲学的范式与意识哲学展开了批判,反

----

① ［匈］阿格妮丝·赫勒、费伦茨·费赫尔:《后现代政治状况》,王海洋译,哈尔滨:黑龙江大学出版社,2011年版,第135页。

对意识哲学对人的抽象思考以及对人类发展普遍的、必然的规律的构造，而提倡人的存在是丰富的、多元差异的，哲学研究应凸显人存在的意义和价值。

第三节　宽容与多元的后现代视域的生成

20世纪的各个理论家在探讨问题的时候，不可避免地都会提及现代性问题，主要体现在对现代性的态度。但是对什么是现代性、现代性与后现代性的关系、现代性的命运总是存在着分歧和争论。胡塞尔、韦伯、哈贝马斯、德里达、福柯等人都对现代性问题提出了自己的观点，或意见一致或冲突，但是一直无法让人直面现代性的真实面貌。对现代性这一问题，福柯在《什么是启蒙?》中提到:"这个问题现代哲学一直无法回答，但也从未设法摆脱。这是一个两百年来以各种形式重复的问题，从黑格尔，中经尼采或马克思，直到霍克海默或哈贝马斯，几乎一切哲学都未能成功地面对这同一问题，无论直接还是间接地。"[①]20世纪下半叶，后现代主义异军突起，虽然现代性是纷繁复杂的，但是后现代主义依然勇敢地直面这个问题。由于现代性的复杂性，导致后现代主义也很难把握。那么什么是后现代主义？凯尔纳和贝斯特在《后现代理论:批判性的质疑》中阐释了后现代的基本立场:"后现代理论提出了对再现理论和那种认为理论只是对现实的镜像反映的现代信念的批判，转而采取了'视角主义的'(perspectivist)、'相对主义的'观点，认为理论充其量只是提供了关于对象的局部性观点，并且所有关于世界的认知性再现都受到历史和语言的中介。一些后现代理论因而拒斥那种为现代理论所钟爱的关于社会和历史的总体化的宏观观点(macroperspectives)，赞成微观理论(microtheory)和微观政治(micropolitics)(Lyotard,1984a)。后现代理论还拒斥现代理论所预设的社会一致性观念及因果观念，赞成多样性、多元性、片断性和不确定性。此外，后现代理论放弃了大多数现代理论所假定的理性的、统一的主体，赞成被社会和语言非中心化了的(decentred)

---

① [法]福柯:《什么是启蒙?》，载汪晖、陈燕谷主编:《文化与公共性》，北京:三联书店,2005年版,第422页。

碎裂的主体。"①这使我们对后现代的观点有了初步的理解,但是并不存在统一的后现代理论,甚至各种后现代思潮间可能还存在着差异性。但是后现代往往一致地表达了对现代性的反思和批判,在对现代性的反思和批判中表达了自己的理论立场与现代主义不同。但是也不能说后现代主义是对现代主义的彻底否定,后现代主义恰恰是对启蒙以来的现代主义的继承和发展。

各个领域都涌现了后现代主义的理论倾向,历史、哲学、文学、艺术、建筑等各个领域都萌发了后现代主义的思潮。在哲学领域具有代表性的有:德里达的解构主义批判了逻各斯中心主义,主张以解构的方式颠覆传统的形而上学;利奥塔对元叙事这一现代理性哲学的知识合法性基础进行了批判,阐释了多元的叙述结构;罗蒂倡导反本质主义、基础主义,提倡一种后哲学文化;吉登斯关于全球化和后现代社会的讨论;詹姆逊力图在马克思主义的理论框架内,从生产方式的角度对后现代这一晚期资本主义的文化逻辑进行研究;德勒兹和伽塔利从弗洛伊德的精神分析出发,认为精神分析的俄狄浦斯情结实质上是逻各斯中心主义的一种编码,他们提倡后俄狄浦斯的精神分析;福柯建立了一种微观权力理论,认为现代社会权力已经以弥散化的状态渗透到社会生活的各个领域中了;鲍德里亚最初试图发展一种符号逻辑以取代政治经济逻辑的主宰,在对符号的探索中发现后现代是由模型、符号和控制论所支配的信息与符号时代,这个时代符号主宰了社会生活,整个社会已经内爆;等等。在这些后现代理论思潮中,有反本体论的解构主义,如德里达;有反理性主义的,如利奥塔;有反本质主义、基础主义的,如罗蒂;有反精神分析的,如德勒兹和伽塔利;有反对宏观权力的,如福柯、鲍德里亚。当然,还有许多种后现代主义理论倾向,在这里不能一一列举。从这些理论思潮思考的问题中,我们不难发现后现代主义具有拒斥同一性、消解主体性、强调多元性的特征。

布达佩斯学派作为 20 世纪哲学流派中的一支,没有避开 20 世纪哲学的最重要的问题——现代性问题。在西方许多哲学家都宣

---

① [美]道格拉斯·凯尔纳、斯蒂文·贝斯特:《后现代理论:批判性的质疑》,张志斌译,北京:中央编译出版社,1999 年版,第5—6 页。

称西方文明已经走向衰亡的时候,布达佩斯学派也开始审视这种文化现象,对现代性是否能够幸存进行探讨。虽然没有表明文化能够幸存,但是认为这一问题是人类避免不了的,既然不能避免就应该直面。现代性内在地包含着"死亡冲动",人们应该以妥善的方式成功处理它。"对现代性的承诺并不包含对所有现代的东西的承诺和对所有非现代的东西的拒斥。"①对于现代性,布达佩斯学派理论的后期对这一问题进行了深入的探讨,在这种讨论中,无论是对多元化生存方式的追寻、对个体道德的强调、对民主政治的呼吁都是在为现代性找寻出路,目的都是要拒斥必然性、规律性,提倡多元化,这些都具有典型的后现代主义特征,无疑走入了后现代的话语领域。如在赫勒的理论中,"现代性不是作为同质化或总体化的整体被看待,而是作为一个开放的、未限制的、可能的、碎片化的世界被看待的。现代性的逻辑是多元的和多元化的"②。

　　虽然走入了后现代的理论视域,但是与其他后现代主义有所差异,布达佩斯学派的后现代有其特殊性。首先,布达佩斯学派的后现代并不等于虚无主义和悲观主义,现代人虽然更为看重自由,但是还是有共同的价值规范;虽然生存在偶然性之中,但是还是能够进行普遍范畴下的生存选择。这就与其他后现代主义理论区别开来了。虽然布达佩斯学派反对宏大叙事,提倡多元主义的生活方式。可是认为,如果为了反对宏大叙事而放弃一切标准,难免会走入多元主义和极端相对主义的混乱之中。后现代理论思潮把解构宏大叙事推向了极端,导致了极端相对主义的出现,走入了价值虚无主义的泥淖。布达佩斯学派在解构宏大叙事的同时,提醒人们要避免进入极端相对主义的误区。后现代主义者伊格尔顿在这方面与布达佩斯学派表达了同样的观点,即"文化的观念意味着一种双重的拒绝:一方面是对有机决定论的拒绝,另一方面则是对精神自主性的拒绝"③。其次,布达佩斯学派微观层面的文化批判与

---

① [匈]阿格妮丝·赫勒:《现代性能够幸存吗?》,王秀敏译,哈尔滨:黑龙江大学出版社,2012年版,"英文版导言"第11页。

② Peter Beilharz, Budapest Central: Agnes Heller's Theory of Modernity, In *Thesis Eleven*, 2003; 75; 108.

③ [英]伊格尔顿:《文化的观念》,方杰译,南京:南京大学出版社,2006年版,第4页。

福柯、鲍德里亚对宏观权力的批判较为接近,但是也存在着不同。福柯、鲍德里亚都从微观视角对宏观的政治经济权力进行了批判,福柯更注重从精神分析角度对边缘人的研究,鲍德里亚则从符号、美学的角度对后现代社会的具体现象进行研究。而布达佩斯学派则主要通过对现代主义的宏大叙事进行批判,从文化的微观权力出发,探寻文化内化到社会生活的各个领域中发挥作用。

　　布达佩斯学派的文化理论已经步入了后现代的理论视域,布达佩斯学派后期的现代性批判是一种典型的后现代理论。如赫勒提倡一种"视角主义"(perspectivism),以视角主义看问题就是要尊重每个人的视角,这无疑是一种多元主义。费赫尔的政治学是完全现代的,这种对现代性的探索已经步入了后现代的理论视野,同时费赫尔强调的后历史解释模式也属于后现代视域中对多元性的强调,在解释历史时允许采取解释学的方式,从自己的视角出发对问题进行研究。"费赫尔的政治事业的逻辑如同后现代的人道主义,他的政治学以整合了个人责任的伦理规则的宽容和多元的文化为特征。"①针对主体终结的叙事,赫勒提出了一种微型叙事的方式,"哲学的微型叙事(mini - narrative)是准单子,仅仅是因为使它们成为诸单子的唯一特征就是它们的异质性、它们的差异。微型叙事并不是闭锁的而是开放的;它们彼此相互冲突,它们进行战斗,它们甚至对于社会的变化是敏感的。这就是哲学如何保持着我们非社会的社会性镜像的方式。然而,诸单子也是抗影响的(in-fluence - resistant);它们的承受阈值极高,因此,极少的真正商谈能继续在它们中运行(商谈哲学也不例外)"②。通过对宏大叙事的批判,布达佩斯学派转向了宽容与多元的后现代的理论视域。

第四节　宏大叙事批判与微观政治哲学的合流

　　宏大叙事与"世界的祛魅"是一对共生体,是随着理性化进程

---

① Peter Beilharz, Ferenc Feher and Political Theory——eter Beilhariographer, In *Thesis E-leven*, 1995 42:1.

② [匈]阿格妮丝·赫勒:《现代性能够幸存吗?》,王秀敏译,哈尔滨:黑龙江大学出版社,2012年版,第87—88页。

的高度繁荣产生的,主要指代无所不包的理论体系,对发展和进步持有坚定的信念。宏大叙事是理性化进程的必然产物,是意识哲学、理性哲学的理论研究范式:"从列维－斯特劳斯到利奥塔,从克利福德到福山,我们仍然受到历史的困扰,即使我们迫切要彻底摆脱总体叙述的弊端,但我们还是一而再、再而三地回到宏大叙事中。"①宏大叙事对意识哲学的发展产生了巨大的作用,是意识哲学的主导性叙述方式。许多后现代主义理论家对宏大叙事采取极端的批判立场,否定宏大叙事的一切,同时许多人也不可避免地走入了价值虚无主义的泥淖。正如有的学者指出的那样:"传统意识哲学和后现代哲学共同的弊病就在于只有走入,传统意识哲学走入宏观视域,而没有走出宏观视域,所以陷入抽象化、体系化;后现代哲学走入微观视域,却没有走出微观视域,所以陷入断裂化、破碎化。"②

布达佩斯学派也对宏大叙事进行了批判。"所谓的'宏大叙事'已在我们有生之年里被清空这一方式与已经成为传统的理性主义的哲学态度完全相一致。我们这一代人的生活经历与典型历史哲学的一元化的、整体论的以及真正自我完满的宏大如此相反,以至于它完全不能再容忍它们。当宏大叙事的精神已经离开这个世界之后(使用黑格尔自己的比喻),继续信守宏大叙事就会很不合理。"③赫勒在日常生活、伦理、价值、需要等方面进行了解构宏大叙事的努力。费赫尔从政治学角度出发,从对救赎范式的论述中阐述了自己的宏大叙事批判思想,认为救赎范式正是与民主政治相对的一种宏大叙事,卢卡奇就是救赎范式的代表,想通过审美来重塑现代世界。费赫尔认为救赎这种普遍主义范式将会死亡,"激进普遍主义的野心已经崩溃,这甚至在其辉煌的时代就是真实的,不仅是在它黄昏的时代"④。通过对救赎这种普遍主义范式的批判,他们想要建立民主政治的政治哲学范式。马尔库什对哲学的

---

① [美]克莱因:《叙述权力考察:后现代主义和没有历史的人》,转引自《当代西方历史哲学读本》,上海:复旦大学出版社,2004年版,第315页。

② 赵福生:《论马克思的微观哲学视域》,载《求是学刊》2008年第1期。

③ [匈]阿格妮丝·赫勒:《现代性能够幸存吗?》,王秀敏译,哈尔滨:黑龙江大学出版社,2012年版,第202页。

④ Ferenc Feher and Agnes Heller, *The Grandeur and Twilight of Radical Universalism*, New Brunswick, NJ:Transaction,1990,p.2.

功能的阐释体现了对宏大叙事的批判。"哲学唯有不再自命为一种可以对所谓的关于事实与规范的问题给出某种一般性的回答的'理论',才可以生存。哲学只能把自身定位为一种不断地提醒我们某种我们在生活实践中'已知'的结论——这个结论,即'事实'与'规则'的密不可分的相互关联构成了人类理性的不可超越、不容置疑的基础——的单纯活动。哲学只应提供一种对理智所作出的越界的非法的断言(首先表现在传统哲学自身中)的预防,提供一种针对自身的界限和有限性的恒常的警示。"①这些对普遍、同一、救赎的批判都体现了布达佩斯学派对宏大叙事所进行的批判。

布达佩斯学派在批判宏大叙事的普遍、同一、救赎等的基础上强调多元、宽容的思想,已经走入了后现代的理论视野。但是布达佩斯学派的宏大叙事批判又与后现代的许多宏大叙事批判思想不同。布达佩斯学派既想要批判宏大叙事,又想避免价值虚无主义的发生。布达佩斯学派表述了在宏观政治的支撑下,宏大叙事是如何得到了巩固和发展的,但是宏大叙事的衰落所带来的微小叙事的共存也有可能导致极端相对主义的出现。"宏大叙事的衰落,直接导致各种(地方的、文化的、种族的、宗教的、'意识形态的')微小叙事(small narratives)的相互共存。"②虽然布达佩斯学派在对宏大叙事批判的同时,强调一种微小叙事,但是他们同样忧患于微小叙事的共存状态,微小叙事的共存可以"表现为对不同文化之间完全相对主义的漠然。它可以成为对'他者'(第一世界知识分子的'第三世界主义')彻底虚假崇拜的证明。它也可以伴随着对共相的彻底否定和相对化"③。应然的理论是要批判宏大叙事,拒绝普世主义,但是彻底地拒绝普世主义同样会造成哲学上的"反人道主义"和对"后历史"的特殊解释,即意味着历史的否定。后现代主义者就是彻底地拒斥普世主义。与后现代主义者不同,为了避免理论走向极端相对主义和价值虚无主义,布达佩斯学派并未采取后

① [匈]乔治·马尔库什:《语言与生产》,李大强、李斌玉译,哈尔滨:黑龙江大学出版社,2011年版,第166页。

② [匈]阿格妮丝·赫勒、费伦茨·费赫尔:《后现代政治状况》,王海洋译,哈尔滨:黑龙江大学出版社,2011年版,第6页。

③ [匈]阿格妮丝·赫勒、费伦茨·费赫尔:《后现代政治状况》,王海洋译,哈尔滨:黑龙江大学出版社,2011年版,第6页。

现代主义那么极端的态度,赫勒在《现代性能够幸存吗?》中说:"当然严格论证的或者辩论性的哲学没有任何问题,宏大叙事总的来说也没有毛病。我完全不赞同流行的一种观点,即绝对主义者或者基础主义者主张的(例如,形而上学)哲学体裁全部已经过时了。我的立场更适中些。如果一个人决定从稍微不同的(然而是相关联的)视角谈论生活的不同但相互联系的侧面时,那么这个人并不能以侦探故事的风格来写哲学著作,原因很明显:一个人无法预先知道杀人犯的身份。这一次无法在哲学旅程结束时摊牌,只是因为整副牌还没有发完。"①后现代的各种理论思潮把解构宏大叙事作为自己的历史任务,并将其推向了极端。而布达佩斯学派则越来越认识到并不能完全抛弃宏大叙事,其对历史哲学的宏大叙事批判与完全抛弃宏大叙事意义不同。

虽然批判宏大叙事,但是在布达佩斯学派的理论中也运用了宏大叙事的方法。在布达佩斯学派早期理论的阐释中也运用了宏大叙事的方式,如赫勒对历史意识发展演进阶段的划分。赫勒在《历史理论》中,将历史意识分为六个阶段,虽然以前五个阶段的阐释来批判宏大叙事,然而这种对历史意识的发展演进的划分本身仍然属于一种宏大叙事。只是到了《碎片化的历史哲学》中,赫勒才试图解构宏大叙事的历史哲学,建立宏大叙事死亡之后的历史哲学,这时赫勒已经放弃了其对于历史进步的乌托邦幻想,而是描述了历史断裂和碎片,这就是她自己所说的反思的历史意识。在《现代性能够幸存吗?》中,赫勒说:"历史哲学的宏大叙事已经失去了它们的吸引力,不是因为它们太现代,而是因为它们不够现代。更确切地说,在它们中非常现代的一切将被保存,也将被不断地被重新使用。"②她正是要找寻一种能够代替宏大叙事的历史哲学的新的历史哲学。在《现代性理论》中,赫勒开始了对历史哲学的进一步思考,试图对历史进行后现代主义重构。赫勒认为在后现代,历史哲学已经演变为历史解释学,所以她开始反对历史中的因果链条,对因果联系本身进行质疑。在《现代性理论》中,赫勒同样也

---

① [匈]阿格妮丝·赫勒:《现代性能够幸存吗?》,王秀敏译,哈尔滨:黑龙江大学出版社,2012年版,"英文版导言"第2页。

② [匈]阿格妮丝·赫勒:《现代性能够幸存吗?》,王秀敏译,哈尔滨:黑龙江大学出版社,2012年版,第204—205页。

把历史意识分为六个阶段:未经反思的一般性意识(神话)、反映在特殊性中的一般性意识(历史)、未经反思的普遍性意识(普遍神话)、反映在一般性中的特殊性意识(现代性的基础性叙述)、经过反思的普遍性意识(普遍历史、宏大叙事)、经过反思的一般性(后现代意识)。虽然与《历史理论》一样都是将历史意识划分为六个阶段,也同样都是对历史进行前进上升式的划分。然而,这两个时期还是存在着差别的,前期是一种乌托邦幻想,后期则强调一种后现代意识的生成。赫勒认为,历史意识的最后一个阶段是后现代意识,是对现代性意识本身的一种反思,是在经历了现代性灾难后的反思。赫勒认为自己对历史意识六个阶段的划分及对历史哲学的建构也类似于宏大叙事,因为她描述了一个螺旋式上升的过程。这就会让人产生赫勒既然批判宏大叙事为何在自己的理论中仍然运用宏大叙事的疑问。其实,这时赫勒已经意识到自己在《历史理论》中要进行的宏大叙事批判事实上应该是宏大叙事的历史哲学批判,而非对宏大叙事本身的批判。所以,她在现代性理论中对历史所进行的后现代主义重构就是在这种认识基础上产生的。这样其理论就从单纯的宏大叙事批判转向了宏大叙事批判与微观政治哲学的合流。

布达佩斯学派批判传统理性哲学所运用的哲学思考范式是宏大叙事,运用普遍化、同一化的思考方式和理解模式构建了一个无所不包的宏观体系,而忽视了具体问题的差异性、多元性。而微观政治哲学也主要指代对宏观政治的过分强调对微观政治的遮蔽。"所谓宏观政治是指国家制度的安排、国家权力的运作等宏观的、中心化的权力结构和控制机制;而所谓微观政治是指内在于所有社会活动和日常生活层面的弥散化的、微观化的权力结构和控制机制。在现代性的视域中,宏观政治主要表现为理性化的权力运作和制度安排,而微观政治既包括不同形式的知识权力,也包含自发的文化权力。"①宏观政治以普遍化的思考方式和同一化的理性建构方式,支撑了现代性在现代社会的主导位置;而微观政治则是对宏观政治忽视多元差异的、分散化的微观权力的批判。这样布达佩斯学派的宏大叙事批判与微观政治哲学就具有了一致性。布

① 衣俊卿:《论微观政治哲学的研究范式》,载《中国社会科学》2006年第6期。

达佩斯学派批判发达的宏观政治吞噬了日常生活领域和宗教、哲学的高级领域，摧毁了整个生活世界，使得现代性走向毁灭。政治吞噬了宗教、哲学的高级领域，表现在意识形态的控制上，斯大林主义成为东欧的意识形态，以政治替代哲学。布达佩斯学派在社会生活的各个层面探讨了现代社会的多元性，凸显了现代条件下多元的文化内涵，对于激活社会各个层面和生活世界的各种微观权力的话语和力量，形成多元差异的反抗力量和多元差异的社会调控体系作出了贡献。

第五节　布达佩斯学派文化理论的
缺陷与不足

本章是对布达佩斯学派文化理论所进行的反思，主要突出了布达佩斯学派文化理论的意义和价值，以及在整个文化思想史上的重要贡献。然而，布达佩斯学派的文化理论同样也存在着理论的缺陷和不足。

首先，在理论研究中，布达佩斯学派声称要继承并发展马克思的思想，特别是马克思的社会历史思想，但是布达佩斯学派文化批判并未能达到马克思的思想真正指导无产阶级革命实践的程度，也没能实现其改变人的生存方式的目标，最终也只能是一种理论的乌托邦。布达佩斯学派最初所追求的人道主义以及对现存社会主义进行的道德的文化批判只是一种困苦中的呼喊，如，布达佩斯学派的文化理论主张理论向生活世界的回归，并对日常生活进行了系统的研究，然而未能对理论回归日常生活后如何能真正改变日常生活结构作出解答。他们提出的个性的人的生成以及自为的对象化领域向日常生活的渗透，即改变日常知识的态度和日常交往的模式，都只是理论上的设想，没能对现实生活产生根本性的影响，没能实现他们改变人的生存方式、建立非异化的日常生活的目的。后期虽然提出一种结构性的文化批判理论，但是也并未能实现苏联模式社会主义的结构性改变。布达佩斯学派的很多理论只是阐释了必要性，但是没有给出具体的方案。如对激进需要、激进哲学、激进民主等问题的强调，却没能提出解决这些问题的具体方案。

其次,在布达佩斯学派的文化理论中,文化作为一种理论研究范式而存在,这导致文化的隐性出场方式,使我们很难把握到这种文化理论。而且布达佩斯学派思想涉猎范围极广,包括社会学、伦理学、美学、历史学、哲学等等,文化直到后期才以显性的方式出场,而且布达佩斯学派并未对文化的这种出场给予交代,容易让人产生文化出场的突兀性。布达佩斯学派提倡微观层面的文化反抗,然而,只在微观层面寻求文化反抗的力量能够实现人类的解放吗? 离开宏观层面的制度变革,个体的自由与解放只能是乌托邦的幻想。而且,大众文化批判理论已经告诉我们现代社会文化也是受控制的,在文化受控制的社会,文化的力量是否能够真正得到发挥也是一个问题。

再次,根据布达佩斯学派对前现代、现代和后现代的理解,现代与前现代相比是更为高级的阶段,前现代社会是同质的社会,一切都是固定的,人没有自由决定权。而现代社会则是异质的社会,现代性在这些异质中保持一种平衡得以存在,因此人的自由意志更能得到发挥。而在阐释历史意识时布达佩斯学派又将现代社会定义为"经过反思的普遍性意识"阶段,即普遍历史、宏大叙事阶段,普遍性和宏大叙事的方法是现代性的原则。这说明同质性原则是现代社会的方法论基础,而这恰恰意味着与现代社会是异质的社会相矛盾了。布达佩斯学派认为,后现代不是超越现代的一个全新的阶段,而是现代性的延续。现代社会是异质的社会,现代性以在这些异质中保持一种平衡而得以存在,而后现代又试图在现代的异质中建立一种同质。布达佩斯学派阐释的后现代政治状况,说明在后现代政治状况下与现代政治状况相连的宏观政治是不可能的。但是,布达佩斯学派同时表述了对宏大叙事的拒斥并不意味着与现代相连的一些共同的思想和原则是他们要拒斥的,恰恰相反,后现代政治状况下需要这些共同的思想和原则来拒斥极端的相对主义,以在实践上避免暴力革命和政治运动的发生。可见,布达佩斯学派的情感和方法可能是后现代的,而其政治仍是现代的,并未能排除宏观政治。

最后,虽然布达佩斯学派的后现代视域下的文化理论是一种宏大叙事批判,但是布达佩斯学派的宏大叙事批判与后现代主义的宏大叙事批判不同,布达佩斯学派的宏大叙事批判已经转变为一种微观政治哲学。布达佩斯学派虽然批判宏大叙事，然而认为宏大叙事毕竟也有其存在的理由，布达佩斯学派并未完全否定宏大叙事，他们只是宣扬了微观领域的重要性。但是，如何把宏观和微观很好地结合起来，使理论既彰显宏观视域又避免遮蔽微观视域呢？单纯的对微小叙事的强调能够建立起微观的政治哲学吗？他们并未对此给予进一步的具体回答，这是布达佩斯学派的开放性思想留给人继续思考的空间。

尽管布达佩斯学派的文化理论存在着某些局限，但是，作为一支在 20 世纪文化批判理论中具有影响力的力量，布达佩斯学派无疑是彻底地贯彻了文化批判这一主题，其深刻的理论洞见对于反思人的现实存在状态仍然具有启示意义。

本章主要对布达佩斯学派的文化理论进行了反思，展现了布达佩斯学派文化理论的理论价值以及不足之处。布达佩斯学派的文化理论是对马克思思想的继承和发展，特别是与马克思的社会历史思想紧密相关，布达佩斯学派的文化理论是在以文化哲学的研究范式同意识哲学进行的争论，是对意识哲学一元性的批判，因而是多元性的文化理论，这种多元性的文化理论又是在后现代理论视域下展开的，具有宽容和多元的特征。布达佩斯学派的文化理论是对宏大叙事的批判，已经转变为一种微观政治哲学。对布达佩斯学派局限性的分析表明，布达佩斯学派的文化理论并不是一种真理，在研究过程中我们应当辩证地看待这一理论，在发掘其思想的意义和价值的同时，应该反思其局限性，为 21 世纪马克思主义的发展提供有益的启示。

结　语

在 20 世纪的文化天空中,布达佩斯学派是一颗耀眼的明星,吸引着理论研究者的目光。它的耀眼性不在于整个天空只有它的存在;它的耀眼性不在于它的特立独行;它的耀眼性在于它是文化哲学眼中独特的一颗,照亮了文化哲学发展前行的路。布达佩斯学派的文化理论是 20 世纪文化批判思潮中的一支,其以文化哲学作为理论研究范式对时代特殊文化危机展开了批判,同时将自己得出的关于文化的一般理解运用于分析时代的焦点性问题——现代性问题,推动着文化哲学走向自觉的历史进程。

一、东欧社会文化问题的洞察

布达佩斯学派的产生是特殊历史条件下的产物。在第二次世界大战后,包括匈牙利在内的东欧许多国家都进入了社会主义阵营,然而东欧国家采取的社会主义是对苏联社会主义模式的简单模仿,苏联社会主义模式所带有的弊病在东欧国家逐渐凸显出来,这种社会主义忽视了人的自由和民主在现代社会的核心价值理念,加之苏联对东欧国家政治的干预,使得对苏联模式社会主义的反抗首先从东欧开始了。东欧理论家从社会主义的源头思想出发,探寻马克思的社会主义思想,得出苏联模式的社会主义与马克思的原初思想相背离,提出应该回到马克思早期的人道主义思想,发展人道主义的社会主义。布达佩斯学派直接受卢卡奇的指导,在成立之初就进入了这一理论境遇,敏锐地洞察到了东欧文化的危机。这种危机主要不是体现在宏观政治、经济层面,而是主要体现在微观文化层面。布达佩斯学派批判了东欧社会的苏联模式社会主义在经济上采取的完全的计划经济体制，不考虑市场需求发展经济；政治上采取的国家社会主义的管理模式，是对自由和民主的压制，这在某种程度上与法西斯主义对自由和民主的压抑所起的作用是一致的。政治、经济方面的政策限制了民主和自由，但是这不是社会主义的问题，因为马克思提出的社会主义并不是对自由和民主的限制，苏联模式社会主义对人的压迫和控制主要是在微观文化层面进行的，控制了人的需要、日常生活方式等，因此，对苏联模式社会主义的反抗不是政治、经济的问题，而是文化的问题。所以，布达佩斯学派提出了激进需要、激进哲学、日常生活批判、个性道德、动态正义、激进民主等一系列思想，进行微观层面的文化反抗。

二、现代性文化危机的隐忧

现代是一个特殊的历史时期，这个时期一切都变得不确定、模糊，甚至破碎化了。而这种不确定、模糊、碎片化一旦统治了人的思想领域，就会摧毁人类的精神家园，尼采宣布了上帝之死，福柯又宣布了人之死，人类文明何以延续下去困扰着人类。现代性的前景是终结，还是能幸存下去？布达佩斯学派的文化理论恰恰是对这个问题的回答。赫勒用《现代性能够幸存吗？》作为书的题目，后面这个问号就是以一种忧患意识提出的问题，虽然她希望现代性能够幸存，但她并没有给出对这一问题的确切答案，她也不能这样做，现代性能否幸存取决于现代人。"现在来评价新的安排与原有的安排相比是否成功还为时尚早。新的安排孕育着很好的发展前途，但是其中也隐匿着不可预知的危险。即使现代性能够幸存，并且对称性的相互作用原则通过为每个相关的人打开政治决策、行动和规则的路径而采取民主的形式，然而这个世界最终依然可能成为了无生气的，缺乏文化、缺乏主体和丧失意义的。然而，这些最重大的重要问题超出了当前探寻的范围。"[①]布达佩斯学派关心人类文明前进的过程中所遭遇的各种文化危机，试图找到对社会发展起决定作用的现代社会的深层结构是什么，现代在政治、经

① ［匈］阿格妮丝·赫勒：《现代性能够幸存吗？》，王秀敏译，哈尔滨：黑龙江大学出版社，2012年版，第177页。

济、道德、哲学、历史等方面出现了什么样的变化,起决定作用的机理、范式等的变化能否为走出危机提供有益的思路,如何在新的历史条件下促进人类文明的发展? 从布达佩斯学派文化理论所关注的问题中可以看出,布达佩斯学派继承了马克思的辩证唯物主义与历史唯物主义的精髓,从人的现实生活出发探寻危机的出路,他们对现代社会日常生活遭受的危害、主体的死亡、道德和情感的贫乏、文化的悖论等一系列现代性的危机都进行了探索,并试图在后现代政治状况下进行现代性的重建。

三、人类文化出路的探寻

受卢卡奇的直接影响,布达佩斯学派最关心的无疑也是文化的问题。他们批判了卢卡奇文化理论的理性一元论,在新的历史条件下探寻文化的多元走向。本书对布达佩斯学派文化理论的多元性进行了探索,既有多元的文化批判,又有多元的文化阐释;既有共时性的文化陈述,又有历时性的文化分析。这些研究最后都得出了多元文化的结论。但是布达佩斯学派并不是完全抛弃共性的多元,而是要在多元的同时保证维持人的生存与发展秩序的规范和规则,这种规范和规则与意识哲学强调的一元不同,是尊重多元的一元,在多元基础上得出的一元。

布达佩斯学派的文化探索逐渐进入了后现代的理论视域,布达佩斯学派运用后现代主义的视角看待现代性问题,后现代主义视角与把现代性看作一个短暂的时期,预测过去、现在和未来的现代主义视角不同,它不再把现代性看作一个时期,而是看作我们生活于其中的世界。布达佩斯学派的后现代主义与完全否定一元、普遍、系统,完全强调解构、多样性、多元性、片断性和不确定性的后现代主义不完全一样,赫勒称这种后现代主义为"未经反思的后现代主义",称自己的后现代主义是"经过反思的后现代主义"。因为布达佩斯学派的文化理论虽然确立了多元的价值取向,但是认为完全的多元主义也会导致极端相对主义和价值虚无主义的产生,人作为类的存在还是需要集体的价值和规范作为一种共识,只不过这种共识要在多元的基础上,在理解中得出。赫勒与费赫尔在《后现代政治状况》中表述了多元并不一定必然阻止共识:"世界观、哲学观、形而上学和宗教信仰的多样性并不会阻止共同精神的出现,除非一种世界观完全决定着戒条和禁令,并且这样做不仅是为了自己的拥护者,还怀有普遍化的雄心。"①在布达佩斯学派文化理论的推动下,我们需要进一步思索人类文化出路的问题。

　　然而,无论何时,对于布达佩斯学派的文化理论一定要辩证地看待,不能将之当作指导文化哲学发展的真理和原则。这才是亘古不变的马克思主义真理。

---

　　① [匈]阿格妮丝·赫勒、费伦茨·费赫尔:《后现代政治状况》,王海洋译,哈尔滨:黑龙江大学出版社,2011年版,第59页。

参考文献

一、中文文献

（一）著作

[1]马克思恩格斯文集:第1—10卷[M].北京:人民出版社,2009.

[2][德]马克思.1844年经济学哲学手稿[M].北京:人民出版社,2000.

[3][匈]卢卡奇.卢卡奇早期文选[M].张亮,吴勇立,译.南京:南京大学出版社,2004.

[4][匈]卢卡奇.历史与阶级意识[M].杜章智,等,译.北京:商务印书馆,1996.

[5][匈]卢卡契.卢卡契谈话录[M].龙育群,陈刚,译.长沙:湖南文艺出版社,1991.

[6][匈]乔治·卢卡契.审美特性:第1卷[M].徐恒醇,译.北京:中国社会科学出版社,1986.

[7][匈]乔治·卢卡契.审美特性:第2卷[M].徐恒醇,译.北京:中国社会科学出版社,1991.

[8][匈]卢卡奇.关于卢卡奇哲学、美学思想论文选译[M].张伯霖,等,译.北京:中国社会科学出版社,1985.

[9]杜章智.卢卡奇自传[M].北京:社会科学文献出版社,1986.

[10][匈]阿格妮丝·赫勒.人的本能[M].邵晓光,等,译.沈阳:辽宁大学出版社,1988.

[11][匈]阿格妮丝·赫勒.日常生活[M].衣俊卿,译.重庆:重庆出版社,1990.

[12] [匈]阿格尼丝·赫勒. 现代性理论[M]. 李瑞华,译. 北京:商务印书馆,2005.

[13] [匈]阿格妮丝·赫勒. 激进哲学[M]. 赵司空,孙建茵,译. 哈尔滨:黑龙江大学出版社,2011.

[14] [匈]阿格妮丝·赫勒主编. 卢卡奇再评价[M]. 衣俊卿,等,译. 哈尔滨:黑龙江大学出版社,2011.

[15] [匈]阿格妮丝·赫勒,费伦茨·费赫尔. 后现代政治状况[M]. 王海洋,译. 哈尔滨:黑龙江大学出版社,2011.

[16] [匈]阿格妮丝·赫勒. 超越正义[M]. 文长春,译. 哈尔滨:黑龙江大学出版社,2011.

[17] [匈]费伦茨·费赫尔. 法国大革命与现代性的诞生[M]. 罗跃军,等,译. 哈尔滨:黑龙江大学出版社,2010.

[18] [匈]乔治·马尔库什. 马克思主义与人类学[M]. 李斌玉,孙建茵,译. 哈尔滨:黑龙江大学出版社,2011.

[19] [匈]乔治·马尔库什. 语言与生产[M]. 李大强,李斌玉,译. 哈尔滨:黑龙江大学出版社,2011.

[20] [德]凯特琳·勒德雷尔编. 人的需要[M]. 邵晓光,等,译. 沈阳:辽宁大学出版社,1988.

[21] [加]阿格尔. 西方马克思主义概论[M]. 慎之,等,译. 北京:中国人民大学出版社,1991.

[22] [英]戴维·麦克莱伦. 马克思以后的马克思主义[M]. 李智,译. 北京:中国人民大学出版社,2004.

[23] [美]马·拉科夫斯基. 东欧的马克思主义[M]. 钟长安,译. 北京:三联书店,1984.

[24] [英]佩里·安德森. 西方马克思主义探讨[M]. 高铦,等,译. 北京:人民出版社,1981.

[25] [德]霍克海默,阿道尔诺. 启蒙的辩证法[M]. 渠敬东,曹卫东,译. 上海:上海人民出版社,2006.

[26] [德]阿尔弗雷德·许茨. 社会实在问题[M]. 霍桂桓,索昕,译. 北京:华夏出版社,2001.

[27] [法]安琪楼·夸特罗其,汤姆·奈仁. 法国1968:终结的开始[M]. 赵刚,译. 北京:三联书店,2001.

[28] [美]马歇尔·伯曼. 一切坚固的东西都烟消云散了[M]. 徐大

建,张辑,译.北京:商务印书馆,2003.

[29][德]文德尔班.哲学史教程(上)[M].罗达仁,译.北京:商务印书馆,1987.

[30][美]道格拉斯·凯尔纳,斯蒂文·贝斯特.后现代理论:批判性的质疑[M].张志斌,译.北京:中央编译出版社,1999.

[31]周宪主编.文化现代性[M].北京:中国人民大学出版社,2010.

[32]衣俊卿.东欧的新马克思主义[M].台湾:唐山出版社,1993.

[33]衣俊卿.现代化与日常生活批判[M].哈尔滨:黑龙江教育出版社,1994.

[34]衣俊卿.衣俊卿集[M].哈尔滨:黑龙江教育出版社,1995.

[35]衣俊卿,等.回归生活世界的文化哲学[M].哈尔滨:黑龙江人民出版社,2000.

[36]衣俊卿,等.20世纪的文化批判:西方马克思主义的深层解读[M].北京:中央编译出版社,2003.

[37]衣俊卿.人道主义批判理论——东欧新马克思主义述评[M].北京:中国人民大学出版社,2005.

[38]衣俊卿等.20世纪的新马克思主义[M].哈尔滨:黑龙江教育出版社,2007.

[39]衣俊卿.现代性焦虑与文化批判[M].哈尔滨:黑龙江大学出版社,2007.

[40]衣俊卿.现代性的维度[M].哈尔滨:黑龙江大学出版社,北京:中央编译出版社,2011.

[41]俞吾金,陈学明.国外马克思主义哲学流派[M].上海:复旦大学出版社,1990.

[42]周穗明,等.20世纪西方新马克思主义发展史[M].北京:学习出版社,2004.

[43]陈学明,等编.让日常生活成为艺术品列菲伏尔、赫勒论日常生活[M].昆明:云南人民出版社,1998.

[44]张西平.卢卡奇[M].长沙:湖南教育出版社,1999.

[45]陈学明.西方马克思主义论[M].沈阳:辽宁教育出版社,1991.

[46]黄继锋.东欧新马克思主义[M].北京:中央编译出版

社,2002.

[47]杨小滨.法兰克福学派的文艺理论和文化批评[M].上海:上海三联书店,1999.

[48]傅其林.宏大叙事批判与多元美学建构——布达佩斯学派重构美学思想研究[M].哈尔滨:黑龙江大学出版社,2011.

[49]李晓晴.激进需要与理性乌托邦——赫勒激进需要革命论研究[M].哈尔滨:黑龙江大学出版社,2011.

[50]王秀敏.个性道德与理性秩序——赫勒道德理论研究[M].哈尔滨:黑龙江大学出版社,2011.

[51]孙建茵.文化悖论与现代性批判——马尔库什文化批判理论研究[M].哈尔滨:黑龙江大学出版社,2011.

(二)论文

[1][匈]格妮丝·赫勒.马克思主义伦理学与东欧的未来[J].光军,译.国外社会科学,1980,(8).

[2][匈]阿格妮丝·赫勒.卢卡奇的晚期哲学[J].李惠斌,译.哲学译丛,1990,(1).

[3][匈]阿格妮丝·赫勒.日常生活是否会受到危害?[J].魏建平,译.国外社会科学,1990,(2).

[4][匈]G.卢卡奇.我的生活和工作——卢卡契逝世前的一篇答记者问[J].杜章智,译.世界哲学,1985,(3).

[5][波]沙夫.马克思主义的人道主义[J].张伯霖,译.世界哲学,1980,(1).

[6][匈]马尔库什.马克思主义和文化问题[J].载[匈]乔治·马尔库什.马克思主义与人类学[M].李斌玉,孙建茵,译,黑龙江大学出版社,2011.

[7][法]福柯.什么是启蒙?[J].汪晖,译.天涯,1996,(8).

[8]傅其林,赫勒.布达佩斯学派美学——阿格妮丝·赫勒访谈录[J].东方论丛,2007,(4).

[9]衣俊卿.人的需要及其革命——布达佩斯学派"人类需要"述评[J].现代哲学,1990,(4).

[10]衣俊卿.从日常生活批判到哲学人类学——中国现代化的宏观理论构想[J].天津社会科学,1992,(1).

[11]衣俊卿.理性向生活世界的回归[J].中国社会科学,1994,

（2）.

［12］衣俊卿.文化哲学：一种新的哲学范式［J］.江海学刊,2000,
（1）.

［13］衣俊卿.论微观政治哲学的研究范式［J］.中国社会科学,
2002,（6）.

［14］衣俊卿.20世纪：文化焦虑的时代［J］.求是学刊,2003,（3）.

［15］衣俊卿.日常生活批判：一种真正植根于生活世界的文化哲
学——衣俊卿教授访谈［J］.学术月刊,2006,（1）.

［16］衣俊卿.论20世纪的文化状况［J］.求是学刊,2007,（6）.

［17］衣俊卿.论东欧新马克思主义的理论定位［J］.求是学刊,
2010,（1）.

［18］衣俊卿.一位伟大思者孤绝心灵的文化守望——布达佩斯学
派成员视野中的卢卡奇［J］.求是学刊,2011,（5）.

［19］傅其林.布达佩斯学派的重构美学思想［J］.外国文学研究,
2004,（2）.

［20］傅其林.布达佩斯学派对艺术制度理论的批判［J］.中南大学
学报,2005,（7）.

［21］傅其林.阿格妮丝赫勒的美学现代性思想［J］.中国图书评论,
2007,（3）.

［22］傅其林.布达佩斯学派的后马克思主义之路［J］.中外文化与
文论,2009,（2）.

［23］赵司空.社会主义与后现代的乌托邦——论阿格妮丝·赫勒
的后马克思主义［J］.求是学刊,2010,（5）.

［24］赵司空.论阿格妮丝·赫勒后马克思主义的内在逻辑［J］.马
克思主义与现实,2010,（4）.

［25］孙建茵.现代性文化悖论的价值选择——论马尔库什的文化
批判理论［J］.理论视野,2010,（3）.

［26］孙建茵.阐释与修正：对意识形态批判之批判——论马尔库什
的意识形态批判理论［J］.求是学刊,2010,（1）.

［27］王秀敏.赫勒关于理性化进程中道德规则重建的思考［J］.求
是学刊,2010,（1）.

［28］颜岩.走出历史哲学的幻象——阿格尼丝·赫勒后马克思主
义思想评析［J］.马克思主义研究,2009,（11）.

[29]颜岩."激进"与"民主"的联姻意味着什么? ——布达佩斯学派激进民主理论探析[J].马克思主义与现实,2011,(6).

二、英文文献

(一)著作

[1]Agnes Heller. *The Theory of Need in Marx*[M]. New York：St. Martin's Press, 1976.

[2]Agnes Heller. *A Theory of History*[M]. London, Boston and Henley：Routledge and Kegan Paul, 1982.

[3]Agnes Heller. *General ethics*[M]. Basil Blackwell,1988.

[4]Agnes Heller. *A Philosophy of Morals*[M]. Basil Blackwell Cambridge, Mass., USA,1990.

[5]Agnes Heller. *Can Modernity Survive?*[M]. Berkeley：University of California Press, 1990.

[6]Agnes Heller. *A Philosophy of History in Fragments*[M]. Oxford, UK：Blackwell, 1993.

[7]Agnes Heller. *An Ethics of Personality*[M]. Oxford, OX, UK：Blackwell, 1996.

[8]Fehér, Ferenc. *The Frozen Revolution：An Essay on Jacobinism*[M]. Cambridge：Cambridge Univ. Press[ua], 1987.

[9]Fehér, Ferenc. Agnes Heller, and György Márkus,*Dictatorship over Needs*[M]. New York：St. Martin's Press, 1983.

[10]Agnes Heller. F. Feher, *Reconstructing Aesthetics*[M]. New York：Blackwell, 1986.

[11]Ferenc Feher and Agnes Heller. *Eastern Left – Western Left*[M]. Cambridge, New York：Polity Press,1987.

[12]Ferenc Feher and Agnes Heller. *The Grandeur and Twilight of Radical Universalism*[M]. New Brunswick, NJ：Transaction,1990.

[13]Gyorgy Markus. *Culture,Science,Society：The Constitution of Cultural Modernity*[M]. Leiden, The Netherland；Boston；Brill,2011.

[14]John Grumley,Paul Crittenden and Pauline Johnson,ed. *Culture*

224

多元文化阐释与文化现代性批判——布达佩斯学派文化理论研究

and Enlightenment : *Essays for György Markus* [M]. Ashgate, Aldershot, 2002.

[15] Mihály Vajda. *Fascism as a Mass Movement* [M]. London: Allison & Busby,1976.

[16] Mihály Vajda. *The State and Socialism: Political Essays* [M]. London: Allison & Busby,1981.

[17] András Hegedüs. *The Humanisation of Socialism: Writings of the Budapest School* [M]. Allison and Busby, 1976.

[18] Douglas M. Brown. *Towards a Radical Democracy: The Political Economy of the Budapest School* [M]. Unwin Hyman Ltd,1988.

[19] John Burnheim, ed. *The Social Philosophy of Agnes Heller* [M]. Amsterdam: Rodopi, 1994.

[20] John Grumley. *Agnes Heller: A Moralist in the Vortex of History* [M]. London: Pluto Press, 2005.

[21] Michael E. Gardiner. *Critique of Everyday Life* [M]. London and New York: Routledge, 2000.

[22] Simon Tormey. *Agnes Heller: Socialism, Autonomy and the Postmodern* [M]. Manchester and New York: Manchester University Press, 2001.

[23] Georg Lukács. *The Theory of the Novel* [M]. trans. Anna Bostock. London: Merlin Press, 1971.

(二)论文

1. 布达佩斯学派论文

[1] Agnes Heller. Towards a Sociology of Knowledge of Everyday Life? [J]. *Philosophy Social Criticism*,1975, 3: 7.

[2] Agnes Heller. Towards an Anthropology of Feeling [J]. *Dialetical Anthropology*,4 (1979): 1 - 20.

[3] Agnes Heller. Historicity and Consciouness [J]. *Philosophy Social Criticism*,1980, 7: 1.

[4] Agnes Heller. Is Radical Philosophy Possible? [J]. *Thesis Eleven*, 1980, 1: 19.

[5] Agnes Heller. Ratinality and Democracy [J]. *Philosophy Social Criticism*,1981, 8: 244.

[6] Agnes Heller. The Power of Shame[J]. *Dialectical Anthropology* ,6 (1982): 215 – 228.

[7] Agnes Heller. Can Cultural Patterns be Compared? [J]. *Dialectical Anthropology*,8 (1984).

[8] Agnes Heller. The Basic Question of Moral Philosophy[J]. *Philosophy Social Criticism* ,1985, 11: 35.

[9] Agnes Heller. The Discourse Ethics of Habermas: Critique and Appraisal[J]. *Thesis Eleven*,1985, 10 – 11: 5.

[10] Agnes Heller. The Human Condition[J]. *Thesis Eleven*, 1987, 16: 4.

[11] Agnes Heller. Death of the Subject [J]. *Thesis Eleven* , 1990, 25: 22.

[12] Agnes Heller. The End of Communism[J]. *Thesis Eleven* 1990, 27: 5.

[13] Agnes Heller. Is Truth Historical? [J]. *Thesis Eleven*, 1991, 29: 14.

[14] Agnes Heller. The Role of Interpretation in Modern Ethical Practice[J]. *Philosophy Social Criticism*, 1991, 17: 83.

[15] Agnes Heller. Modernity's Pendulum[J]. *Thesis Eleven*, 1992, 31: 1.

[16] Agnes Heller. World, Things, Life and Home[J]. *Thesis Eleven* , 1992, 33: 69.

[17] Agnes Heller. A Theory of Needs Revisited [J]. *Thesis Eleven*. 1993, 35: 18.

[18] Agnes Heller. Where are We at Home? [J]. *Thesis Eleven* ,1995, 41: 1.

[19] Agnes Heller. The Complexity of Justice – A Challenge to the 21st Century [J]. *Ethical Theory and Moral Practice*, 3: 249 – 264, 2000.

[20] Agnes Heller. The Three Logics of Modernity and the Double Bind of the Modern Imagination[J]. *Thesis Eleven*, Number 81, May 2005: 63 – 79.

[21] Agnes Heller. Radical Evil in Modernity: On Genocide, Totalitar-

多元文化阐释与文化现代性批判——布达佩斯学派文化理论研究

ian Terror and the Holocaust [J]. *Thesis Eleven*, 2010, 101: 106.

[22] Ferenc Fehér, Agnes Heller. Marx and the"Liberation of Humankind"[J]. *Philosophy Social Criticism*,1982, 9: 355.

[23] Ferenc Fehér, Agnes Heller. Class, Democracy, Modernity[J]. *Theory and Society*, 12 (1983).

[24] Ferenc Fehér, Agnes Heller. Marx and Modernity[J]. *Thesis Eleven*, 1984, 8: 44.

[25] Ferenc Fehér. What is Beyond Art? [J]. *Thesis Eleven*, 1982, 5 - 6: 5.

[26] Ferenc Fehér. Rationalized Music and Its Vicissitudes[J]. *Philosophy Social Criticism*, 1982, 9: 42.

[27] Ferenc Fehér. The French Revolutions as Models for Marx's Conception of Politics[J]. *Thesis Eleven*, 1984, 8: 59.

[28] Ferenc Fehér. The Status of Postmodernity[J]. *Philosophy Social Criticism*, 1987, 13: 195.

[29] Ferenc Fehér. Freedom and the "Social Question" [J]. *Philosophy Social Criticism*, 1987, 12: 1.

[30] Ferenc Fehér. Hermeneutic as Europe's Mainstream Political Tradition[J]. *Thesis Eleven*, 1989, 22: 79.

[31] Ferenc Fehér. On Making Central Europe[J]. *East European Politics and Societies*, 1989, 3: 412.

[32] Ferenc Fehér. Between Relativism and Functionalism : Hermeneutics as Europe's Mainstream Political and Moral Tradition [J]. *Philosophy Social Criticism*, 1991, 17: 121.

[33] Ferenc Fehér. The Socialism of Scarcity[J]. *Thesis Eleven*, 1994, 37: 98.

[34] György Markus. Alienation and Reification in Marx and Lukacs [J]. *Thesis Eleven*, 1982, 5 - 6: 139.

[35] György Markus. On Ideology - Critique Critically[J]. *Thesis Eleven*, 1995, 43: 66.

[36] GyörgyMarkus. The Paradoxical Unity of Culture : The Arts and the Sciences[J]. *Thesis Eleven*, 2003, 75: 7.

参
考
文
献

[37] György Markus. Adorno and Mass Culture: Autonomous Art A-
gainst the Culture Industry[J]. *Thesis Eleven*, 2006, 86: 67.

[38] Mihály Vajda. Truth or Truths? [J]. *Philosophy Social Criticism*,
1975, 3: 29.

[39] Mihály Vajda. What is"Real Socialims"a Reaction to? [J]. *The-
sis Eleven*,1985, 12: 156.

[40] Mihály Vajda. Is Moral Philosophy Possible at All? [J]. *Thesis
Eleven*, 1999, 59:73.

2. 研究布达佩斯学派论文

[1] Richard Wolin. Agnes Heller on Everyday Life [J]. *Theory and
Society*, 16:295—304(1987).

[2] Andrew Arato. The Budapest School and Actually Existing Social-
ism[J]. *Theory and Society*, 16:593–619 (1987).

[3] Doug Brown. A Hungarian Connection: Karl Polanyi's Influence
on the Budapest School [J]. *Journal of Economic Issues*, 21:1
(1987:Mar.) p.339.

[4] John Grumley. Marx and the Philosophy of the Subject: Markus
Contra Habermas[J]. *Thesis Eleven*, 1991, 28: 52.

[5] David Roberts. Democracy and Culture: the Janus Face of the
Postmodern in Ferenc Feher's Writings On Aesthetics[J]. *Thesis
Eleven*, 1995,42: 41.

[6] Michael Crozier. Ferenc Feher and the European Hermeneutic:
Reflections On the Frozen Revolution[J]. *Thesis Eleven*, 1995,
42: 10.

[7] Peter Beilharz. Ferenc Feher and Political TheoryNotes for a Biog-
rapher[J]. *Thesis Eleven*, 1995, 42: 1.

[8] John Grumley. "Worldliness" in the Modern World: Heller and
Arendt[J]. *Thesis Eleven*, 1996, 47: 73.

[9] Ángel Rivero. Agnes Heller: Politics and Philosophy[J]. *Thesis E-
leven*, 1999, 59: 17.

[10] Marios Constantinou. Agnes Heller's Ecce Homo: A Neomodern
Vision of Moral Anthropology[J]. *Thesis Eleven*, 1999,59: 29.

[11] David Roberts. Between Home and World: Agnes Heller's the

Concept of the Beautiful[J]. *Thesis Eleven*, 1999, 59: 95.

[12]John Rundell. The Postmodern Ethical Condition A conversation with Agnes Heller[J]. *Critical Horizons*, 1:1 February 2000.

[13]John Grumley. Negotiating the"Double Bind": Heller's Theory of Modernity [J]. *European Journal of Social Theory*, 2000, 3: 429.

[14]Clifford G. Christians. The Social Ethics of Agnes Heller[J]. *Qualitative Inquiry*, 2002, 8: 411.

[15]John Grumley. Exploring the Options in No – Man's Land: Heller and Markus on the Antinomies of Modern Culture[J]. *Thesis Eleven*, 2003, 75: 25.

[16]Peter Beilharz. Budapest Central: Agnes Heller's Theory of Modernity[J]. *Thesis Eleven*, 2003, 75: 108.

[17]Anthony Kammas. Reconciling Radical Philosophy and Democratic Politics: The Work of Agnes Heller and the Budapest School [J]. *Critique: Journal of Socialist Theory*, 2007, Vol. 35 Issue 2, p249, 26.

[18]Jonh Grumley. Agnes Heller and The Question of Humanism[J]. *European Journal of Political Theory*, 2007, 6: 125.

[19]Csaba Polony, The Essence is Good but All the Appearace is Evil [EB/OL]. http://www. wco. com/‿leftcurf/lczzwebpages/heller. html. 1997.

[20]Agnes Heller, Simon Tormey. Post – Marxism and the Ethics of Modernity[J]. *Radical Philosophy*, no. 94(1999), 29:40.

[21]Terezakis Katie. Time out of Joint: An interview with Agnes Heller[J]. *Radical Society*, Oct 2002.

[22]Stefan Auer. An Interview With Agnes Heller[J]. *Thesis Eleven*, Number 97, May 2009, 99:105.

[23]Peter Murphy. Agnes Heller's Great Society[J]. *Thesis Eleven*, 2003, 75: 96.

[24]Anthony Kammas. Introducing Agnes Heller: The Radical Imagination of Unhappy Consciousness[J]. *East European Politics and Societies*, 2003, 17: 712.

[25]"Simon Tormey Interviews with Agnes Heller (1998)"1 February 2004. 2 December 2005 [EB/OL]. http://homepage. ntlworld. com/simon. tormey/articles/hellerinterview. html.

索　引

多元文化阐释与文化现代性批判——布达佩斯学派文化理论研究

209,210,211,213,217

~状态　5

~政治状况　32,104,120,188,190,191,213,217

《后现代政治状况》　14,23,49,90,101,117,119,128,133,
146,162,190,217

宏观层面　4,5,10,45,54,66,89,130,152

宏大叙事　11,26,30,32,33,48,119,120,122,123,131,134,
137,138,139,140,149,150,152,154,189,190,202,203,206,207,
208,209,210,211,213,214,222

J

吉登斯　5,174,205

极端相对主义　6,32,33,189,206,209,217

计划经济体制　7,10,15,35,37,42,55,194,216

激进的需要　90,92,93,96

激进的乌托邦　98,100

《激进普遍主义的辉煌与衰落》　14

《激进美学:布达佩斯学派论文集》　14,49

《激进哲学》　12,23,46,90,96,98,100,137

技术的逻辑　184,185,186,187

伽达默尔　5

价值的多元化　86,93,130

价值虚无主义　6,176,202,206,208,209,217

解构主义　5,205

杰苏斯(María Jesús)　17

解释模式　9,10,11,54,88,118,121,122,124,128,131,154,
198,207

教条主义　4,7,37,41,97,138

"绝对罪恶的年代"　60,61,64,65,73,74,79,80,87

K

卡巴尼埃(János Kóbányai)　17

卡林内斯库　174

多元文化阐释与文化现代性批判——布达佩斯学派文化理论研究

多元文化阐释与文化现代性批判——布达佩斯学派文化理论研究

后　记

　　本书是在我博士论文基础上整理出版的。回想起整个博士期间的论文写作过程，其间充满了辛酸和喜悦，每当遇到困难之时不免充满烦心和忧虑，但一旦解决了自己设定的问题却又充满了收获的喜悦。现在当要将之出版时再次看这篇论文，却又觉得有太多的遗憾和不足，在写这篇论文的时候，我总期待着把自己在本硕博十年学到的所有知识都汇聚到这篇论文中，希望它能展现出我全部的思想与力量。然而，远未能尽我所意，这里面还存在着许多不完善之处，许多有待于进一步研究的地方。这些文字还代表不了全部的我，但却见证了我的整个学习生涯，见证了我青春的奋斗。在这篇论文的激励下，我想自己会继续前行下去，哲学总是在路上，不管这条道路会有多么泥泞和坎坷。

　　这篇论文能够完成，必须要感谢我的导师衣俊卿教授。在我整个博士学习中，可能我不曾跟老师谈及太多学习之外的话题，但我却时时刻刻都能感受到做衣老师的学生是多么幸运。是老师谆谆的教导和细心的关怀使我快乐地度过了博士三年的生活；是老师耐心地、不厌其烦地对我论文的反复修改和论证帮助我完成了这篇博士论文；是老师的师者姿态和学者姿态深深地影响了我。能做老师的学生我感到极其幸运，无论世事发生什么样的变化，这份师生情会永在。在此，我要感谢衣老师对我的指导和教诲，也祝愿老师生活幸福。

　　虽然语言在情感面前总是苍白无力，但却依然能够传达出情感，我还是要用文字的语言感谢我的学校、老师、家人、同学和朋友。

我还要感谢黑龙江大学和哲学学院、马克思主义学院的各位老师。是黑龙江大学培养了我，在这里我形成了自己的人生观和世界观，认识了我的各位老师、同学和好友，收获了充盈的心灵，度过了我的青春时代。哲学学院与马克思主义学院的各位老师教授了我知识，给予了我帮助，这篇论文的完成都源于他们的谆谆教诲。

　　我要感谢我的父母和爱人对我学业的支持和鼓励，是你们给了我前行的动力;我还要感谢我身边的同学和朋友，我的学习生活因为有了你们的陪伴而更加生动!

杜红艳

2013 年 10 月于哈尔滨

国外马克思主义研究文库·东欧新马克思主义理论研究

书目